高等职业教育示范建设课程改革创新系列教材

# 成本会计实务

宋文娟　于凤梅　主　编
刘玉平　王艳芳　赵红瑞　副主编

科学出版社
北　京

# 内 容 简 介

本书以工作过程为导向，以生产型企业的成本核算为基础，遵循“必需、够用”的原则，结合企业实例，系统介绍了成本会计对象、成本核算程序、成本计算方法、成本分析及成本管理方法等内容。

本书调整以往的课程章节结构，将企业的案例融入各种费用的归集与分配中，形成以品种法为核心的知识体系，同时补充分批法、分步法、成本报表、成本管理等相关知识，符合高职学生的特点及高职院校的培养目标。

本书既可作为高职高专院校会计学专业的成本会计教材，也可作为企业成本会计人员的参考用书。

**图书在版编目（CIP）数据**

成本会计实务/宋文娟，于凤梅主编. —北京：科学出版社，2019.2
（高等职业教育示范建设课程改革创新系列教材）
ISBN 978-7-03-056454-2

Ⅰ. ①成… Ⅱ. ①宋… ②于… Ⅲ. ①成本会计-高等职业教育-教材
Ⅳ. ①F234.2

中国版本图书馆 CIP 数据核字（2018）第 018719 号

责任编辑：贾家琛 李 娜 / 责任校对：王万红
责任印制：吕春珉 / 封面设计：东方人华平面设计部

科学出版社 出版
北京东黄城根北街 16 号
邮政编码：100717
http://www.sciencep.com

三河市良远印务有限公司印刷
科学出版社发行 各地新华书店经销
*
2019 年 2 月第 一 版 开本：787×1092 1/16
2019 年 2 月第一次印刷 印张：15
字数：356 000

**定价：37.00 元**

（如有印装质量问题，我社负责调换〈良远〉）
销售部电话 010-62136230 编辑部电话 010-62135763-2041

# 高等职业教育示范建设课程改革创新系列教材

## 编写委员会

主　任　刘月红

副主任（按姓氏拼音排序）

郭琳琳　侯宏杰　席俊生　杨小兵　赵红瑞

赵瑞梅

委　员（按姓氏拼音排序）

郭　静　郝　俊　郝黎坤　侯卓丽　冀慧君

李　涛　梁利红　刘彦琼　罗　慧　闵　娜

史曙娜　宋文娟　孙淑萍　王锦龙　于凤梅

张　敏　张俊英　赵　薇　赵永红　朱珍珍

# 前　言

成本会计是会计学专业的一门核心课程，同时也是一门实践性、技术操作性较强的课程。为了使学生更好地掌握实用的基础理论、扎实的专业知识及专业技能，编者结合多年的企业成本会计岗位实践经验及教学经验，吸收了目前国内同类教材的优点，重点突出职业教育的应用性、适用性和实践性编写了本书。本书具有以下特点。

（1）本书根据高职高专教育的要求和特点，依据最新的企业会计准则与制度，按照教育部高职高专教育会计专业人才培养目标及基本规定的要求编写而成。

（2）充分考虑到高职高专会计学专业培养目标和教学特点，力求做到既有一定的理论深度，又兼顾可操作性，注重对学生基本技能的培养，具有较广泛的适用性。

（3）本书主要针对高职高专学生，对内容编排进行了调整，用案例生发情境，以情境引导学习，让学生在对成本会计有初步认知后，重点掌握品种法。本书以生产型企业案例为线索，从各项费用的归集与分配到生产费用在完工产品与在产品之间的分配，前后贯穿，形成整体，使学生对品种法有直观的认识。这种编排形式打破了以往理论与实践分离的局面，打破了以往先讲费用归集、分配，再讲成本方法的混合局面。另外，本书各模块设有知识目标、技能目标、重点及难点、基本内容，各项目设有项目引入、任务导入、概念索引、闯关考验、思考与练习，使学习内容一目了然，使能力训练融为一体，更有助于培养学生的自主学习能力。同时，书中尽量采用图表形式将抽象的成本会计理论具体化、形象化，便于学生理解。对于某些知识点设置了小贴士，适当地补充讲解，有利于学生拓宽知识面，加强对专业知识的理解，激发学生的学习兴趣。

本书由晋中职业技术学院宋文娟、于凤梅担任主编，刘玉平、王艳芳、赵红瑞担任副主编，参与编写的人员有杨小兵、郭倩、赵慧，由席俊生统稿。具体分工如下：模块一、模块二、模块三项目四的任务一至任务三由宋文娟编写；模块三项目四的任务四和任务五由赵慧编写；模块三项目四的任务六和任务七由王艳芳编写；模块三项目四的任务八由赵慧编写；模块三项目四的任务九由杨小兵编写；模块三项目五由郭倩编写；模块三项目六和模块四项目七由于凤梅编写；模块四项目八由赵慧编写；模块五由刘玉平编写；模块六由郭倩、赵红瑞编写。

编者在编写本书的过程中参考了国内诸多同行的成本会计教材，参阅和选用了国内有关学者的最新研究成果，在此谨致谢忱。

由于编者水平有限，加之时间仓促，书中难免存在不足之处，敬请广大读者批评指正，以便修订时改进。

编　者

2018 年 12 月

# 目　录

## 模块六 成本管理制度

# 模块一

# 成本会计基础知识

## 知识目标

在了解成本的经济实质、成本会计的对象的基础上，理解成本会计的职能与任务。

## 技能目标

能够正确描述成本会计的职能、作用和工作组织。

## 重点及难点

成本会计的经济实质；成本会计的对象；成本会计职能。

## 基本内容

项目一　成本与成本会计

# 项目一　成本与成本会计

**项目引入**

小雪节气已过，天气逐渐变冷，榆次市民着实领略了寒冬的滋味。因为持续低温，羽绒服、棉靴成为销售火爆的商品。各大品牌的时尚冬装销售正旺，街头的服装店也不甘示弱，纷纷使出各自本领招揽顾客。

张玲趁着周末去家附近的时装店买冬装。这家时装店的店面很小，但在当地却小有名气。店主杨阳既是老板，又是服装设计师。

张玲在成衣架上选好一款呢大衣，想要定做。这款大衣的价格是 899 元，一周后拿货。经过讨价还价，张玲以 800 元价格定下服装，满心欢喜地回家了。店主杨阳对此价格也比较满意。杨阳做这件衣服的成本是多少呢？他列了一张清单，如表 1-1 所示。

表 1-1　呢大衣成本清单

| 支出项目 | 金额/元 |
|---|---|
| 布料（50%的毛呢绒） | 400 |
| 耗材（线、镶边料、衣扣、衬布） | 50 |
| 工人工资 | 120 |
| 店面租金摊销、加工工具（缝纫机、熨斗、剪刀等）消耗折旧 | 30 |
| 合计 | 600 |

以上是我们在日常生活中经常遇到的情况，看似非常简单，却包含了很多成本问题：一是支出与成本的界定，如张玲的支出（成本）是 800 元，杨阳的成本（支出）是 600 元；二是买卖双方的交易目的，如张玲的交易目的是少支出而得到称心的衣服，杨阳的交易目的是获得利润；三是成本的构成，呢大衣的成本包括料费、工费、其他费用；四是成本是计算利润的基础，杨阳的成衣店在不发生其他费用的情况下，其收入减去成本就是利润（800 元－600 元＝200 元）。经营者只有在生产经营中不断地取得利润，其经营活动才能得到维持和发展；如果不能确定成本，则无法计算利润。

学习成本的目的是计算成本，那么什么是成本？

# 任务一　认识成本的经济实质和作用

成本的经济实质与作用

**任务导入**

王大娘包子铺正计划扩展业务，考虑是扩大规模，还是开设新店。通过一系列成本分析，我们可以认识成本的经济实质，并预测成本的变化，进一步理解成本的作用。

## 一、成本的经济实质

人们为了达到一定的目的总要付出努力，总要花费一定的代价。有所得必有所失，有投入才有产出。例如，物质生产部门为取得物质产品而从事的物质生产活动，行政事业单位为实现职能、完成任务而从事的各种业务活动，都必然要耗费一定的人力、物力和财力。这些人力、物力和财力的耗费都可以用货币来表现，我们把这种用货币表现的各种耗费称为成本。不付出一定代价或者说不发生一定的耗费要取得一定的物质财富或完成一定的任务是不可能的。

因此，成本是一个普遍的经济学概念，凡有经济活动和业务活动的地方，就必然有成本的存在。至于是否需要核算和考核成本，则根据管理的需要和客观条件来决定。也就是说，有没有成本和是否需要核算成本是两个不同的概念。明确这一点，有利于我们在从事生产经营活动和其他各项业务活动时，牢固树立成本观念，努力争取以较少的劳动耗费取得最大的效益，做到人人、事事、时时讲求节约，反对浪费。

成本属于价值范畴，在社会主义市场经济中是客观存在的。加强成本管理，努力降低成本，无论对提高企业经济效益，还是对提高整个国民经济的宏观效益，都是极为重要的。而要做好成本管理工作，就必须充分认识成本的经济实质。

综上所述，成本的经济实质可概括为：生产经营过程中耗费的生产资料的价值和劳动者为自己劳动创造的价值的货币表现，也就是企业在生产经营中耗费的资金的总和。成本的概念可表述为：成本是企业为生产产品、提供劳务而发生的可以用货币计量的各种耗费。

## 二、成本的作用

### （一）成本是制订和选择决策方案的重要依据

在市场价格一定的条件下，成本的高低直接影响企业的盈利水平与市场竞争的能力。企业进行生产经营或投资决策时，多以效益高低作为评价决策的标准，在衡量决策方案经济效益的高低时，成本是必须考虑的因素。

王大娘包子铺的管理部门正在考虑扩展业务，增加新品种，或者是在不同的地区开设新的连锁店。决策的关键是确定哪种方案最有利可图，是保持现有规模，还是在现有营业地点扩大经营，抑或是开设新店？

假设王大娘包子铺单一经营包子业务，每天的营业时间是 11～21 时。老板王大娘考虑延长营业时间，即延长到 24 时。该决策从经济效益角度来看是否可行，取决于延长营业时间后收入和成本的变动关系。会计主管小李利用自己的专业知识及工作经验和市场情况来预测成本的变化，并确认引起成本变动的因素，如表 1-2 所示。

**表 1-2　成本变动情况**

单位：元

| 项目 | 基本营业时间 | 延长营业时间 | 差异额 |
|---|---|---|---|
| 销售收入 | 200 000 | 240 000 | 40 000 |
| 成本： | | | |
| 原料 | 80 000 | 92 000 | 12 000 |
| 人工 | 40 000 | 50 000 | 10 000 |
| 水电费 | 7 000 | 10 000 | 3 000 |
| 租金 | 20 000 | 20 000 | 0 |
| 折旧 | 8 000 | 8 000 | 0 |
| 其他 | 5 000 | 8 000 | 3 000 |
| 成本合计 | 160 000 | 188 000 | 28 000 |
| 营业利润 | 40 000 | 52 000 | 12 000 |

对比分析收入和成本发现，延长营业时间，每月可增加 12 000 元的营业利润，以此为依据，老板王大娘决定延长营业时间。

由此可见，成本信息是进行决策分析的重要依据，没有准确的成本信息，是无法进行正确决策的。

**小贴士**

成本意识在具体工作中的体现，主要践行 4 个“没有”：没有浪费；没有报废；没有返工；没有不良品。

（二）成本是业绩评价的重要依据

企业会将各种责任交由不同的人负责，如工厂由厂长负责，车间由车间主任负责，业务部门由部门经理负责等。这些工厂、车间、业务部门在管理会计中称为责任中心，责任中心的负责人对他所管辖的部门或机构的经营和资源利用负责。责任中心根据控制区域和权责范围的大小，一般可分为成本中心、利润中心和投资中心。其中，成本中心是基础，因为 3 个中心的任何一个都要进行成本核算。划分责任中心的目的是充分调动一切积极因素，使各责任中心在职责范围内恪尽职守，努力工作，并根据业绩评价的优劣进行奖惩。业绩评价的方法一般是将各责任中心有关项目的实际发生数与预算数进行比较。这里所说的有关项目，对于不同的责任中心，包含的内容不完全相同，但成本是最重要的，没有成本数据的对比考核，任何责任中心的业绩评价都是没有实际意义的。

仍以王大娘包子铺为例。随着业务的拓展，王大娘包子铺增设了菜品区，于是聘请了李珍和张美两名经理分别管理包子区和菜品区。王大娘监督整个业务营运过程，两名经理对本部门的收入和成本负责。包子铺的租金、水电费和其他管理成本由两个部门分摊。两个部门经理实行年薪制，即每个月发给她们 1 500 元生活费，年终根据考核后的业绩发给效益工资。表 1-3 是两个部门 2018 年 1 月份的简化损益对比表。

**表 1-3 王大娘包子铺简化损益对比**

单位：元

| 项目 | 包子区 | | 菜品区 | |
|---|---|---|---|---|
| | 预算数 | 实际数 | 预算数 | 实际数 |
| 销售收入 | 150 000 | 165 000 | 150 000 | 158 000 |
| 部门成本： | | | | |
| 原料 | 60 000 | 63 000 | 60 000 | 55 000 |
| 人工 | 20 000 | 22 000 | 20 000 | 20 000 |
| 部门成本合计 | 80 000 | 85 000 | 80 000 | 75 000 |
| 部门毛利 | 70 000 | 80 000 | 70 000 | 83 000 |

分析表 1-3 的数据，包子区销售收入完成预算的情况要比菜品区好，即包子区完成了预算数的 110%，而菜品区只完成了 105.3%。但考查毛利率，菜品区比包子区完成得要好，即菜品区完成了 118.6%，而包子区只完成了 114.3%。其主要原因是包子区实际成本比预算数高了 6.25%，而菜品区实际成本比预算数低了 6.25%。出现这种现象的原因需要进一步调查分析，即包子区应该调查原料的使用过程中是否存在浪费问题，员工是否有计划外加班的现象等。

（三）成本是价格的决定依据

根据价值规律，产品价值决定产品价格。但在产品价值无法直接计算的情况下，只能通过产品成本间接地反映产品价值水平。当今社会，企业间的竞争异常激烈，优胜劣汰成为必然。企业竞争的表现为产品竞争。产品竞争优势的决定因素很多，如价格、款式、质量、售后服务等，但价格是重要因素之一。因为企业在达到一定的经营管理水平后，产品竞争就是价格竞争，而价格取决于成本。

**概念索引**

成本　产品成本

**闯关考验**

（1）简述成本的经济实质。
（2）简述成本的作用。

## 任务二　了解成本会计对象与成本类型

**任务导入**

在包子铺筹备期间，王大娘选定了店址，购置了一批新型生产设备，招聘了10余名工人。包子铺开张后，摆在王大娘面前的第一道难题就是，在开业之前，她每天只需记流水账就能知道每天发生的费用，可是包子铺正式开业之后，每天都有各种成本费用的发生，只靠登记流水账很难控制和掌握每个月的成本费用。通过本任务的学习，我们能够了解成本计算对象的确定，理解成本的类型。

### 一、成本会计的对象

#### （一）成本会计对象的含义

成本会计的对象是成本会计反映和监督的内容。明确成本会计的对象，对于确定成本会计的任务，研究成本会计和运用成本会计的方法，更好地发挥成本会计在经济管理中的作用，有着重要的意义。虽然不同企业的生产经营过程不同，但其成本的基本内容是相同的，包括业务成本和经营管理费用两个部分。

制造企业的经济活动是生产和销售产品。产品生产过程要发生各种耗费，企业在一定时间内发生的用货币额表现的生产耗费，称为生产费用。各种耗费与一定期间相联系，而产品成本与一定种类和数量的产品相联系。产品成本是指企业为生产一定种类、数量的产品所发生的各项耗费的总和。本书所指企业均为制造企业，故产品成本也称制造成本。产品生产过程中各种生产费用的支出和期间费用的形成，是成本会计反映和监督的主要内容。期间费用也称经营管理费用，它们大多按时间发生，与产品生产没有直接联系，难以按产品归集，为简化成本核算工作，将其按发生的时期归集，直接计入当期损益，不计入产品成本，但经营管理费用的支出和归集过程也属于成本会计反映和监督的内容。所以，制造企业成本会计的对象为：企业在生产经营过程中发生的产品生产成本和经营管理费用。

（二）生产费用与产品成本的关系

生产费用和产品成本既相互联系又相互区别。生产费用按一定的产品加以归集和汇总，就是产品成本。所以，生产费用是计算产品成本的基础，而产品成本则是对象化的生产费用。生产费用反映的是某一定时期内发生的费用，而产品成本则反映的是某一时期某种产品所应承担的费用。

根据权责发生制原则，企业在某一期间发生的生产费用与归属产品的期间并不完全一致，即归属于当期产品成本中的生产费用有一部分是当期发生的，有一部分可能是以前会计期间发生的；归属于本期的生产费用也不一定就归属于当期产品成本，可能会由以后期间的产品来负担。所以，企业某一会计期间实际发生的生产费用总和不一定等于该期产品成本的总和。

制造企业支出、费用、产品成本之间的关系如图 1-1 所示。

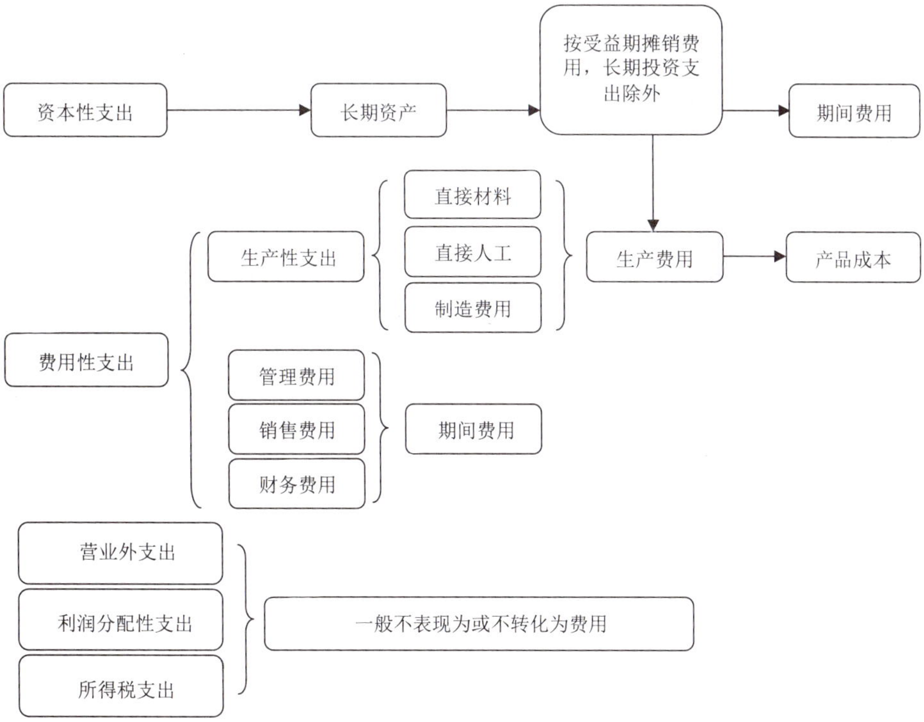


图 1-1　制造企业支出、费用、产品成本之间的关系

## 二、成本的类型

为了适应成本计算、成本控制和成本规划的需要，寻求进一步降低产品成本的途径，有必要依不同目的、按不同标准对成本进行分类。

### （一）以计算产品成本为目的的分类

#### 1. 按产品的成本项目分类

产品成本按成本项目可分为直接材料、直接人工和制造费用 3 种。

（1）直接材料，是指加工后直接构成产品实体或主要部分的原料、主要材料与外购半成品，以及有助于产品形成的辅助材料。例如，原棉是生产棉纱的过程中构成其实体的原料；木材是制造家具的过程中构成其实体的主要材料；染料、漂白粉是有助于印染色布的辅助材料。

（2）直接人工，是指生产过程中对材料直接加工并制成产品的人员工资、奖金和各种津贴，以及职工福利费等。

（3）制造费用，是指在生产过程中发生的直接材料及直接人工以外的各项费用。具体指企业各个生产单位（分厂、车间）为组织和管理生产发生的费用，以及生产单位的房屋、建筑物、机器设备等的折旧，设备租赁费、修理费、机物料消耗，低值易耗品摊销等费用。

#### 2. 按成本同特定产品的关系分类

按成本同特定产品的关系，产品成本可分为直接成本与间接成本。

（1）直接成本，也称追溯成本，是指某一特定产品与其具有直接联系的成本。它是为某一特定产品所消耗的，因而可以直接计入该产品的成本，如大部分的直接材料和直接人工成本。

（2）间接成本，是指与某一特定产品没有直接联系的成本。它是为生产几种产品所共同消耗的，不能直接计入某一特定产品成本，而需要按适当的标准分配计入各种产品成本的成本。例如，小部分的直接材料和直接人工成本及制造费用，通常是分配计入产品成本的。

### （二）以规划和控制成本为目的的分类

#### 1. 按成本习性分类

成本习性是指成本总额与业务量变化的依存关系。成本按成本习性可分为变动成本、固定成本和混合成本。

（1）变动成本，指其总额随着业务量（既可用产量表示，也可用直接人工小时或机器小时表示）的变化而呈正比例变化的成本。但单位产品中的变动成本是不变的。例如，直接材料、直接人工中的计件工资等。

（2）固定成本，指在一定期间和一定业务量范围内，其总额不随业务量变动而变动的成本。单位产品中的固定成本则会随着业务量的增减变化而呈反比例变化。例如，房屋、建筑物的租金、保险金，管理人员工资，机器设备的折旧等。

（3）混合成本，指其总额虽会受业务量变动的影响，但其变动幅度并不同业务量的变动保持严格比例的成本。也就是说，混合成本兼有固定成本和变动成本的性质，视具体情况不同，可进一步分为半变动成本和半固定成本两类。

### 2. 按成本与决策相关性分类

成本按是否与决策相关可分为相关成本和无关成本。

（1）相关成本，是指与决策有关联的未来成本，即在决策分析过程中必须加以考虑的各种形式的成本，如专属成本、差别成本、机会成本、重置成本等。这些成本一般不记录在凭证和账簿上，因为它们是尚未确定的未来成本。但是，企业在进行决策时，必须结合实际情况对它们逐一地进行分析，从而有效地对各个备选方案进行比较和选择，否则往往会造成决策的失误。

（2）无关成本，是指过去已经发生，或虽未发生但对未来的决策没有影响的成本。常见的无关成本是沉没成本。另外，在决策过程中，凡是项目一致、金额相同，为各个备选方案所共同拥有的未来成本，都属于无关成本。

### 3. 按成本是否可控分类

成本按是否可控可分为可控成本与不可控成本。

（1）可控成本，是指能由责任单位或个人控制，受其工作好坏影响的成本。

（2）不可控成本，是指不能由责任单位或个人控制，不受其工作好坏影响的成本。

**小贴士**

机会成本又称择一成本或替代性成本，是指在经济决策过程中，因选取某一方案而放弃另一方案所付出的代价或丧失的潜在利益。众所周知，有选择就有代价。当你有两个机会可选时，你选择其中一个机会，也失去了另一个机会。应该选择哪个机会，则需要通过计算机会成本来加以权衡，即选择一件东西的机会成本是为了得到这件东西所放弃的其他东西的价值。

面对有限的资源，为了能够得到想要的，人们必须选择放弃。

选择有时很容易，但有时却很难，难就难在备选的方案都有多种多样或者不相上下的优势。不过，只要了解了其中的经济学原理——机会成本，人们就会明智地做出最经济、所获利益最大化的选择。

**概念索引**

生产费用　成本会计对象　直接成本　间接成本　变动成本　固定成本　混合成本　相关成本　无关成本

**闯关考验**

简述生产费用与产品成本的关系。

## 任务三　理解成本会计的职能

**任务导入**

现代成本会计发生了前所未有的变化，这种变化源于企业制造环境的变化以及管理理论与方法的创新。下面我们将了解适应当前企业发展的成本会计职能。

成本会计的职能，是指成本会计具有的功能。现代成本会计一般具有以下 8 种职能。

### 一、成本预测职能

成本预测是确定目标成本和选择达到目标成本最佳途径的重要手段，是进行成本决策和编制成本计划的基础。借助成本预测可以寻求降低产品成本、提高经济效益的途径，可以减少生产经营管理的盲目性。

### 二、成本决策职能

成本决策是指在成本预测的基础上，根据市场营销和产品功能分析，挖掘潜力，拟订降低成本、费用的各种方案，并采用一定的专门方法进行可行性研究和技术经济分析，选择最优方案，以确定目标成本。

### 三、成本计划职能

成本计划是指为了保证成本决策确定的目标成本得以实现，必须通过一定的程序和方法，以货币形式规定计划期产品的生产耗费和各种产品的成本水平，并以书面文件的形式下达各执行单位和部门，作为计划执行和考核的依据。

### 四、成本控制职能

成本控制是指根据成本计划（预算），制定各项消耗定额、费用定额、标准成本等，对各项实际发生和将要发生的成本费用进行审核，及时揭示执行过程中的差异，采取措施将成本费用控制在计划、预算之内。

## 五、成本核算职能

成本核算是指采用与成本计算对象相适应的成本计算方法，按规定的成本项目，通过一系列的生产费用的归集与分配，做出有关的账务处理，正确划分各种费用界限，从而计算出各种产品的实际总成本和单位成本，并编制成本报表，为成本管理提供客观、真实的成本资料。成本核算是成本会计的基本职能。

## 六、成本分析职能

成本分析是指根据成本核算提供的信息和其他有关资料，将本期实际成本与目标成本、上年实际成本、国内和国外同类产品的成本等进行比较，分析成本水平与构成的变动情况，系统研究影响成本费用升降的各种因素及其影响程度、成本超支节约的责任或原因，并提出积极建议，以采取有效措施，进一步挖掘增强节约、降低产品成本的潜力。

## 七、成本考核职能

成本考核是指定期对成本计划及有关指标实际完成情况进行总结和评价。在成本分析的基础上，以各责任者为对象，以其可控制的成本为界限，并按责任的归属来核算和考核其成本指标完成情况，评价其工作业绩和决定其奖惩。

## 八、成本反馈职能

成本反馈是指在考核的基础上，将成本数据向企业管理阶层进行反馈，以便做出更科学的修订、补充和完善，为下一个生产周期做出符合实际情况的判断。

成本会计的各项职能是相互联系、相互依存的。成本预测是成本决策的前提；成本决策是成本预测的结果；成本计划是成本决策确定的目标的具体化；成本控制是对成本计划的实施进行监督；成本核算是对成本计划能否完成的检验；成本分析是对成本计划完成与否的原因进行检验；成本考核则是实现成本计划的重要手段；及时准确的成本反馈，是成本决策的重要依据。

### 概念索引

成本预测　成本决策　成本计划　成本控制　成本核算　成本分析　成本考核　成本反馈

### 闯关考验

简述成本会计各职能之间的关系。

# 任务四 了解成本会计法律制度、工作机构与基础工作

**任务导入**

成本会计法律制度是成本会计工作必须遵守的规范，而要完成成本会计工作，必须有相应的工作机构和人员作保障。成本会计的基础工作是保证成本会计工作正常进行的前提，不重视基础工作，成本会计工作就不能顺利开展，不仅难以保证其工作质量，也无法完成预定任务。

## 一、成本会计法律制度

成本会计法律制度是企业组织和从事成本会计工作必须遵守的规范，是会计法律制度的重要组成部分。我国会计法律制度由国家统一制定，主要包括 3 类，即《中华人民共和国会计法》、《企业财务通则》、《企业会计准则》及应用指南。这 3 类财会法律法规，是企业财务会计工作的基本要求，其中，与成本会计工作有关的部分也是规范成本会计工作的重要依据，企业在开展成本会计工作时必须严格执行。

企业作为会计主体，其生产特点和管理要求各不相同。为了具体规范企业自身的成本会计工作，完成成本会计任务，企业还应根据国家的各种成本会计法律制度，结合本企业的管理需要和生产经营特点，具体制定企业会计制度、规程或办法，作为企业开展成本会计工作的直接依据。

企业成本会计制度一般包括以下几个方面。

（1）成本会计工作的组织分工及职责权限。

（2）成本核算的具体规定，包括成本计算方法的确定、成本项目的设置、生产费用归集和分配方法的确定、在产品计价方法的确定，以及成本核算的一些基础要求。

（3）成本报表制度，包括成本报表的种类、格式、指标体系、编制方法、报送对象及日期。

（4）成本定额、成本计划、费用预测的编制方法。

（5）成本预测、成本控制和成本分析制度。

## 二、成本会计工作机构与人员

### （一）成本会计工作机构

企业的成本会计工作机构，是在企业中直接从事成本会计工作的职能部门。建立成

本会计工作机构为做好成本会计工作提供了组织保证。成本会计工作机构的设置要与企业规模大小、业务多少和管理体制相适应。

由于成本会计是企业会计工作的一部分，因此，企业的成本会计工作机构应是会计机构的一部分。大中型企业应在会计机构中单独设置成本会计科、室或组，在总会计师的领导下，负责成本会计的各项工作；规模较小的企业可不设置专门的成本会计工作机构，而由相应的会计人员来负责即可。

企业的管理体制有集中和分散两种形式，成本会计也分为集中管理和分散管理两种组织形式。

集中管理的组织形式，是指厂部的成本会计机构基本处理企业的全部成本会计事务。在这种形式下，企业的成本预测、决策、计划、核算、分析和考核集中到厂级会计机构进行，企业各内部单位一般不配备或仅配备兼职的成本核算人员。这种形式的优点在于厂部建立成本会计工作机构可以比较及时地掌握整个企业有关成本的全部信息，便于成本数据的集中处理，还可以减少成本会计工作机构的层次和成本会计人员的数量。这种形式的缺点是不便于进行责任成本的核算，也不便于直接从事生产经营活动的各单位和职工及时地掌握本单位成本信息，不利于调动员工参与成本管理的积极性。因此，它一般适用于成本会计工作较为简单的小型企业。

分散管理的组织形式，是指成本会计中的计划、控制、核算和分析由车间等其他单位的成本会计工作机构或人员进行，上级成本会计工作机构或人员对下级的成本考核工作进行业务上的指导和监督，并对全厂的成本进行综合的计划、控制、分析和考核，以及对全厂成本进行汇总核算。成本的预测和决策工作一般仍由厂部成本会计机构来集中进行。这种形式的优点在于有利于企业内部单位增强成本意识，加强成本的控制和核算。这种形式的缺点是增加了成本会计工作机构和人员。因此，它一般适用于成本会计工作较为复杂的大中型企业。

### （二）成本会计人员

成本会计人员是专门从事成本会计工作的专业技术人员。在企业的成本会计工作机构中配备一定数量业务素质过硬的成本会计人员是做好成本会计工作的关键。成本会计人员不仅要精通业务，熟悉并认真执行有关方针、政策和法律法规，而且要深入第一线，了解企业生产经营的流程及产品的工艺过程，具有对成本管理工作的发言权。

成本会计人员的工作职责包括以下几个方面。

（1）了解成本的形成过程，具有对成本管理工作的发言权。

（2）要充分挖掘企业降低成本的潜力，促进企业降低成本。

（3）有权要求企业有关单位和个人认真执行成本计划，严格遵守有关的法规和制度。

（4）有权参与制订企业的生产经营计划和各项定额。

（5）有权参与有关的生产经营管理会议。

（6）有权检查企业内部各单位对成本计划和有关法律制度的执行情况。

## 三、成本会计的基础工作

成本会计的基础工作是进行成本会计工作的前提条件，只有加强成本会计的基础工作，才能使成本会计工作顺利进行，完成预期任务。成本会计的基础工作主要有以下内容。

### （一）建立健全原始记录制度

原始记录是指按规定格式，对企业的生产经营活动所得进行的最初记录。它是反映企业生产经营情况的第一手材料，是编制成本计划、制定各项定额的主要依据。

企业的原始记录非常广泛，与成本会计有关的原始记录主要有以下几类。

（1）反映设备使用情况的原始记录。

（2）反映物资收发的原始记录。

（3）反映劳动工资方面的原始记录。

（4）反映生产活动及产品产出的原始记录。

（5）反映费用开支的原始记录。

### （二）建立健全定额管理制度

定额是指在企业的生产经营过程中，对人力、物力、财力的配备、利用和消耗及获得成果等方面所应遵循的标准和应达到的水平。定额管理是成本管理的基础，是进行成本预测、决策、计划、控制和考核的依据，也是衡量经营成果的尺度。没有科学的定额就难以制订先进可行的成本计划，考核经济效益也就失去了科学依据。

企业实施定额管理应制定的主要定额有以下几个方面。

（1）物资消耗定额。

（2）设备利用定额。

（3）劳动定额。

（4）费用支出定额。

### （三）建立健全物资管理制度

物资管理制度是指企业关于材料物资和产成品的计量、检验、出入库、盘存等方面的规定。企业一切物资的收发，都要经过严格的计量。要配备必要的计量器具，并建立计量器具的维修和校验制度，确保其准确无误；一切物资的收发领退，要有严格的交接手续。有消耗定额的材料，应实行定额领料；无消耗定额的材料，也应按合理需要发料。对库存的物资，要定期进行清查盘点，并分析盘盈或盘亏的原因，保护物资的安全完整，为正确计算产品成本提供可靠依据。

（四）建立健全责任考核制度

责任考核制度是适应经济责任制的要求，以责任单位为对象，以经济责任为内容的一种内部控制考核评价制度。成本、费用的开支控制是发生成本、费用的单位和部门应承担的经济责任，成本责任的考核应是责任考核制度的主要内容。

**概念索引**

成本会计工作机构　原始记录　定额　定额管理

**闯关考验**

如果你是某企业的财务负责人，将如何组织相关的成本会计工作？

# 思考与练习一

思考与练习一

## 一、单选题

1. 成本的经济实质概括为：生产经营过程中所耗费的（　　）的货币表现，也就是企业在生产经营中所耗费的资金的总和。

A. 生产资料的价值　　B. 劳动者为社会创造的价值

C. 劳动者为自己劳动创造的价值　　D. A 和 C 均是

2. 制造企业成本会计的对象是（　　）。

A. 产品成本的形成过程

B. 各项生产费用的归集和分配

C. 企业在生产经营过程中发生的产品生产成本和经营管理费用

D. 制造业的成本

3. 企业业绩评价的重要依据是（　　）。

A. 费用　　B. 成本　　C. 资金　　D. 会计主体

4. 成本会计的基本职能是（　　）。

A. 成本预测　　B. 成本决策　　C. 成本核算　　D. 成本考核

5. 产品成本按成本项目分类，不包括（　　）。

A. 直接材料　　B. 直接人工　　C. 制造费用　　D. 直接成本

6. 成本会计的各项职能是相互联系、相互依存的，其中，成本决策的前提是（　　）。

A. 成本预测　　B. 成本计划　　C. 成本分析　　D. 成本考核

## 二、多选题

1. 成本会计的对象是指成本会计（　　）的内容。
   A. 反映　　B. 监督　　C. 应用　　D. 完成
2. 成本的作用有（　　）。
   A. 成本是制定和选择决策方案的重要依据
   B. 成本是制定和选择决策方案的唯一依据
   C. 成本是业绩评价的重要依据
   D. 成本是价格的决定依据
3. 成本会计的职能是指成本会计具有的功能。现代成本会计一般具有的职能包括（　　）。
   A. 预测和决策　　B. 计划和控制
   C. 核算和分析　　D. 考核和反馈
4. 企业实施定额管理应制定的主要定额包括（　　）。
   A. 物资消耗定额　　B. 设备利用定额
   C. 劳动定额　　D. 费用支出定额
5. 成本会计的基础工作中，要建立健全的原始记录主要包括（　　）。
   A. 反映物资收发的原始记录
   B. 反映劳动工资方面的原始记录
   C. 反映生产活动及产品产出的原始记录
   D. 反映费用开支的原始记录
6. 成本会计的组织形式包括（　　）。
   A. 集中管理　　B. 统一领导
   C. 分散管理　　D. 会计岗位责任制
7. 产品成本按其成本项目分类，可分为（　　）。
   A. 直接材料　　B. 直接人工　　C. 制造费用　　D. 管理费用
8. 成本按成本习性分类，可分为（　　）。
   A. 变动成本　　B. 制造成本　　C. 固定成本　　D. 混合成本
9. 成本会计的基础工作包括（　　）。
   A. 建立健全原始记录制度　　B. 建立健全责任考核制度
   C. 建立健全定额管理制度　　D. 建立健全物资管理制度

## 三、判断题

1. 成本是为实现一定目的而发生的耗费，是对象化的耗费。（　　）
2. 只有制造业才有成本会计。（　　）

3. 在成本会计的工作组织上，大中型企业一般采用分散管理的组织形式，小型企业一般采用集中管理的组织形式。（　　）

4. 成本会计的各项职能是相互联系、相互依存的。成本预测是成本决策的前提；成本决策是成本预测的结果。（　　）

5. 成本反馈是实现成本计划的重要手段。（　　）

6. 成本会计的决策职能是预测职能的前提。（　　）

7. 成本预测和计划是成本会计的最基本的任务。（　　）

8. 制定和修订定额，只是为了进行成本审核，与成本计算没有关系。（　　）

9. 成本会计人员是专门从事成本会计工作的专业技术人员。（　　）

10. 成本会计法律制度是企业组织和从事成本会计工作必须遵守的规范，是会计法律制度的重要组成部分。（　　）

# 模块二

# 成本核算方法的选择

## 知识目标

了解企业生产类型的特点；熟悉企业生产类型和成本管理要求对产品成本核算方法的影响；掌握成本核算的流程。

## 技能目标

掌握成本核算方法的确定及成本核算的基本要求与流程。

## 重点及难点

成本核算方法的特点；成本核算的基本要求与流程。

## 基本内容

项目二　企业的生产类型及产品成本核算方法
项目三　成本核算的一般流程

# 项目二　企业的生产类型及产品成本核算方法

**项目引入**

某高职院校会计专业学生小李先后在两家企业实习。他先到啤酒生产企业从事成本会计核算工作。小李通过一段时间的学习，归结出该企业的啤酒生产过程为制麦工序、糖化工序、发酵工序和包装工序。之后，小李到某汽车制造企业实习。小李了解到，该企业主要生产低排量小汽车，所有零部件都由自己生产，而且每一种零部件都是在一个独立的生产车间生产的。生产的零部件大多由企业自己使用，也有部分对外出售；各零部件生产车间生产完成后都将产品移交至半成品库，最后由装配部门从半成品库领取零部件组装成产品对外出售。回到学校，小李一直思考：不同的企业，成本核算方法是否一致？

## 任务一　认知企业生产类型及其对成本核算的影响

**任务导入**

回顾自己的实习过程，小李思考：不同行业的企业千差万别，制造企业的生产类型对成本核算有什么影响？

### 一、企业的生产类型

企业产品成本核算的过程，就是将生产经营过程中发生的费用按一定的对象进行归集和分配，最终计算出产品的总成本和单位成本的过程。在实际工作中，制造企业核算产品成本有多种不同的方法，决定产品成本核算方法的主要因素是产品成本核算对象，而决定产品成本核算对象的主要因素则是企业的生产类型特点和管理要求。正因如此，在确定某企业产品成本核算的方法之前，首先要分析该企业的生产类型、特点和管理要求，从而选择适合该企业的成本核算方法，才能得出准确的产品成本。企业生产的类型是按照生产工艺过程的特点和生产组织方式的不同划分的。

## （一）按生产工艺分类

生产工艺是指制造各种产品的具体方法，即工人使用劳动手段直接改变劳动对象的形状、尺寸、成分、性质等，使其成为预期产品的过程。

按生产工艺过程的特点，产品生产可以分为单步骤生产和多步骤生产。

### 1. 单步骤生产

单步骤生产也称简单生产，即生产工艺过程不能间断，或者由于工作场地的原因不便于分散在不同地点进行的生产。此类生产的生产周期较短，工艺比较简单，如发电、采掘工业、供气、铸造等。

### 2. 多步骤生产

多步骤生产也称复杂生产，即产品的生产工艺过程由若干个可以间断、可以分散在不同时间和地点进行的生产步骤所组成的生产。此类生产的生产周期长，工艺比较复杂，如纺织、机械制造、服装加工、造纸及冶金等。

多步骤生产按照其产品加工方式的不同，可以分为连续加工式生产和装配式生产。

（1）连续加工式生产，是指从原材料投入生产直到产品完工，需要依次经过各生产步骤的连续加工，前一步骤完工的半成品都是企业自制半成品，也往往就是下一步骤的加工对象。

（2）装配式生产，是指各个生产步骤可以在不同时间、不同地点进行，即将原材料投入不同的生产加工部门，制成各种零件、部件，然后再将零件、部件装配成成品。

**小贴士**

卫生纸生产工艺流程：原料（书、报纸）、碎浆脱墨、磨浆机、振动筛、搅拌、浆泵、漂洗、漂白、浆泵、造纸主机、复卷、打孔、压花、切纸机。

服装生产工艺流程：验布、裁剪、印绣花、缝制、整烫、检验、包装。

纺织工艺流程：纺纱工艺和织造工艺。

纺纱工艺流程：清棉、梳棉、精梳、并条、粗纱、细纱。

织造工艺流程：络筒、整经、浆纱、穿经、织造、整理。

机械制造工艺流程：铸造、锻造、冲压、焊接、机械加工、热处理、装配等。

## （二）按生产组织分类

生产组织方式是指企业生产的专业化程度，具体是指企业在一定时期内生产产品品种的多少、同类产品数量的多少，以及生产的重复程度。按照企业生产组织方式的不同，产品生产可以分为大量生产、成批生产和单件生产。

1. 大量生产

大量生产是指不断大量重复生产相同品种产品的生产。此类生产的特点是产量较大、品种较少，如纺织、面粉加工、发电、供气、造纸等。

2. 成批生产

成批生产是指按照事先规定的数量和规格进行生产。此类生产的产品品种较多、产量较大、生产具有重复性，如服装加工、机械加工等。

按照产品批量的大小，成批生产又可分为大批生产和小批生产。大批生产的产品批量较大，往往重复生产，在生产实质上接近大量生产；小批生产批量较小，一批产品一般可以同时完工，在生产实质上接近单件生产。

3. 单件生产

单件生产是指根据订货单位的要求，进行个别性质特殊的产品生产，如船舶制造、飞机制造、新产品试制等。单件生产类似于小批量生产。

将上述分类按照生产工艺的特点、生产组织方式的不同结合起来，可以形成不同的生产企业类型。单步骤生产和多步骤连续加工式生产，一般是大量大批生产，分别称为大量大批单步骤生产和大量大批连续式多步骤生产。多步骤装配式加工生产，可以是大量生产，也可以是成批生产，还可以是单件生产，前一种可称为大量大批装配式加工多步骤生产，后两种统称为单件小批装配式加工多步骤生产。

## 二、生产类型与管理要求对成本核算方法的影响

企业采用何种成本核算方法，在很大程度上是由产品的生产类型决定的，而不同的生产类型对成本管理的要求也不相同。由于成本核算总是以一定的成本核算对象归集和分配生产费用，所以生产特点和管理要求对产品成本核算的影响主要表现在以下 3 个方面：成本核算对象、成本核算期、完工产品与在产品之间的费用分配。

1. 对成本核算对象的影响

计算产品成本，首先要确定产品的成本核算对象。

（1）在大量大批单步骤生产中，由于不间断地重复生产同类产品，因而以产品的品种作为成本核算对象来归集生产费用。

（2）在大量大批多步骤生产中，由于各个步骤相对独立，可以按照产品的生产步骤归集生产费用，因而以各加工步骤作为成本核算对象，计算各步骤半成品的成本。

（3）在单件小批量生产中，由于产品是按照客户的订单或批别组织生产的，且一批产品一般可以同时完工，因而以产品的订单或批别作为成本核算对象来归集生产费用，计算产品成本。

2. 对成本核算期的影响

成本核算期即生产费用计入产品成本规定的起止日期。企业产品的生产特点和管理要求不同，对确定成本核算期同样有影响。

（1）在大量大批生产中，由于生产连续不断地进行，企业不断地投入原材料，不断地有完工产品产出，因而产品成本核算要定期在月末进行，成本核算期与生产周期不一致，而与会计报告期一致，满足会计分期核算确定企业经营损益的需求。

（2）在小批量或单件生产中，由于生产一般是重复进行的，而各批产品的生产周期往往不同。一批产品投产时间相同、完工时间相同，成本核算一般要等某件或某批产品完工后才能计算，因此，成本核算期不定期，与生产周期一致，与会计报告期不一致。

3. 对完工产品与在产品之间费用分配的影响

企业生产的特点还影响到月末成本核算时是否需要在完工产品与在产品之间分配生产费用，也就是是否需要核算产品成本。

（1）在大量大批生产的情况下，由于成本核算期与产品的生产周期不一致，月末一般都会有尚未完工的在产品。因此，月末计算产品成本时，生产费用就必须在完工产品与在产品之间进行分配。

（2）在单件生产和小批量生产的情况下，由于成本核算期和产品生产周期一致，在产品尚未完工时，该批（件）产品成本核算单归集的生产费用，全部是在产品的成本；当产品全部完工时，该批（件）产品成本核算单归集的生产费用，全部是完工产品的成本。因此，不存在计算月末在产品成本的问题。

以上 3 个方面的影响是相互联系、相互作用的。三者中，生产类型对成本核算对象具有决定性影响，以此为基础，不同的成本核算对象又决定了不同的成本核算期和生产费用是否在完工产品与在产品之间进行分配。可以说，成本核算对象的确定是正确选择成本核算方法的关键和依据，更是区分不同成本核算方法的主要标志。具体来说，包括以下 3 种：①以产品品种为成本核算对象；②以产品批别为成本核算对象；③以产品生产步骤为成本核算对象。它们的关系如图 2-1 所示。

**概念索引**

生产工艺　单步骤生产　多步骤生产　大量生产　成批生产　单件生产

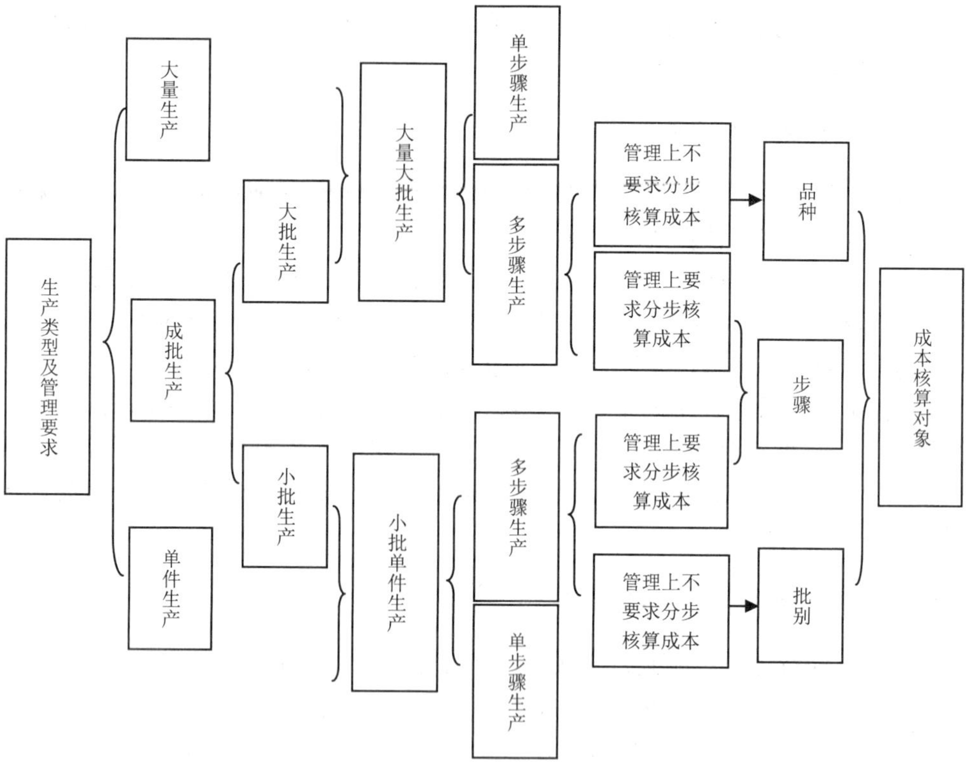


图 2-1　生产类型与管理要求对成本核算方法的影响

闯关考验

举例说明企业的生产类型及每种生产类型的特点。

# 任务二　了解产品成本核算的基本方法和辅助方法

**任务导入**

小李实习的两家企业分别是什么类型的企业？应该分别使用何种成本核算方法？

## 一、产品成本核算的基本方法

生产类型的不同特点和不同的管理要求决定产品成本的核算对象、成本核算期和生产费用在完工产品与在产品之间的分配方法；不同的成本核算对象、成本核算期和生产费用在完工产品与在产品之间分配方法相组合，形成了工业企业产品成本核算的不同方法。成本核算对象是区别不同成本核算方法的主要标志。

产品成本核算的品种法、分批法、分步法三者之间的比较如表 2-1 所示。

表 2-1　3 种产品成本核算方法的比较

| 成本核算方法 | 成本核算对象 | 成本核算期 | 期末在产品成本的计算 | 适用范围 | |
|---|---|---|---|---|---|
| | | | | 生产特点 | 管理要求 |
| 品种法 | 产品品种 | 按月核算，与会计报告期一致 | 单步骤生产下一般不需要核算，多步骤生产下一般需要核算 | 大量、大批、单步骤或多步骤生产 | 管理上不要求分步骤核算产品成本 |
| 分批法 | 产品批别 | 不定期核算，与生产周期一致 | 一般不需要核算 | 单件、小批单步骤或多步骤生产 | 管理上不要求分步骤核算产品成本 |
| 分步法 | 产品品种及其经过的步骤 | 按月核算，与会计报告期一致 | 需要核算 | 大量、大批多步骤生产 | 管理上要求分步骤核算产品成本 |

## 二、产品成本核算的辅助方法

在实际工作中，除了上述 3 种基本方法以外，制造企业还会采用其他成本核算方法。

在产品品种、规格繁多的制造企业中，如针织厂、灯具厂等，为了简化成本核算工作，还采用一种简便的成本核算方法——分类法；在定额管理工作基础好的制造企业中，为了配合和加强定额管理，加强成本控制，更有效地发挥成本核算的分析性和监督性作用，还采用一种将符合定额的费用和脱离定额的差异分别核算的产品成本核算方法——定额法。

这些方法与生产类型的特点没有直接联系，不涉及成本核算对象，它们的应用或是为了简化成本核算工作，或是为了加强成本管理，只要具备条件，各种生产类型的企业都能应用。因此，从计算产品实际成本的角度来说，它们不是必不可少的。基于上述情况，这些方法统称为辅助方法，一般应与各种类型生产采用的基础方法结合起来使用，而不能单独使用。

**概念索引**

品种法　分批法　分步法

**闯关考验**

简述产品成本核算的基本方法。

# 思考与练习二

思考与练习二

## 一、单选题

1. 产品成本核算的基本方法不包括（　　）。

A. 分批法　　B. 分类法　　C. 品种法　　D. 分步法

2. 在大量、大批、多步骤的生产企业，管理上不要求分步骤核算产品成本，该成本核算方法是（　　）。

A. 品种法　　B. 分类法　　C. 分批法　　D. 分步法

3. 分批法的成本核算方法适用的生产组织形式是（　　）。

A. 大量生产　　B. 成批生产

C. 单件生产　　D. 单件、小批生产

4. 产品成本核算的辅助方法是（　　）。

A. 品种法　　B. 分批法　　C. 分步法　　D. 分类法

5. 按照事先规定的数量和规格进行的生产叫（　　）。

A. 大量生产　　B. 成批生产　　C. 单件生产　　D. 小批生产

## 二、多选题

1. 按生产工艺过程的特点，产品生产可以分为（　　）。

A. 大量生产　　B. 单步骤生产

C. 单件生产　　D. 多步骤生产

2. 产品成本核算的基本方法包括（　　）。

A. 品种法　　B. 分批法　　C. 分步法　　D. 分类法

3. 多步骤生产按照其产品加工方式的不同，可以分为（　　）。

A. 连续加工式生产　　B. 装配式生产

C. 大量生产　　D. 小批生产

4. 按照企业生产组织方式的不同，产品生产可以分为（　　）。

A. 大量生产　　B. 成批生产

C. 单件生产　　D. 单步骤生产

5. 受生产特点和管理要求的影响，产品成本核算对象包括（　　）。

A. 产品价格　　B. 产品品种

C. 产品批别　　D. 产品的生产步骤

## 三、判断题

1. 生产特点和管理要求对产品成本核算的影响，其中一方面表现为成本核算对象的确定。（　）
2. 成本核算对象是区别不同成本核算方法的主要标志。（　）
3. 单步骤生产都应采用品种法核算产品成本。（　）
4. 分类法和定额法是产品成本核算的基本方法。（　）
5. 大量生产是指不断大量重复生产相同品种产品的生产。（　）

# 项目三　成本核算的一般流程

成本核算的
一般流程

**项目引入**

成本核算的流程是将生产费用按照成本核算的基本要求进行分类核算，并按成本项目进行归类计入产品成本的过程。制造企业产品成本核算是一项比较复杂的工作，但共同遵循着一个基本程序。那么，是什么样的共同程序，使复杂的成本核算不再那么复杂？

## 任务一　了解成本核算的相关账户

**任务导入**

企业的生产类型不同，对成本管理的要求不同，成本核算对象和成本项目也不同。企业应根据生产类型的特点和成本管理要求，确定成本核算对象，并根据成本核算对象开设成本明细账，设置成本账户。

与产品成本核算有关的账户主要有以下两种。

### 一、“生产成本”账户

“生产成本”账户用来核算企业的各种产品（包括产成品、自制半成品、提供劳务等）在生产过程中所发生的各项生产费用，并据以确定产品的实际生产成本。

“生产成本”账户借方登记月份内发生的全部生产费用；贷方登记应结转的完工产品成本的实际生产成本；月末借方余额，表示生产过程中尚未完工的在产品实际生产成本。

“生产成本”账户设置“基本生产成本”和“辅助生产成本”两个明细账户。为了具体反映每一种产品的生产费用和实际生产成本，这两个明细账户可以按产品品种、批别、订单号、步骤等进行三级明细核算。为了简化会计核算手续，企业也可以将两个二级账户提升为一级账户，不设置“生产成本”总账账户。

## 二、“制造费用”账户

“制造费用”账户也是成本类账户，用来归集和分配企业为生产产品、提供劳务而发生的各项间接费用，包括车间的管理人员职工薪酬、办公费、水电费、固定资产折旧费、机物料消耗、劳动保护费，以及季节性和修理期间的停工损失等。

“制造费用”账户借方登记月份内发生的各种制造费用；贷方登记分配结转应由各种（各批、各步骤）产品负担的制造费用。月末一般无余额。

为了考核不同车间（分厂）的经费开支情况，以及不同产品的制造费用分配标准和数额，该账户应按不同车间、部门和费用项目设置明细分类账。期末，将共同负担的制造费用按照一定的分配标准分配计入各成本核算对象，除季节性生产外，“制造费用”账户期末应无余额。

为了正确确定企业的损益，还需要设置“管理费用”“财务费用”“销售费用”账户，用来核算企业的各项期间费用。

**概念索引**

“生产成本”账户　“制造费用”账户

**闯关考验**

简述“生产成本”账户和“制造费用”账户的基本内容。

# 任务二　掌握成本核算的一般程序

**任务导入**

在成功设置成本核算账户后，企业应根据本企业的生产特点和成本管理要求确定成本核算的一般程序。

成本核算的一般程序是指对企业在生产经营过程中发生的各项生产费用和期间费用，按照成本核算要求，逐步地归集和分配，最后计算出完工产品成本的基本过程，主要包括以下几个步骤。

## 一、根据生产特点和成本管理要求确定成本核算对象

所谓成本核算对象，就是归集和分配的对象。进行成本核算时，必须首先确定成本核算对象，它是核算产品成本的前提。如果成本核算对象确定得不准确或不恰当，就会

大大增加成本核算的难度，同时会降低产品成本核算结果的准确性，这将会无法满足企业管理的需要。企业应根据生产类型的特点和管理要求，从产品品种、产品批别和产品生产步骤中选择最适合本企业实际情况的产品成本核算对象进行成本核算。

## 二、确定成本项目

成本项目是指生产费用要素按经济用途划分而成的若干项目。通过成本项目，可以反映成本的经济构成和产品生产过程中不同资金的耗费情况。一般设以下3个成本项目。

（1）直接材料，指企业生产经营过程中直接构成产品实体的原料及辅助材料等。

（2）直接人工，指企业直接从事产品生产人员的工资和福利费。

（3）制造费用，指企业各个生产单位（如分厂、车间等）为组织和管理生产所发生的各种间接费用。

在此基础上，企业也可以进行必要的调整，单设其他直接支出、废品损失、停工损失等成本项目。

## 三、确定成本核算期

确定成本核算期就是确定产品成本计算的起止时间。产品成本核算期的确定与企业所生产产品的特点紧密相关。

## 四、将生产费用进行归集和分配

企业通过对各种生产费用要素支出的有关原始凭证进行审核，编制要素费用分配表，然后将本期产品承担的成本项目在成本计算中进行归集。对于能确认成本的某一计算对象耗费的直接材料、直接人工，应直接记入“生产成本——基本生产成本（××产品或批次）”账户及有关的产品成本明细账；对于不能确认其费用要素的，则按照发生的地点或者用途分别归集到“制造费用”“生产成本——辅助生产成本”等账户。月末，将这些要素费用按照一定的分配方法进行分配，最终记入“生产成本——基本生产成本（××产品或批次）”账户。

## 五、进行完工产品与在产品之间的划分

通过对各要素费用的分配，所有发生的成本费用均已归集到“生产成本——基本生产成本（××产品或批次）”账户，对于月末既有完工产品成本又有在产品的企业，还必须将应计入各产品成本的生产费用在其完工产品与在产品之间按恰当的方法进行划分，从而计算出完工产品成本和月末在产品成本（图3-1）。

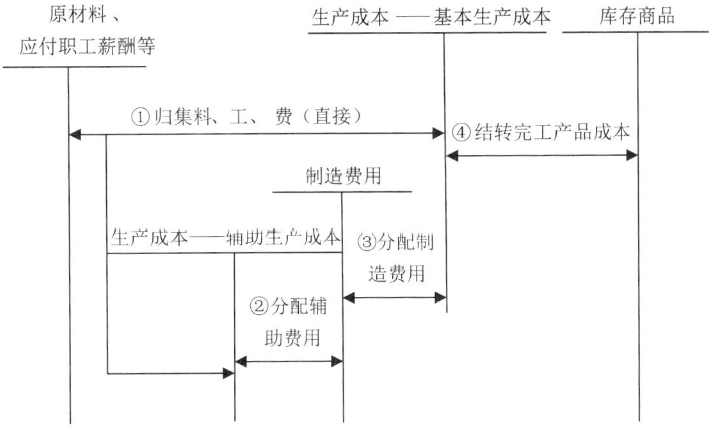


图 3-1　成本费用的归集与分配

**小贴士**

划分各种费用界限的方法有以下几点。

（1）正确划分计入产品成本和不计入产品成本的费用界限。企业的经济活动是多方面的，发生费用的用途也是多方面的。企业应根据费用的用途及国家的有关规定来确定哪些费用应计入产品成本，哪些费用不应计入产品成本。例如，资本性支出就不能直接计入产品成本。

（2）正确划分各种产品之间的费用界限。凡是能够分清应由某种产品成本负担的费用，应根据费用原始凭证直接计入该种产品的成本，不能分清由哪种产品负担的费用，应采用适当的方法加以分配计入各种产品成本。

（3）正确划分各个月份之间的费用界限。企业必须按月份结算生产费用并据以计算产品成本，对于应计入产品成本的费用，必须分清是由本期产品成本负担，还是由以后各期产品成本负担。

（4）正确划分当期完工产品与期末在产品的费用界限。月末将各项生产费用计入各种产品成本之后，还应当采用适当的分配方法在完工产品与月末在产品之间进行分配，以便正确计算完工产品成本和月末在产品成本。

**概念索引**

成本核算对象　成本项目

**闯关考验**

简述成本核算的一般流程。

# 思考与练习三

思考与练习三

## 一、单选题

1. 用来核算企业的各种产品在生产过程中所发生的各项生产费用的账户是（　　）。

A. "生产成本"　B. "制造费用"　C. "废品损失"　D. "销售费用"

2. 直接用于产品生产的燃料，应直接记入或者分配记入产品成本的账户是（　　）。

A. "制造费用"　B. "管理费用"　C. "财务费用"　D. "生产成本"

3. 基本生产车间或辅助生产车间计提的固定资产折旧费，应借记（　　）账户。

A. "生产成本"　B. "管理费用"　C. "制造费用"　D. "销售费用"

4. "生产成本"的月末借方余额表示（　　）。

A. 本期发生的全部生产费用　B. 完工产品成本

C. 月末在产品成本　D. 累计发生的生产费用

## 二、多选题

1. 生产经营过程中领用的材料，按照用途进行归类，则生产产品耗用、生产车间耗用，应分别记入（　　）账户。

A. "生产成本"　B. "制造费用"　C. "管理费用"　D. "销售费用"

2. 产品成本项目可设（　　）。

A. 直接材料　B. 直接人工　C. 制造费用　D. 管理费用

## 三、判断题

1. 基本生产车间生产产品领用的材料，应直接计入各成本计算对象的产品成本明细账。（　　）

2. 企业全部人员的职工薪酬，都应该计入产品成本，因为职工薪酬是产品成本的组成部分。（　　）

3. "制造费用"账户也是成本类账户，用来归集和分配企业为生产产品、提供劳务而发生的各项间接费用。（　　）

4. 固定资产折旧费是产品成本的组成部分，应该全部计入产品成本。（　　）

5. 企业发生的其他费用支出，如差旅费、邮电费、保险费、运输费、水电费等，应该计入产品成本。（　　）

# 模块三
# 企业成本核算实务

## 知识目标

掌握成本核算的基本原理，重点掌握品种法，熟练掌握分步法，一般了解分批法。

## 技能目标

能够根据企业的生产特点和管理要求设置成本核心账户，正确进行材料费用、人工费用、辅助生产费用、制造费用的分配和结转，正确进行生产损失的核算。

能够运用不同方法进行生产费用在完工产品与在产品之间分配，能够运用成本会计原理计算出产品成本。

## 重点及难点

品种法的基本原理；各要素费用的归集和分配。

## 基本内容

项目四　品种法的基本原理与应用

项目五　分步法的基本原理与应用

项目六　分批法的基本原理与应用

# 项目四　品种法的基本原理与应用

**项目引入**

2016 年 12 月，晋中职业技术学院会计电算化专业实习生张宁被安排到山西省伟业机械有限责任公司（以下简称“伟业机械公司”）财务科进行为期半年的上岗实习。

1. 公司基本信息

伟业机械公司是一家专门从事生产及销售纺机及其备件的企业。该公司成立于 2003 年 1 月，总注册资金 2 000 万元，占地面积为 2 000 平方米，员工 600 人。

单位名称：山西省伟业机械有限责任公司

纳税人识别号：142401112776756

开户行名称及账号：工商银行白石路办事处　380001040003560

单位地址及电话号码：晋中市白石路 30 号　0354-6678519

2. 公司组织结构

伟业机械公司的组织结构如图 4-1 所示。

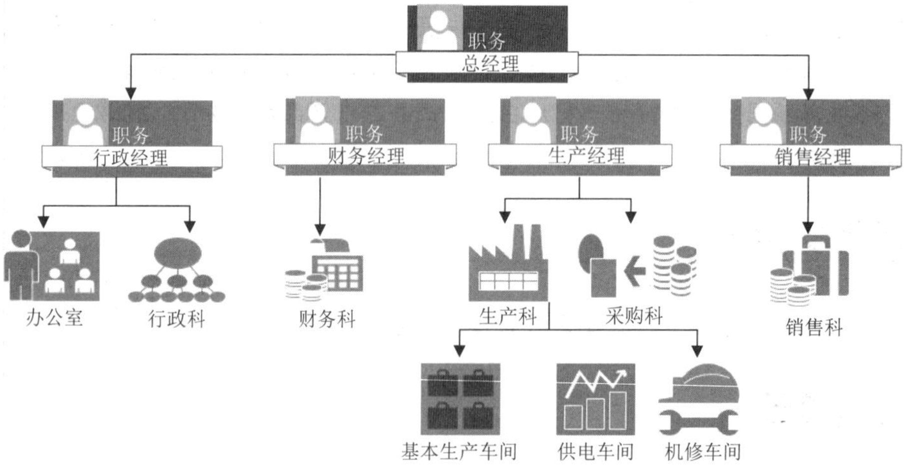


图 4-1　公司组织结构

3. 公司主营产品

伟业机械公司主要生产甲、乙两种小型纺机。公司设有一个基本生产车间，大量生产 A01 备件、F02 备件、E03 备件；没有机修车间和供电车间两个辅助生产车间。

4. 产品生产工艺流程

伟业机械公司的产品生产工艺流程如图 4-2 所示。

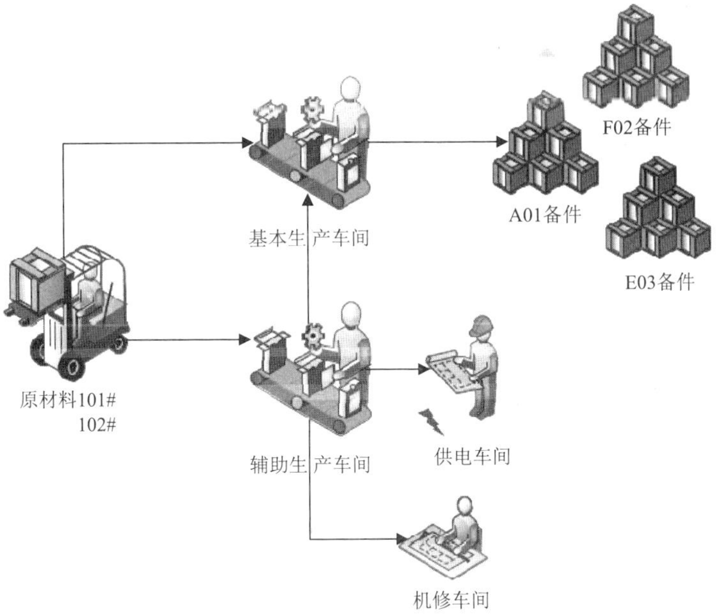


图 4-2 产品生产工艺流程

5. 会计机构及人员设置

公司成本核算实行厂部一级核算，财务科成本核算相关人员及职能分工如下。

科长：李晓明，负责公司财务工作。

会计：王菲，负责材料的收发存业务核算。

会计：陈丽，负责职工薪酬业务处理。

会计：刘伟，负责生产成本业务核算。

会计：赵茜，负责成本报表编制及分析。

6. 公司成本核算制度

（1）成本计算方法：A01 备件、F02 备件、E03 备件成本核算采用品种法。成本项目为直接材料、直接人工和制造费用。

（2）材料成本核算方法：本月发生的直接材料费以各种产品材料消耗定额为标准在各种产品之间进行分配，按实际成本计价，发出计价方法采用全月一次加权平均法。

（3）要素费用的分配方法：生产费用在发生时按费用发生地点和用途进行归集，月末再按一定的方法进行分配。

（4）费用分配标准。

① 生产用材料分配标准：定额消耗量。

② 生产工人工资分配标准：按实际生产工时。

③ 制造费用的分配标准：按实际生产工时。

（5）完工产品与在产品成本分配方法：月末在产品和完工产品之间费用的分配采用约当产量法，原材料在第一道工序开始一次投入，直接人工费用和制造费用的完工程度分工序按定额生产工时计算。

（6）辅助生产费用核算方法：辅助车间不设制造费用明细账，本月发生的各项费用归集在辅助生产账户。月末，采用交互分配法，按受益车间、部门的耗用量进行分配。

7. 成本核算流程

伟业机械公司的成本核算流程如图 4-3 所示。

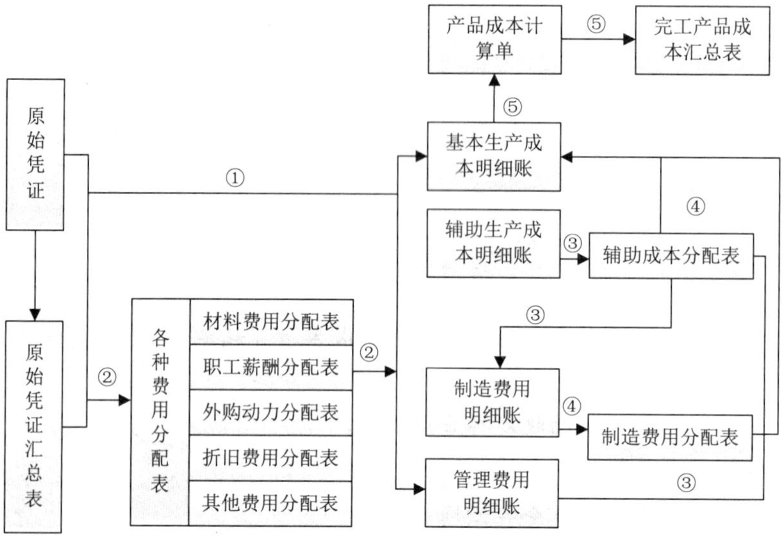


图 4-3　成本核算流程

张宁在学校已经系统学习了基础会计，但成本会计还没有学习。作为财务助理的张宁，需要完成很多与成本会计有关的财务工作。下面我们将学习成本会计的相关知识与技能，和张宁一起完成本月成本核算。

# 任务一　理解品种法的基本原理

**任务导入**

张宁了解到伟业机械公司主要的成本核算方法是品种法，李科长告诉张宁，品种法是企业产品成本计算的基本方法。对于品种法，张宁只知道品种泛指产品的种类，如花色品种。

那么，品种法是怎样的一种成本核算方法？品种法的基本原理是什么？现在我们一起来认识品种法。

## 一、品种法的概念

品种法是指以产品品种作为成本计算对象，归集生产费用，计算产品成本的一种方法。不论是何种生产类型、采用何种工艺、实现何种成本管理要求，最终都必须计算出每种产品的成本。因此，按产品品种计算产品成本是进行产品成本核算最基本的要求，品种法是企业产品成本计算的最基本方法。

## 二、品种法的特点

### （一）成本计算对象

品种法的成本计算对象就是产品品种。

（1）生产一种产品。生产一种产品即为成本计算对象，计算成本时，只需要为该种产品开设基本生产成本明细账，按成本项目设立专栏，归集生产费用。

（2）生产多种产品。按照产品品种开设基本生产成本明细账，分别汇集生产费用。能分清是哪种产品耗用的，可以直接记入该产品成本明细账有关成本项目中；不能分清是哪种产品消耗的，属于几种产品共同消耗的费用，采用适当方法在各成本计算对象之间进行分配，然后分别记入各成本明细账的有关成本项目。

### （二）成本计算期

品种法的成本计算期一般为一个月。因为大量大批意味着不间断重复生产一种或多种产品，不可能等到产品全部完工再计算成本，所以只能定期在月末计算当月产出的完工产品成本。因此，品种法的成本计算期与会计报告期一致，但与生产周期不一致。

（三）生产费用在完工产品与在产品之间进行分配

每月月末，如果没有在产品，或在产品数量很少，占用生产费用数额不大，按照重要性原则，就不需要计算在产品成本，归集的所有生产费用就是完工产品成本；如果月末在产品数量较多，占用生产费用较大，就需要采用适当的方法将所归集的生产费用在完工产品与在产品之间进行分配，计算完工产品成本和在产品成本。

## 三、品种法的适用范围

品种法的适用范围包括以下几个方面。

（1）适用于大量、大批、单步骤生产的产品，如粮食加工、发电、采掘、供水等企业。

（2）适用于大量、大批、多步骤生产的产品，规模小、车间封闭式、流水线组织不要求提供各步骤成本资料，如小型水泥厂、造纸厂、玻璃制品厂、铸件铸熔企业等。

（3）在一些大中型企业中，设有一些辅助生产车间来为基本生产车间提供产品和劳务，如供热、供电、供气等，其成本计算也采用品种法。

**小贴士**

产品在生产过程中，不同阶段称谓不同，可分为待产品、在产品、半成品、产成品（完工产品）。

完工产品是指在一个企业内已完成全部生产过程、按规定标准检验合格、可供销售的产品，也称产成品或成品。

在产品是指企业正在制造尚未完工的生产物，包括正在各个生产工序加工的产品，已经加工完毕但尚未检验、或已检验但尚未办理入库手续的产品。

广义的在产品指从原材料、外购物投入生产到制成成品出产前，存在于生产过程的各个阶段、各个环节上需要继续加工的产品，包括存在于车间之间的半成品和存在于车间内部的在制品。

狭义的在产品仅指车间内部处于加工、检验、运输等过程中的产品。

## 四、品种法的核算程序

品种法的核算程序包括以下几个方面。

（1）按产品品种开设生产成本明细账，分别按成本项目设置专栏（表 4-1）。

**表 4-1　生产成本明细账**

车间名称：　　　　　　　　　　　　　　　　　　　　产品名称：

| 年 | | 凭证 | 摘要 | 金额 | 成本项目 | | | |
|---|---|---|---|---|---|---|---|---|
| 月 | 日 | 字号 | | | 直接材料 | 燃料及动力 | 直接人工 | 制造费用 |
| | | | | | | | | |
| | | | | | | | | |

（2）归集和分配各种要素费用。根据生产费用发生的原始凭证和原始凭证汇总表，编制各要素费用分配表，分配各种要素费用。根据各种要素费用分配表登记基本生产明细账、辅助生产成本明细账、制造费用明细账等有关明细账。

（3）归集和分配辅助生产费用。根据有关费用分配表登记辅助生产成本明细账，归集辅助生产费用，然后编制辅助生产费用分配表，将辅助生产费用在各受益部门、产品间进行分配，登记有关成本明细账。

（4）归集和分配制造费用。根据各种费用分配表，登记制造费用明细账，归集所发生的全部制造费用，然后编制制造费用分配表，将制造费用在各种产品之间进行分配，记入各种产品基本生产成本明细账。

（5）月末将各种产品基本生产成本明细账上所汇集的全部费用，采用适当的方法在完工产品和在产品之间进行分配，计算出完工产品成本和月末在产品成本，编制完工产品成本汇总表。

**概念索引**

品种法　完工产品　在产品

**闯关考验**

简述品种法的核算程序。

# 任务二　掌握要素费用的归集与分配

**任务导入**

张宁在伟业机械公司实习，常听到“归集”“分配”等词，在基础会计中没有涉及，所以他去请教财务科的会计王菲。王菲大学毕业后就到了伟业机械公司从事财务工作，业务能力很强，而且非常热情。王菲耐心而细致地向张宁解答：从产品成本核算的整个过程来看，平时的工作主要是归集、分配材料费用、人工费用及其他费用，这就涉及各项费用如何分配的问题，即分配给谁、分配多少及怎么分配才算合理等问题，所以需要解决如何选择分配标准、计算分配率问题。

产品成本是以产品为对象归集的生产耗费，包括的内容很广，既有材料、工资等的耗用，又有生产部门为组织和管理生产而发生的耗用，还有产品生产过程中发生的损耗等。

## 一、要素费用的内容

企业在生产经营过程中发生的生产费用按支出的经济内容分类，在会计上称为要素费用。要素费用主要包括材料费用、燃料费用、外购动力费用、职工薪酬、折旧费用和其他费用。

要素费用与产品成本的关系如图4-4所示。

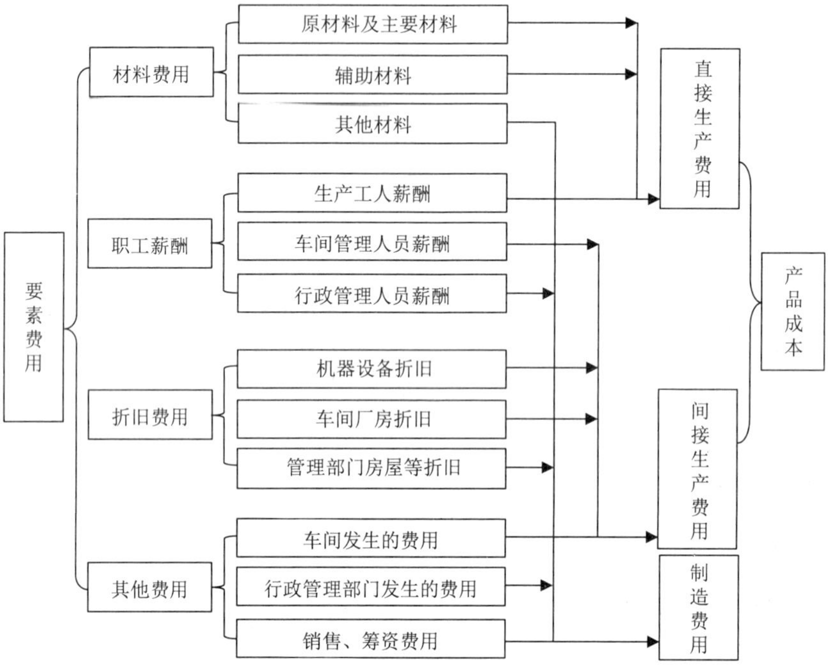


图4-4　要素费用与产品成本的关系

## 二、要素费用的归集

归集是指对生产过程中发生的各种费用，按一定的对象，如各种产品或作业、各个车间部门所进行的分类、汇总。通过成本归集，可以分别求得各个对象的成本总额，为进一步计算该完工产品成本提供依据。对于直接材料、直接人工，应按成本计算对象，如产品的品种、批别、生产加工步骤进行归集。对于制造费用、废品损失等，则应按发生地点或用途进行归集，然后再计入各产品成本。

**小贴士**

从某种意义上讲，产品成本计算就是成本归集和成本分配两大工作。正确的成本归集是保证成本计算质量的关键。要做到成本归集的正确，一是费用划分要正确，如果费用划分错误，应由甲产品负担的费用误归入乙产品成本，则成本计算就不可能正确；二是汇总要按一定的程序进行。

## 三、要素费用的分配原则

### （一）谁受益、谁承担原则

各种要素费用要按照受益对象和程度归集和分配，即何种产品受益，何种产品承担费用，何时受益，负担费用多少与受益程度有关。

#### 1. 计入成本、费用的费用

1）计入成本的费用

（1）企业基本生产车间为生产产品而直接发生费用，一般记入“生产成本——基本生产成本（××产品）”账户。

（2）基本生产车间发生的间接生产费用和机器设备折旧等费用，一般记入“制造费用”账户。

（3）对辅助生产车间应计入产品成本的费用，视其规模和管理要求，可采用两种方法进行归集：第一种方法是将所有费用记入“生产成本——辅助生产成本”账户；第二种方法是将辅助生产车间发生的直接费用和间接费用分别记入“生产成本——辅助生产成本”和“制造费用”账户。

2）计入期间费用的费用

在生产经营过程中发生的期间费用，不计入产品成本，而应分别记入“销售费用”“管理费用”“财务费用”账户，然后转入“本年利润”账户，冲减当月损益。

#### 2. 不计入成本、费用的费用

（1）企业为购建固定资产而发生的费用，应记入“在建工程”“固定资产”账户。

（2）企业自行研发的无形资产而发生的费用，应记入“研发支出”账户。

（3）企业发生的与日常活动无直接关系的各项损失而发生的费用，应记入“营业外支出”账户。

综上所述，企业要素费用分配如表 4-2 所示。

**表 4-2　企业要素费用分配去向**

| 发生的部门和用途 | 记入账户 |
|---|---|
| 基本生产车间直接生产费用 | 生产成本——基本生产成本（××产品） |
| 基本生产车间间接生产费用 | 制造费用——××车间 |
| 辅助生产车间直接生产费用 | 生产成本——辅助生产成本（××车间） |
| 辅助生产车间间接生产费用 | 生产成本——辅助生产成本（××车间） |
| | 制造费用——××车间 |

续表

| 发生的部门和用途 | 记入账户 |
| --- | --- |
| 行政管理部门、销售部门及筹资发生的费用 | 销售费用、管理费用、财务费用 |
| 购建固定资产、无形资产发生的费用 | 在建工程、固定资产、研发支出 |
| 与生产经营没有直接关系发生的费用 | 营业外支出 |

### （二）直接费用直接计入产品成本，间接费用分配计入产品成本

费用发生时，能分清何种产品所耗用，并可直接计入该种产品（或成本计算对象）成本的费用，即为直接费用。该种费用无须分配，直接计入该种产品（或成本计算对象）成本中。不能分清是为生产何种产品（或成本计算对象）所发生的费用，即为间接费用。该种费用需要通过一定的方法分配后计入各种产品（或成本计算对象）成本中。

间接费用，应当选择适当的分配方法分配。所谓适当的方法，是指分配依据的标准与分配对象有比较密切的联系。

#### 1. 选择分配标准的注意事项

（1）所选的分配标准与所分配的费用大小有密切联系。

（2）作为分配标准的资料一定是容易取得的。

#### 2. 分配间接费用的标准

（1）成果类，如产品的重量、体积、产量等。

（2）消耗类，如生产工时、生产工资、机器工时、材料消耗量。

（3）定额类，如定额消耗量、定额费用。

#### 3. 费用分配的步骤

（1）确定待分配金额。

（2）确定分配标准。

（3）计算分配率：

$$分配率=\frac{待分配金额}{各分配标准之和}$$

（4）计算分配对象应分配的费用：

$$某分配对象应分配的费用=分配标准\times 分配率$$

**概念索引**

产品成本　要素费用　直接费用　间接费用

闯关考验

（1）简述要素费用的分配原则。

（2）简述费用分配的 4 个步骤。

（3）简述要素费用与产品成本之间的关系。

# 任务三　掌握材料费用的核算

## 任务导入

张宁一上班，负责材料收发存业务核算的会计王菲交给张宁一摞报表，让张宁去完成，有材料定额消耗量表、本月的领料单、空白的材料费用分配表。张宁感到自己无从下手。下面我们要帮张宁完成任务。

1. 任务资料

伟业机械公司 2018 年 1 月份生产 A01 备件、F02 备件、E03 备件，领用材料业务如表 4-3 所示。

表 4-3　各部门领料单汇总表

2018 年 1 月　　　　单位：元

<table>
<tr><th rowspan="2">领用部门</th><th rowspan="2">用途</th><th colspan="3">原材料</th><th></th></tr>
<tr><th colspan="2">101#</th><th>202#</th><th>合计</th></tr>
<tr><td rowspan="4">基本生产车间</td><td rowspan="2">生产 A01 备件</td><td>直接领用</td><td>共同领用</td><td rowspan="3"></td><td rowspan="3">643 663.53</td></tr>
<tr><td>80 590.12</td><td rowspan="2">500 000.00</td></tr>
<tr><td>生产 F02 备件</td><td>63 073.41</td></tr>
<tr><td>生产 E03 备件</td><td colspan="2"></td><td>1 201 532.91</td><td>1 201 532.91</td></tr>
<tr><td>修理车间</td><td></td><td colspan="2">1 000.00</td><td>1 500.00</td><td>2 500.00</td></tr>
<tr><td>供电车间</td><td></td><td colspan="2">5 000.00</td><td></td><td>5 000.00</td></tr>
<tr><td>管理部门</td><td></td><td colspan="2">500.00</td><td></td><td>500.00</td></tr>
<tr><td>合计</td><td></td><td colspan="2">650 163.53</td><td>1 203 032.91</td><td>1 853 196.44</td></tr>
</table>

2. 工作任务

（1）根据领料凭证汇总表，编制材料费用分配表。

（2）根据材料费用分配表，进行账务处理。

## 一、材料的组成

直接材料的分配

材料是产品生产中不可缺少的物质要素，是构成产品成本的主要部分。它包括企业在生产经营过程中实际消耗的各种原料及主要材料、辅助材料、备品配件、外购半成品、燃料、动力、周转材料及其他材料的价值。

1. 原料及主要材料

原料及主要材料是指经过加工后构成产品实体的各种原材料和材料，如钢铁企业炼铁耗用的矿石、纺织企业纺纱耗用的原棉等。对购入企业来说，半成品（即材料）同原料一样都是劳动对象，在继续加工构成产品的主要实体，因此也列入此类，如机械制造企业使用的钢材、纺织企业织布耗用的棉纱。

2. 辅助材料

辅助材料是指直接用于生产过程，有助于产品形成或便于生产进行但不构成产品实体的各种材料。辅助材料在生产中发挥的作用不同，有的为劳动工具所耗费，如维修机器设备用的机油和防锈剂等；有的与主要材料相结合有助于产品形成，如漂白粉、催化剂、油漆、染料；有的为正常劳动创造条件，如各种清洁用具和照明用具等。

3. 燃料

燃料是指在生产过程中用来燃烧发热的各种材料，包括固体燃料、气体燃料和液体燃料，如煤、天然气和汽油等。燃料按其在生产中所起的作用来看，也属于辅助材料，但由于它在企业生产过程中的消耗量大，对现代化生产来说作用较大，故单列一类，以便于管理和核算。

4. 动力

动力是指在生产过程中耗用的电、热、水等。

5. 周转材料

周转材料包括低值易耗品和包装物。低值易耗品是指单位价值或使用年限在规定限额以下的劳动工具或资料。包装物是指为了包装本企业产品，随同产品一同出售或在销售过程中租、借给购货单位使用的各种包装物品，如箱、瓶、袋等，但不包括包装用的一般零星材料（如纸张、绳子、铁丝等）。

6. 其他材料

其他材料是指企业在生产过程中消耗的不属于上述各类的其他材料。

## 二、材料费用的核算

### 1. 材料发出的原始记录

为了有效地控制生产成本，必须严格办理有关材料的领取和退库手续，做好相关的原始记录。材料费用的原始记录包括领料单（表 4-4）、限额领料单、领料登记表、退料单等。

**表 4-4　领料单**

领料部门编号：　　　开票日期：　　年　　月　　日　　　字第　　号

领料部门：　　　班组：　　　制造命令：

用途及说明：

<table>
<tr><td rowspan="2">材料编号</td><td rowspan="2">材料名称</td><td rowspan="2">规格</td><td rowspan="2">单位</td><td colspan="2">数量</td><td colspan="2">实际价格</td></tr>
<tr><td>请领</td><td>实发</td><td>单价</td><td>金额</td></tr>
<tr><td></td><td></td><td></td><td></td><td></td><td></td><td></td><td></td></tr>
<tr><td></td><td></td><td></td><td></td><td></td><td></td><td></td><td></td></tr>
<tr><td colspan="2" rowspan="3">审核</td><td colspan="3">领料部门</td><td colspan="3">发料部门</td></tr>
<tr><td colspan="2">负责人</td><td>领料人</td><td colspan="2">核准人</td><td>发料人</td></tr>
<tr><td colspan="2"></td><td></td><td colspan="2"></td><td></td></tr>
</table>

### 2. 材料费用的归集

对于生产过程中发生的材料费用，应根据审核无误的领料单、限额领料单、领料登记表、退料单等凭证，按其发生的地点和用途进行归集。

**小贴士**

对于生产所剩的余料，应当分情况处理。如果下月或下一批产品不再使用，应当编制退料单，将余料退回仓库；如果下月或下一批产品还需继续使用，为了保证成本计算的准确性，应当办理“假退料”，即余料仍留在车间，只是在凭证传递上，先编制一张本月或者本批的退料单，同时编制一张下月的领料单，这种余料虽没有退回仓库，但材料的成本实现了由本月（本批）向下月（下批）的结转。

材料发出的核算可以按实际成本计价，也可以按计划成本计价。采用实际成本核算时，发出材料的实际成本可采用先进先出法、加权平均法或个别计价法计算，不同的材料可选用不同的方法，计价方法一经确定，不得随意变更。采用计划成本核算时，应计算发出材料应负担的材料成本差异，将发出材料的计划成本调为实际成本。本书发出材料成本的核算采用实际成本计价法。

企业耗用的各种材料费用，一般于月末由财会部门根据审核无误的领退料凭证编制发料凭证汇总表，并按照耗用材料的不同部门、不同用途进行归集和分配。

直接用于产品生产、构成产品实体或有助于产品形成的材料费用称为直接材料。基本生产车间在生产产品过程中耗用的直接材料应记入“生产成本——基本生产成本（××产品）”账户；辅助生产车间耗用的材料费用记入“生产成本——辅助生产成本”账户；基本生产车间一般耗用的材料费用记入“制造费用”账户；行政管理部门耗用的材料费用记入“管理费用”账户；固定资产建造或安装耗用的材料费用记入“在建工程”账户；其他部门耗用的材料费用根据不同的用途记入相应的账户。

### 3. 直接材料的分配

1）直接材料分配的基本原则

在进行材料费用核算时，凡生产产品直接耗用的材料应尽可能直接计入有关产品的成本，以充分反映产品制造成本的真实水平。企业生产产品领用原材料一般可根据领料单上所注明的用途，能直接确定归属对象的材料费，应直接记入各产品成本明细账的“直接材料”成本项目；对于几种产品共同耗用的间接材料费，因为如果企业生产不同产品领用同一种原材料，领料单上未注明用途或虽注明用途，但无法确定各种产品实际耗用的数量时，就应选择适当的分配方法，分配记入各产品明细账的“直接材料”成本项目。

2）直接材料分配的方法

对于不同产品共同耗用直接材料费用的分配，应选择合理的分配标准，在生产的几种产品之间进行分配。

分配标准的选择要尽可能与材料费用的发生有密切关系，做到多耗用多分配，少耗用少分配。

可供选择的分配标准很多，一般有材料实际耗用量、材料定额费用、产品产量、产品重量等。企业应根据耗用材料的具体情况选择一定的标准进行分配。

（1）定额耗用量比例法。定额耗用量比例法是以各种产品的材料消耗定额为标准来分配直接材料的方法。采用定额耗用量比例法，要求企业对各种产品的材料消耗都制定比较先进和合理的消耗定额。

（2）产品产量比例法。产品产量比例法是以各种产品的产量为标准来分配直接材料的方法。采用产量分配法，要求每一产品所耗的原材料基本上是相等的。

（3）产品重量比例法。产量重量比例法是以各种产品的重量为标准来分配直接材料的方法。该方法适用于直接材料耗用的材料数量与产品重量有一定比例关系的产品。

3）完成张宁的工作任务

（1）根据领料凭证汇总表，编制材料费用分配表（表 4-5）。步骤如下。

**表 4-5　各部门材料费用分配表**

2018 年 1 月　　　　单位：元

| 领用部门 | 用途 | 原材料 | | | |
|---|---|---|---|---|---|
| | | 101# | | 202# | 合计 |
| 基本生产车间 | 生产 A01 备件 | 80 590.12 | 200 000 | | 280 590.12 |
| | 生产 F02 备件 | 63 073.41 | 300 000 | | 363 073.41 |
| | 生产 E03 备件 | | | 1 201 532.91 | 1 201 532.91 |
| 修理车间 | | 1 000 | | 1 500 | 2 500 |
| 供电车间 | | 5 000 | | | 5 000 |
| 管理部门 | | 500 | | | 500 |
| 合计 | | 650 163.53 | | 1 203 032.91 | 1 853 196.44 |

① 待分配金额：500 000 元。

② 分配标准：A01 备件 4 000 千克，F02 备件 6 000 千克。

③ 计算原材料费用分配率：

$$原材料费用分配率=\frac{待分配金额}{各分配标准之和}=\frac{500\ 000}{4\ 000+6\ 000}=50（元/件）$$

④ 计算条件应分担的材料费用：

$$A01\ 备件应分担的材料费用=4\ 000\times 50=200\ 000（元）$$

$$F02\ 备件应分担的材料费用=6\ 000\times 50=300\ 000（元）$$

（2）根据材料费用分配表，做出账务处理如下：

借：生产成本——基本生产成本（A01 备件）　　280 590.12
　　　　　　　　　　　　　　（F02 备件）　　363 073.41
　　　　　　——辅助生产成本（修理车间）　　2 500
　　　　　　　　　　　　　　（供电车间）　　5 000
　　管理费用　　500
　　贷：原材料——101#　　650 163.53
　　　　　　　——202#　　1 203 032.91

**小贴士**

燃料费用的分配是指对于车间、部门领用并消耗的燃料，根据不同的用途计入有关成本费用的过程。燃料费用在会计核算中有以下两种处理方式。

（1）如果燃料费用在产品成本中的比重较小，可将燃料费用合并在材料科目核算，在产品成本项目中也并入“直接材料”项目，此时燃料在“原材料”账户的明细账户中进行核算。

（2）如果燃料费用在成本中的比重较大，可专设“燃料”科目核算，在产品成本明细账中也应增设“燃料与动力”成本项目，则按使用部门和用途借记“生产成本”“制造费用”“管理费用”等账户。

4. 直接材料分配延伸训练

**【例 4-1】** 2018 年 1 月，水沐公司服装车间共同耗用棉布 30 000 元，本月投产甲类服装 160 件，乙类服装 140 件，丙类服装 500 件。试分配甲、乙、丙 3 类服装应分担的材料费用。

（1）编制直接材料分配表（表 4-6）。

**表 4-6 水沐公司直接材料分配表**

材料名称：钢材　　　　2018 年 1 月

| 产品名称 | 产量/件 | 分配率 | 分配金额/元 |
| --- | --- | --- | --- |
| 甲类服装 | 160 | 37.5 | 6 000 |
| 乙类服装 | 140 | | 5 250 |
| 丙类服装 | 500 | | 18 750 |
| 合计 | 800 | | 30 000 |

步骤如下。

① 待分配金额：30 000 元。

② 分配标准：甲类服装 160 件；乙类服装 140 件；丙类服装 500 件。

③ 计算原材料费用分配率：

$$\text{原材料费用分配率}=\frac{\text{待分配金额}}{\text{各分配标准之和}}=\frac{30\,000}{160+140+500}=37.5(\text{元/件})$$

④ 计算各类服装应分担的材料费用：

甲类服装应分担的材料费用＝160×37.5＝6 000（元）

乙类服装应分担的材料费用＝140×37.5＝5 250（元）

丙类服装应分担的材料费用＝500×37.5＝18 750（元）

（2）编制会计分录（编制记账凭证）如下：

借：生产成本——基本生产成本（甲类服装）　6 000

　　　　　　——基本生产成本（乙类服装）　5 250

　　　　　　——基本生产成本（丙类服装）　18 750

　贷：原材料——棉布　30 000

（3）登记生产成本明细账（表 4-7～表 4-9）。

表 4-7　生产成本明细账

车间名称：基本生产车间
产品名称：甲类服装

| 2018 年 | | 凭证号 | 摘要 | 余额 | 成本项目 | | |
|---|---|---|---|---|---|---|---|
| 月 | 日 | | | | 直接材料 | 直接人工 | 制造费用 |
| 1 | 1 | | 上年结转 | | | | |
| 1 | 1 | 略 | 材料耗费 | | 6 000 | | |

表 4-8　生产成本明细账

车间名称：基本生产车间
产品名称：乙类服装

| 2018 年 | | 凭证号 | 摘要 | 余额 | 成本项目 | | |
|---|---|---|---|---|---|---|---|
| 月 | 日 | | | | 直接材料 | 直接人工 | 制造费用 |
| 1 | 1 | | 上年结转 | | | | |
| 1 | 1 | 略 | 材料耗费 | | 5 250 | | |

表 4-9　生产成本明细账

车间名称：基本生产车间
产品名称：丙类服装

| 2018 年 | | 凭证号 | 摘要 | 余额 | 成本项目 | | |
|---|---|---|---|---|---|---|---|
| 月 | 日 | | | | 直接材料 | 直接人工 | 制造费用 |
| 1 | 1 | | 上年结转 | | | | |
| 1 | 1 | 略 | 材料耗费 | | 18 750 | | |

5. 直接材料分配对比训练

**【例 4-2】**　金星工厂生产甲、乙、丙 3 种产品，根据耗用材料汇总表，2017 年 9 月份 3 种产品共同耗用钢材 120 000 元；根据产量记录，本月 3 种产品的净重分别为 1 000 千克、2 000 千克、3 000 千克。试采用重量分配法编制材料费用分配表（表 4-10）。

表 4-10　金星工厂直接材料分配表

材料名称：钢材　　　　　　　　　　2018 年 1 月

| 产品名称 | 产品重量/千克 | 分配率 | 分配金额/元 |
|---|---|---|---|
| 甲产品 | 1 000 | 20 | 20 000 |
| 乙产品 | 2 000 | | 40 000 |
| 丙产品 | 3 000 | | 60 000 |
| 合计 | 6 000 | | 120 000 |

（1）待分配金额：120 000 元。

（2）分配标准：甲产品 1 000 千克；乙产品 2 000 千克；丙产品 3 000 千克。

（3）计算原材料费用分配率：

$$原材料费用分配率=\frac{120\ 000}{1\ 000+2\ 000+3\ 000}=20（元/千克）$$

（4）计算各类产品应分担的材料费用：

甲产品应分担的材料费用＝1 000×20＝20 000（元）

乙产品应分担的材料费用＝2 000×20＝40 000（元）

丙产品应分担的材料费用＝3 000×20＝60 000（元）

综上，编制会计分录如下：

| | | |
|---|---|---|
| 借：生产成本——基本生产成本（甲产品） | 20 000 | |
| （乙产品） | 40 000 | |
| （丙产品） | 60 000 | |
| 贷：原材料——钢材 | | 120 000 |

**概念索引**

材料　原料及主要材料　辅助材料　燃料　动力　周转材料定额耗用量比例法　产品产量比例法　产品重量比例法

**闯关考验**

（1）简述材料的组成。

（2）简述直接材料分配的原则。

**能力测试**

甲工厂 2017 年 5 月生产 A、B 两种产品领用某材料 4 400 千克，每千克 20 元。本月投产的 A 产品为 200 件，B 产品为 250 件。A 产品的材料消耗定额为 15 千克，B 产品的材料消耗定额为 10 千克。

要求：

（1）以产品耗费的材料定额消耗量为分配标准，计算 A、B 两种产品应分配的材料费用。

（2）编制材料费用分配的会计分录。

# 任务四 掌握职工薪酬费用的核算

## 任务导入

张宁到生产车间参观时，看到正在发放企业职工工资。

1. 任务资料

伟业机械公司的职工薪酬汇总表如表4-11所示。

表4-11 职工薪酬汇总表

金额单位：元

| 部门 | | 应付工资 | 社会保险（23.35%） | 住房公积金（10%） | 工会经费（2%） | 职工教育经费（2.5%） | 小计 |
|---|---|---|---|---|---|---|---|
| 生产车间 | 生产工人 | 134 947.38 | | | | | |
| | 管理人员 | 14 426.12 | | | | | |
| 供电车间 | | 24 600.00 | | | | | |
| 机修车间 | | 18 800.00 | | | | | |
| 管理部门 | | 85 600.00 | | | | | |
| 销售部门 | | 22 466.80 | | | | | |
| 合计 | | 300 840.30 | | | | | |

2. 工作任务

（1）根据应付工资总额，计提相关职工薪酬，并完成职工薪酬汇总表。

（2）根据职工薪酬汇总表，完成职工薪酬分配表的编制。

（3）编制分配结转本月职工薪酬的会计分录。

## 一、职工薪酬的内容

职工薪酬是指企业为获得职工提供的服务而给予各种形式的报酬，以及其他相关支出，包括职工在职期间（如工资）和离职后提供给职工的全部货币性薪酬和非货币性福利。企业提供给职工配偶、子女、受赡养人、已故员工遗属及其他受益人等的福利，也属于职工薪酬。

职工薪酬包括以下内容。

（1）职工工资、奖金、津贴和补贴。

（2）职工福利费。

（3）医疗保险、养老保险、失业保险、工伤保险和生育保险等社会保险费。

（4）住房公积金。

（5）工会经费和职工教育经费。

（6）非货币性福利。

（7）因解除与职工的劳动关系给予的补偿。

（8）其他与获得职工提供的服务相关的支出。

为了反映职工薪酬的发放和提取情况，应设置“应付职工薪酬”账户进行核算，该账户应按照职工薪酬的类别设置“工资”“职工福利”“社会保险费”“住房公积金”“工会经费”“职工教育经费”“非货币性福利”“辞退福利”等明细账户。

## 二、应付工资总额的核算

应付工资总额是指用人单位在一定时期内直接支付给此单位全部职工的劳动报酬总额。国家规定的工资总额组成内容主要包括计时工资、计件工资、奖金、津贴和补贴、加班加点工资及特殊情况下支付的工资。

### （一）计时工资

计时工资指根据计时工资标准（包括地区生活费补贴）、工资等级和工作时间计算并支付的劳动报酬。计时工资的表现形式多种多样，如年薪、月薪、周薪、日薪、钟点工资制等。这里重点讲解月薪工资制的核算。

计时工资是根据工资标准、考勤记录和有关制度来计算的。计时工资根据考勤记录登记每位职工的出勤或缺勤天数，按照规定的工资标准计算。

具体有两种计算方法：一是缺勤法，即按月标准工资扣减缺勤工资计算计时工资；二是出勤法，即按出勤天数换算的日工资率计算计时工资。

**小贴士**

按照《中华人民共和国劳动法》（以下简称《劳动法》）第五十一条的规定，法定节假日用人单位应当依法支付工资，即折算日工资、小时工资时不剔除国家规定的11天法定节假日，平均制度工资天数应为365天减去104天公休日除以12个月，即21.75天[（365—104）/12]。

1. 日工资标准的计算

（1）每月固定按30天计算：

$$日标准工资=\frac{月标准工资}{30}$$

（2）每月固定按平均制度工资天数 21.75 天计算：

$$日标准工资=\frac{月标准工资}{21.75}$$

2. 应付计时工资的计算

（1）缺勤法下应付计时工资的计算公式为

应付工资＝该职工月标准工资－缺勤应扣工资

缺勤应扣工资＝事假和旷工天数×日标准工资

＋病假天数×日标准工资×病假扣款率

（2）出勤法下应付计时工资的计算公式为

应付工资＝出勤天数×日标准工资＋病假补助工资

病假补助工资＝该职工病假天数×日标准工资×（1－病假扣款率）

**【例 4-3】**　假设白云公司某工人月工资标准为 930 元。5 月份共 31 天，法定休息日和节假日 9 天。该工人 5 月份病假 2 天，事假 3 天，实际出勤 17 天。根据该工人的工龄，其病假工资按工资标准的 80%计算。该工人病假和事假期间没有节假日。试按应付月工资 4 种方法计算该工人 5 月份的标准工资。

（1）按 30 天计算日工资率，按缺勤天数扣月工资：

日工资率＝930/30＝31

应扣缺勤病假工资＝31×2×（1－80%）＝12.4（元）

应扣缺勤事假工资＝31×3＝93（元）

应付工资＝930－12.4－93＝824.6（元）

（2）按 30 天计算日工资率，按出勤天数算月工资：

出勤工资＝31×（17＋9）＝806（元）

病假工资＝31×2×80%＝49.6（元）

应付工资＝806＋49.6＝855.6（元）

（3）按 21.75 天计算日工资率，按缺勤天数扣月工资：

日工资率＝930/21.75＝42.759

应扣缺勤病假工资＝42.759×2×（1－80%）＝17.10（元）

应扣缺勤事假工资＝42.759×3＝128.28（元）

应扣工资＝930－17.10－128.28＝784.62（元）

（4）按 21.75 天计算日工资率，按出勤天数算月工资：

出勤工资＝42.759×17＝726.90（元）

病假工资＝42.759×2×80%＝68.41（元）

$$应付工资=726.9+68.41=795.31(元)$$

### （二）计件工资

计件工资是指按照工作班产量记录或工作通知单（加工单）登记的产量，乘以规定的计件单位来计算的工资。这里的产量包括质量验收合格的产品数量及由于材料质量原因导致的料废品数量。

计件工资可分个人计件工资和集体计件工资。个人计件工资适用于个人能单独操作而且能够制定个人劳动定额的工种；集体计件工资适用于工艺过程要求集体完成，不能直接计算个人完成合格产品的数量的工种，计算出集体计件工资后还需要在小组内各工人之间按照贡献大小进行合理的分配。

计件工资的计算公式为

应付计件工资=∑（某工人本月生产某产品的产量×该种产品的计件单价）

计件单价=单位产品的定额工时×小时工资率

或

应付计件工资=某工人本月生产各种产品定额工时之和×小时工资率

**【例 4-4】** 白云公司工人李四本月生产 A 产品 500 件、B 产品 200 件，该工人的小时工资率为 3 元。A 产品工时定额为 24 分钟，B 产品工时定额为 30 分钟。试计算该工人的计件工资。

该工人完成的定额工时=A 产品总定额工时+B 产品总定额工时

$$=500\times(24/60)+200\times(30/60)=300(小时)$$

应付计件工资=该工人完成的总定额工时×小时工资率

$$=300\times3=900(元)$$

### （三）奖金

奖金是指支付给职工的超额劳动报酬和增收节支的劳动报酬，包括生产奖，节约奖，劳动竞赛奖，机关、事业单位的奖励工资，其他奖金。

### （四）津贴和补贴

津贴是指为了补偿职工特殊或额外的劳动消耗和因其他特殊原因支付给职工的津贴，如补偿职工特殊或者额外劳动消耗的津贴、保健性津贴、技术性津贴、年功性津贴及其他津贴。

补贴是指为了保证职工工资水平不受物价影响支付给职工的劳动报酬，如物价补贴。

### （五）加班加点工资

加班加点工资是指企业支付给职工因在节假日或规定工作时间以外劳动的劳动报酬。

**小贴士**

《劳动法》规定，有下列情形之一的，用人单位应当按照下列标准支付高于劳动者正常工作时间工资的工资报酬：①安排劳动者延长工作时间的，支付不低于工资的150%的工资报酬；②休息日安排劳动者工作又不能安排补休的，支付不低于工资的200%的工资报酬；③法定休假日安排劳动者工作的，支付不低于工资的300%的工资报酬。

（六）特殊情况下支付的工资

根据国家有关法律、法规和政策，因病与工伤及产假、计划生育假、婚丧假、事假、探亲假、定期休假、停工学习、执行国家或社会义务等原因按计时工资标准或计时工资标准的一定比例支付的工资；附加工资、保留工资等。

下列各项不列入工资总额的范围：根据国务院发布的相关规定颁发的发明创造奖与自然科学奖、科学技术进步奖和支付的合理化建议和技术改进奖，以及支付给运动员、教练员的奖金；有关劳动保险和职工福利方面的各项费用；有关离休、退休、退职人员待遇的各项支出；劳动保护的各项支出；稿费、讲课费及其他专门工作报酬；出差伙食补助费、午餐补助、调动工作的旅费和安家费；对自带工具和牲畜来企业工作职工所支付的工具与牲畜等的补偿费用；实行租赁经营单位的承租人的风险性补偿收入；对购买本企业股票及其债券的职工所支付的股息（包括股金分红）和利息；劳动合同制职工解除劳动合同时由企业支付医疗补助费及生活补助费等；因录用临时工而在工资之外向提供劳动力单位支付的手续费或管理费；支付给家庭工人的加工费及其按加工订货办法支付给承包单位的发包费用；支付给参加企业劳动的在校学生的补贴；计划生育独生子女补贴。

企业根据职工考核记录和产量（工作量）记录等原始记录计算出应付工资以后，应编制工资结算单。同时，根据工资结算单按人员类别（工资用途）编制工资结算汇总表，汇集工资费用。工资结算汇总表是进行工资结算和分配（计入有关成本和费用）的原始依据。

## 三、相关薪酬费用的核算

（一）社会保险费和住房公积金的计提

对社会保险费和住房公积金，企业应按照国家和地方政府规定的计提基础和计提比例计算。

**小贴士**

保险计提基数以本人上一年度月平均工资为缴费工资基数；缴费工资基数低于本市上一年度职工月平均工资60%的，以本市上一年度职工月平均工资60%作为缴费工资基数；超过本市上一年度职工月平均工资300%的部分，不计入缴费工资基数。

住房公积金计年度的缴存基数，原则上，一是不得低于当地规定的最低工资标准；二是不得超过当地统计部门公布的上年度职工月平均工资的3倍。

（二）工会经费和职工教育经费计提

工会经费和职工教育经费是指企业为了改善职工文化生活、为职工学习先进技术和提高文化水平和业务素质，用于开展工会活动和职工教育及职业技能培训等相关支出。

对工会经费和职工教育经费，企业应按照当月工资总额及国家和地方政府规定的计提比例计算。

（三）职工福利费核算

职工福利费是指企业根据国家有关规定，按照当月职工工资总额的一定比例从有关成本费用中提取的专门用于企业福利部门开支、职工生活困难补助和其他福利事业等方面支出的资金。

企业根据自身实际情况合理确定职工福利费提取比例，采取先提后用，但年度内不得随意变更；也可按福利费实际发生额据实列支，直接计入相关成本、费用中。

**小贴士**

职工福利费的开支范围包括以下几个方面。

（1）尚未实行分离办社会职能的企业，其内设福利部门所发生的设备、设施和人员费用，包括职工食堂、职工浴室、理发室、医务所、托儿所、疗养院等集体福利部门的设备、设施，以及维修保养费用和福利部门工作人员的工资薪金、社会保险费、住房公积金、劳务费等。

（2）为职工卫生保健、生活、住房、交通等所发放的各项补贴和非货币性福利，包括企业向职工发放的因公外地就医费用、未实行医疗统筹企业职工医疗费用、职工供养直系亲属医疗补贴、供暖费补贴、职工防暑降温费、职工困难补贴、救济费、职工食堂经费补贴、职工交通补贴等。

（3）按照其他规定发生的其他职工福利费，包括丧葬补助费、抚恤费、安家费、探亲假路费等。

## 四、职工薪酬费用的分配

职工薪酬计算完成后，企业应按用途将其记入各种产品成本、当期损益等有关账户。若企业实行计件工资，一般生产工人的计件工资可直接计入所生产的产品的成本。若企业采用计时工资，但工人只生产一种产品的，可将生产工人的工资直接计入该产品成本；但如果企业生产多种产品，生产工人工资则应采用适当方法在各产品之间分配。按照工资总额的一定比例提取的职工福利、社会保险等其他职工薪酬，应与工资一并直接计入或分配计入所生产产品的成本。

生产工人工资费用的分配标准一般有按实际工时比例分配和按定额工时比例分配等，称为生产工时分配法。其计算公式为

$$\text{工资费用分配率}=\frac{\text{生产工人工资总额}}{\text{各产品的实际工时（或定额）之和}}$$

$$\text{某产品应负担的工资费用}=\text{该产品的实际（或定额）工时}\times\text{工资费用分配率}$$

## 五、分配结转职工薪酬费用的账务处理

企业职工薪酬应当按照人员类别，分别记入有关成本费用等相关账户。其中：产品生产工人的薪酬应记入“生产成本”账户中的“直接人工成本”项目；辅助生产车间人员的工资，应记入“生产成本——辅助生产成本”账户；基本生产车间管理人员的工资，应记入“制造费用”账户；企业行政管理部门人员的工资，应记入“管理费用”账户；专设销售机构人员的薪酬应记入“销售费用”账户；固定资产建造等在建工程人员的薪酬应记入“在建工程”账户。

## 六、完成张宁的工作任务

（1）编制社会保险费和住房公积金计算表，如表 4-12 所示。

表 4-12 社会保险费和住房公积金计算表

金额单位：元

| 部门 | | 应付工资 | 社会保险 | | 住房公积金 | |
|---|---|---|---|---|---|---|
| | | | 计提比例 | 计提金额 | 计提比例 | 计提金额 |
| 生产车间 | 生产工人 | 134 947.38 | | 31 510.21 | | 13 494.74 |
| | 管理人员 | 14 426.12 | | 3 368.50 | | 1 442.61 |
| 供电车间 | | 24 600.00 | | 5 744.10 | | 2 460.00 |
| 机修车间 | | 18 800.00 | | 4 389.80 | | 1 880.00 |
| 管理部门 | | 85 600.00 | | 19 987.60 | | 8 560.00 |
| 销售部门 | | 22 466.80 | | 5 246.00 | | 2 246.68 |
| 合计 | | 300 840.30 | 23.35% | 70 246.21 | 10% | 30 084.03 |

注：为了简化核算，用当月的应付工资总额代替各项计提基数。

编制工会经费和职工教育经费计算表，如表4-13所示。

表4-13　工会经费和职工教育经费计算表

金额单位：元

| 部门 | | 应付工资 | 工会经费 | | 职工教育经费 | |
|---|---|---|---|---|---|---|
| | | | 计提比例 | 计提金额 | 计提比例 | 计提金额 |
| 生产车间 | 生产工人 | 134 947.38 | | 2 698.95 | | 3 373.68 |
| | 管理人员 | 14 426.12 | | 288.52 | | 360.65 |
| 供电车间 | | 24 600.00 | | 492.00 | | 615.00 |
| 机修车间 | | 18 800.00 | | 376.00 | | 470.00 |
| 管理部门 | | 85 600.00 | | 1 712.00 | | 2 140.00 |
| 销售部门 | | 22 466.80 | | 449.34 | | 561.67 |
| 合计 | | 300 840.30 | 2% | 6 016.81 | 2.5% | 7 521.00 |

编制职工薪酬汇总表，如表4-14所示。

表4-14　职工薪酬汇总表

金额单位：元

| 部门 | | 应付工资 | 社会保险（23.35%） | 住房公积金（10%） | 工会经费（2%） | 职工教育经费（2.5%） | 小计 |
|---|---|---|---|---|---|---|---|
| 生产车间 | 生产工人 | 134 947.38 | 31 510.21 | 13 494.74 | 2 698.95 | 3 373.68 | 186 024.96 |
| | 管理人员 | 14 426.12 | 3 368.50 | 1 442.61 | 288.52 | 360.65 | 19 886.40 |
| 供电车间 | | 24 600.00 | 5 744.10 | 2 460.00 | 492.00 | 615.00 | 33 911.10 |
| 机修车间 | | 18 800.00 | 4 389.80 | 1 880.00 | 376.00 | 470.00 | 25 915.80 |
| 管理部门 | | 85 600.00 | 19 987.60 | 8 560.00 | 1 712.00 | 2 140.00 | 117 999.60 |
| 销售部门 | | 22 466.80 | 5 246.00 | 2 246.68 | 449.34 | 561.67 | 30 970.49 |
| 合计 | | 300 840.30 | 70 246.21 | 30 084.03 | 6 016.81 | 7 521.00 | 414 708.35 |

（2）采用生产工时分配法完成职工薪酬分配表编制。相关计算过程如下：

$$\text{工资费用分配率}=\frac{186\,024.96}{6\,336}=29.36\text{（元/小时）}$$

A01备件应负担的工资费用=1152×29.36=33 822.72（元）

F02备件应负担的工资费用=1 344×29.36=39 459.84（元）

E03备件应负担的工资费用=3 840×29.36=112 742.4（元）

编制的职工薪酬分配表如表4-15所示。

表 4-15 职工薪酬分配表

2017 年 12 月 31 日

| 受益对象 | 工时分配标准/小时 | | 分配率/（元/小时） | 分配金额/元 |
|---|---|---|---|---|
| 生产车间 | A01 备件 | 1 152 | 29.36 | 33 822.72 |
| | F02 备件 | 1 344 | 29.36 | 39 459.84 |
| | E03 备件 | 3 840 | 29.36 | 112 742.40 |
| | 小计 | 6 336 | | 186 024.96 |
| 车间管理人员 | | | | 19 886.40 |
| 供电车间 | | | | 33 911.10 |
| 修理车间 | | | | 25 915.80 |
| 公司管理人员 | | | | 117 999.60 |
| 公司销售人员 | | | | 30 970.49 |
| 合计 | | | | 414 708.35 |

（3）根据职工薪酬分配表，编制分配结转本月职工薪酬的会计分录如下：

借：生产成本——基本生产成本（A01 备件） 33 822.72
——基本生产成本（F02 备件） 39 459.84
——基本生产成本（E03 备件） 112 742.40
——辅助生产成本（修理车间） 25 915.80
——辅助生产成本（供电车间） 33 911.10
制造费用 19 886.40
管理费用 117 999.60
销售费用 30 970.49
贷：应付职工薪酬——工资 300 840.30
——社会保险 70 246.21
——住房公积金 30 084.03
——工会经费 6 016.81
——职工教育经费 7 521.00

## 概念索引

职工薪酬 工资总额 计时工资 计件工资 奖金 津贴补贴 加班加点工资 社会保险 住房公积金 工会经费 教育经费 职工福利

## 闯关考验

（1）职工薪酬包含哪些内容？

（2）职工工资总额的构成有哪些？

（3）计时工资与计件工资分别适用于哪些部门和人员？

**能力训练**

东方公司生产甲、乙、丙 3 种产品，本月生产工人的薪酬总额为 136 344 元，甲、乙、丙 3 种产品的生产工时分别为 6 000 小时、9 000 小时和 7 000 小时。

要求：试采用生产工时分配法计算 3 种产品各自应负担的职工薪酬费用，完成职工薪酬分配表，并编制会计分录。

## 任务五　了解其他费用的核算

### 任务导入

张宁学会了材料费用及职工薪酬费用的核算，那么除了这两种主要的要素费用外，还有哪些费用需要核算？财务科长告诉张宁还有外购动力费用、固定资产折旧、修理费、租赁费等其他费用，这些费用又应该怎样核算呢？

1. 任务资料

（1）12 月，用银行存款支付水费 2 496 元，适用增值税税率为 10%，增值税税额 249.6 元（表 4-16）。

**表 4-16　外购水费分配表**

2017 年 12 月 31 日

| 受益对象 | 耗用量/吨 | 分配率 | 分配金额/元 |
|---|---|---|---|
| 生产车间 | 540 | | |
| 公司管理部门 | 60 | | |
| 合计 | 600 | | |

（2）12 月，采用同城特约委托收款方式收到付款通知，支付电费 11 600 元，适用增值税税率为 16%，增值税税额 1 856 元（表 4-17）。

**表 4-17　外购电费分配表**

2017 年 12 月 31 日

| 受益对象 | 耗用量/千瓦时 | 分配率 | 分配金额/元 |
|---|---|---|---|
| 生产车间 | 13 250 | | |
| 公司管理部门 | 1 250 | | |
| 合计 | 14 500 | | |

（3）31 日，计提本月固定资产折旧（表 4-18）。

表 4-18 折旧计算表

| 使用单位和固定资产类别 | | 月初原值/元 | 固定资产月折旧率/% | 本月应提折旧额/元 |
|---|---|---|---|---|
| 生产车间 | 厂房 | 15 656 000.00 | 0.40 | 62 624.00 |
| | 生产设备 | 3 600 000.00 | 0.80 | 28 800.00 |
| | 小计 | 19 256 000.00 | | 91 424.00 |
| 供电车间 | 厂房 | 568 000.00 | 0.40 | 2 272.00 |
| | 机器设备 | 214 000.00 | 0.80 | 1 712.00 |
| | 小计 | 782 000.00 | | 3 984.00 |
| 机修车间 | 厂房 | 257 800.00 | 0.40 | 1 031.20 |
| | 修理设备 | 58 000.00 | 0.80 | 464.00 |
| | 小计 | 315 800.00 | | 1 495.20 |
| 管理部门 | 房屋 | 7 250 000.00 | 0.40 | 29 000.00 |
| | 运输设备 | 378 000.00 | 2.00 | 7 560.00 |
| | 管理设备 | 128 000.00 | 1.60 | 2 048.00 |
| | 小计 | 7 756 000.00 | | 38 608.00 |
| 销售部门 | 管理设备 | 24 000.00 | 1.60 | 384.00 |
| | 小计 | 24 000.00 | | 384.00 |
| 已出租生产设备 | | 1 050 000.00 | 0.80 | 8 400.00 |
| 小计 | | 1 050 000.00 | | 8 400.00 |
| 合计 | | 29 183 800.00 | 0.02 | 144 295.20 |

（4）31 日，摊销本月土地使用权 25 600 元，非专利技术 2 880 元，非专利技术专门用于车间生产产品。

2. 工作任务

（1）完成外购水费分配表，并编制会计分录。

（2）完成外购电费分配表，并编制会计分录。

（3）编制折旧分配会计分录。

（4）编制无形资产摊销会计分录。

## 一、外购动力费用的核算

外购动力费用是指企业耗用的水、电、蒸汽等费用，动力是企业生产经营过程中必不可少的要素。动力按其来源不同，分为自制和外购两类。自制动力通过辅助生产成本核算，下面主要说明外购动力的核算。

企业产品生产直接耗用的外购动力属于直接费用，应由产品成本负担。在成本项目的设置上，一般有两种处理办法：当动力费用在产品成本中所占的比重较大时，为体现重要性原则和便于考核，一般应当单独设置“燃料和动力”成本项目；当动力费用在产品成本中所占的比重不大时，从动力费用一般为间接计入成本的角度考虑，为了简化核算，可将其并入制造费用进行核算。

### （一）外购动力费用的计算

企业外购动力费用应当按照权责发生制进行确认和计量。也就是说，计入产品成本和有关费用中的外购动力费用，应当按照当月水电费和蒸汽等的实际耗用量，乘以合同或协议规定的单价计算确定，而不管这些款项是否已经支付。其计算公式为

$$外购动力费用=合同（协议）单价\times 动力的实际耗用量$$

在实际工作中，外购动力费一般不是在每月末支付，而是在每月下旬的某日支付。例如，6 月 21 日支付的电费是 5 月 20 日～6 月 20 日所耗电费，而 6 月份的实际电力耗费只有到 6 月末才能计算分配，二者金额往往不一致。此种账务处理是权责发生制原则的要求，所以在外购动力费用付款时，一般借记“应付账款”账户，贷记“银行存款”账户。

### （二）外购动力费用的分配

外购动力费用的分配，是指根据外购动力的用途，归入不同账户的过程。直接用于产品生产的动力费用，应记入“生产成本——基本生产成本”账户；直接用于辅助生产的动力费用，应记入“辅助生产成本”账户；用于车间管理的动力费用，应记入“制造费用”账户；用于厂部管理的动力费用，应记入“管理费用”账户；用于销售机构的动力费用，应记入“销售费用”账户。外购动力费用总额记入“应付账款”或“银行存款”账户的贷方。

外购动力费的分配，在企业有仪表登记的情况下，应根据仪表所示耗用数量及单价计算；在无仪表的情况下或企业生产多种产品时，外购动力费用需要在各产品（各成本核算对象）之间进行分配，可采用以下分配标准：生产工时、定额消耗量、机器功率时数等。相关计算公式为

$$动力费用分配率=\frac{共同耗用的动力费用总额}{各种产品动力费用分配标准之和}$$

某种产品应负担的动力费用＝该产品动力费用分配标准×费用分配率

## 二、其他费用

其他费用是指企业生产经营过程中除材料费用、职工薪酬费用、燃料和动力费用以外发生的其他各项费用，如固定资产折旧、修理费，以及各部门发生的办公费、差旅费、租赁费、保险费等。

上述各项费用中，除修理费统一计入管理费用以外，其他各项费用发生后，需要根据发生的部门和用途，确定应记入的成本费用账户。一般情况下，产品生产车间发生的记入“制造费用”账户，辅助生产车间发生的记入“辅助生产成本”（或先通过“制造费用——辅助车间”账户核算，再分配转入辅助生产成本），管理部门发生的记入“管理费用”账户。

## 三、完成张宁的工作任务

（1）计算生产车间与公司管理部门分担的水费如下：

动力分配率＝2496/600＝4.16（元/吨）

生产车间应负担的动力费用＝540×4.16＝2 246.4（元）

公司管理部门应负担的动力费用＝60×4.16＝2 496.4（元）

根据上述计算结果填制外购水费分配表，如表 4-19 所示。

**表 4-19　外购水费分配表**

2017 年 12 月 31 日

| 受益对象 | 耗用量/吨 | 分配率/（元/吨） | 分配金额/元 |
|---|---|---|---|
| 生产车间 | 540 | 4.16 | 2 246.4 |
| 公司管理部门 | 60 | 4.16 | 249.6 |
| 合计 | 600 | 4.16 | 2 496 |

编制会计分录如下：

借：制造费用　　2 246.4

　　管理费用　　249.6

　　应交税费——应交增值税（进项税额）　　249.6

　　贷：银行存款　　2745.2

（2）计算生产车间与公司管理部门分担的电费如下：

动力分配率＝116 000/14 500＝0.8（元/千瓦时）

生产车间应负担的动力费用＝13 250×0.8＝10 600（元）

公司管理部门应负担的动力费用＝1 250×0.8＝1 000（元）

根据上述计算结果填制外购电费分配表，如表 4-20 所示。

表 4-20　外购电费分配表

2017 年 12 月 31 日

| 受益对象 | 耗用量/千瓦时 | 分配率/（元/千瓦时） | 分配金额/元 |
|---|---|---|---|
| 生产车间 | 13 250 | 0.8 | 10 600 |
| 公司管理部门 | 1 250 | 0.8 | 1 000 |
| 合计 | 14 500 | 0.8 | 11 600 |

编制会计分录如下：

借：制造费用　　10 600
　　管理费用　　1 000
　　应交税费——应交增值税（进项税额）　　1856
　　贷：银行存款　　13 456

（3）编制折旧分配会计分录如下：

借：生产成本——辅助生产成本（供电车间）　　3 984
　　　　　　——辅助生产成本（机修车间）　　1 495.2
　　制造费用　　91 424
　　管理费用　　38 608
　　销售费用　　384
　　其他业务成本　　8 400
　　贷：累计折旧　　144 295.2

（4）编制无形资产摊销会计分录如下：

借：管理费用　　25 600
　　制造费用　　2 880
　　贷：累计摊销　　28 480

**概念索引**

外购动力　其他费用　折旧计提

**闯关考验**

（1）什么是外购动力？外购动力费用应在哪个成本项目中核算？
（2）常见的其他费用有哪些？应如何核算？

**能力训练**

2017 年 8 月，甲企业耗用电力 200 000 千瓦时，单价 0.5 元/千瓦时，共计 100 000 元。其中，基本生产车间用电 150 000 千瓦时，管理部门用电 6 000 千瓦时；机修车间用电 30 000 千瓦时，管理部门用电 6 400 千瓦时；厂部管理用电 7 600 千瓦时。据统计基本生产车间为生产 A、B 两种产品分别耗用工时 10 000 小时和 20 000 小时。要求：以 A、B 产品生产工时比例分配基本生产车间生产用电费，完成外购动力费用分配表（表 4-21），并编制会计分录。

表 4-21　外购动力费用分配表

2017 年 8 月

| 产品或部门 | 单独耗用动力费用 | 共同动力费用分配 | | | 动力费用总额 |
|---|---|---|---|---|---|
| | | 生产工时 | 分配率 | 分配额 | |
| A 产品 | | | | | |
| B 产品 | | | | | |
| 小计 | | | | | |
| 基本生产车间 | | | | | |
| 机修生产车间 | | | | | |
| 企业管理部门 | | | | | |
| 合计 | | | | | |

# 任务六　了解辅助生产费用的核算

辅助生产费用的归集和分配

## 任务导入

在大规模的生产企业中，除了基本生产单位以外，往往还存在为企业提供辅助产品和劳务的部门，如供水、供电、机修等车间，名曰辅助生产车间。它们的存在使成本会计人员必须对其消耗和产出进行成本核算，即辅助生产成本。这就涉及辅助生产费用如何分配的问题，即分配给谁、分配多少及怎么分配才算合理等问题，所以张宁需要解决如何选择分配标准、计算分配率的问题。

那我们现在也一起来学习吧!

## 一、辅助生产费用的归集

1. 生产车间的类型

1）基本生产车间

基本生产车间是指从事产品生产的车间，如纺织厂的纺纱车间、织布车间等。

2）辅助生产车间

辅助生产车间是指为保证产品生产正常进行，为基本生产车间、行政管理部门等提供产品或劳务的车间，如纺织厂的蒸汽车间、机修车间等。

2. 辅助生产车间的类型

（1）提供一种产品或劳务的辅助生产车间，如供电、供水、供气、运输等。

（2）提供多种产品或劳务的辅助生产车间，如从事工具、模具、修理用备件的制造及机器设备的修理等。

3. 辅助生产费用归集的程序

辅助生产费用归集的程序有两种，两者的区别在于辅助生产的制造费用归集的程序上。

一般情况下，辅助生产的制造费用应该与基本生产车间的制造费用一样，先通过“制造费用”账户进行单独归集，然后转入“辅助生产成本”账户，计入辅助生产产品或劳务的成本。在这种处理方式下，发生辅助生产费用时，专设成本项目的直接计入费用，直接记入“辅助生产成本”账户和所属有关明细账的借方；专设成本项目的间接计入费用，分配记入“辅助生产成本”账户和所属有关明细账的借方。辅助生产发生的制造费用，应先记入“制造费用”总账账户和所属辅助生产制造费用明细账的借方进行归集，然后再从贷方直接转入或分配转入“辅助生产成本”总账账户和所属明细账的借方。

辅助生产车间规模很小，制造费用很少，且辅助生产不对外提供产品，因此在不需要按照规定的成本项目计算产品成本、编制产品生产成本的报表的情况下，为了简化核算工作，辅助生产的制造费用也可以不通过“制造费用”账户单独归集，而直接记入“辅助生产成本”账户，计入辅助生产产品或劳务成本。在这些企业中，发生的辅助生产费用均单独地直接记入或分配记入“辅助生产成本”账户和所属有关明细账的借方。

无论采用哪一种程序归集辅助生产费用，辅助生产完工的产品或劳务成本，均应从“辅助生产成本”总账账户及所属明细账的贷方转出。该账户的余额在借方，为辅助生产的在产品成本，也就是辅助生产过程中占用的资金。

**【例 4-5】** 沿用本项目各“任务导入”的资料，将辅助生产费用进行归集，如表 4-22 和表 4-23 所示。

**表 4-22　辅助生产成本明细账——供电车间**

单位：元

| 日期 | 摘要 | 原材料 | 工资及福利 | 折旧 | 合计 |
|---|---|---|---|---|---|
| 12 月 31 日 | 材料费用分配表 | 5 000.00 | | | 5 000.00 |
| 12 月 31 日 | 工资及福利费用分配表 | | 33 911.10 | | 33 911.10 |
| 12 月 31 日 | 折旧费用 | | | 3 984.00 | 3 984.00 |
| 12 月 31 日 | 本月合计 | 5 000.00 | 33 911.10 | 3 984.00 | 42 895.10 |
| 12 月 31 日 | 结转辅助生产成本 | 5 000.00 | 33 911.10 | 3 984.00 | 42 895.10 |

表 4-23　辅助生产成本明细账——机修车间

单位：元

| 日期 | 摘要 | 原材料 | 工资及福利 | 折旧 | 合计 |
|---|---|---|---|---|---|
| 12 月 31 日 | 材料费用分配表 | 2 500.00 | | | 2 500.00 |
| 12 月 31 日 | 工资及福利费用分配表 | | 25 915.80 | | 25 915.80 |
| 12 月 31 日 | 折旧费用 | | | 1 495.20 | 1 495.20 |
| 12 月 31 日 | 本月合计 | 2 500.00 | 25 915.80 | 1 495.20 | 29 911.00 |
| 12 月 31 日 | 结转辅助生产成本 | 2 500.00 | 25 915.80 | 1 495.20 | 29 911.00 |

## 二、辅助生产费用的分配及账务处理

辅助生产费用分配是指将辅助生产成本各明细账上所归集的费用，采用一定的方法计算出产品或劳务的总成本和单位成本，并按受益对象耗用的数量计入相关成本或期间费用的过程。

辅助生产费用的分配是一个较为复杂的过程，为了使分配的结果尽量客观，在分配时要根据企业各辅助生产部门生产产品或劳务的特点以及受益单位提供服务的情况，结合企业管理的条件和要求来选用适当的分配方法。

辅助生产的分配应通过辅助生产费用分配表进行。辅助生产费用的分配方法很多，通常采用直接分配法、交互分配法、计划成本分配法、顺序分配法和代数分配法等。

### 1. 直接分配法

直接分配法

直接分配法的特点是不考虑各辅助生产车间之间相互提供劳务或产品的情况下，将各种辅助生产费用直接分配给辅助生产车间以外的各受益单位。

采用此方法，各辅助生产费用只进行对外分配，分配一次，计算简单，但分配结果不够准确。该方法适用于辅助生产内部相互提供产品和劳务不多，不进行费用的交互分配，对辅助生产成本和企业产品成本影响不大的情况。相关计算公式为

$$\text{某辅助生产车间费用分配率}=\frac{\text{某辅助生产车间待分配费用总额}}{\text{辅助生产车间对外提供劳务数量之和}}$$

$$\text{某受益对象应负担的劳务费用}=\begin{array}{c}\text{某受益对象耗}\\\text{用的劳务数量}\end{array}\times\begin{array}{c}\text{辅助生产}\\\text{费用分配率}\end{array}$$

**【例 4-6】**　沿用本项目各“任务导入”资料，根据表 4-24 和表 4-25 进行伟业机械公司辅助生产费用的账务处理。

**表 4-24　辅助生产车间本月提供劳务量表**

2017 年 12 月

| 受益部门 | | 供电度数/千瓦时 | 机修工时/小时 |
|---|---|---|---|
| 辅助生产车间 | 供电车间 | | 200 |
| | 机修车间 | 3 000 | |
| 基本生产车间 | A01 备件 | 20 000 | |
| | F02 备件 | 20 000 | |
| | E03 备件 | 35 000 | |
| 基本生产车间一般耗用 | | 6 000 | 800 |
| 厂部管理部门 | | 4 000 | 200 |
| 合计 | | 88 000 | 1 200 |

**表 4-25　辅助生产费用分配表**（直接分配法）

2017 年 12 月　　单位：元

| 项目 | | 供电车间 | | 机修车间 | | 合计 |
|---|---|---|---|---|---|---|
| 待分配费用 | | 42 895.1 | | 29 911 | | 72 806.1 |
| 供应劳务数量 | | 88 000 | | 1 200 | | |
| 单位成本（分配率） | | 提供劳务数量 | 分配金额 | 提供劳务数量 | 分配金额 | |
| 供电车间 | 耗用劳务数量 | | | 200 | | |
| 机修车间 | 耗用劳务数量 | 3 000 | | | | |
| 单位成本分配率 | | 85 000 | 0.504 6 | 1 000 | 29.911 | |
| 基本生产车间生产产品 | A01 备件 | 20 000 | 10 092 | | | 10 092 |
| | F02 备件 | 20 000 | 10 092 | | | 10 092 |
| | E03 备件 | 35 000 | 17 661 | | | 17 661 |
| 基本生产车间一般耗用 | 耗用劳务数量 | 6 000 | 3 027.6 | 800 | 23 928.8 | 26 956.4 |
| 厂部管理部门 | 耗用劳务数量 | 4 000 | 2 022.5 | 200 | 5 982.2 | 8 004.7 |
| 合计 | | 88 000 | 42 895.1 | 1 200 | 29 911 | 72 806.1 |

编制会计分录如下：

借：生产成本——基本生产成本（A01 备件）　　10 092.00

（F02 备件）　　10 092.00

（E03 备件）　　17 661.00

制造费用　　26 956.40

管理费用　　8 004.70

贷：生产成本——辅助生产成本（供电车间）　　42 895.10

（机修车间）　　29 911.00

交互分配法

2. *交互分配法*

交互分配法的特点是辅助生产费用通过两次分配完成。首先将辅助生产成本明细账上的合计数根据各辅助生产车间、部门相互提供的劳务数量计算分配率，在辅助生产车间之间进行交互分配；然后将各辅助生产车间交互分配后的实际费用（即交互分配前的费用加上交互分配转入的费用，减去交互分配转出的费用），再按提供的劳务量在辅助生产车间以外的各收益单位之间进行分配。这种分配方法的优点是提高了分配的正确性，但同时加大了分配的工作量。相关计算公式为

$$\text{对内交互分配率}=\frac{\text{辅助生产费用总额}}{\text{辅助生产提供的产品或劳务总量}}$$

$$\text{对外分配率}=\frac{\text{交互分配前的成本费用}+\text{交互分配转入的成本费用}-\text{交互分配转出的成本费用}}{\text{对辅助以外的其他部门提供的产品或劳务总量}}$$

**【例 4-7】**　假定甲工厂设有供电和机修两个辅助生产车间。2017 年 5 月，在分配辅助生产费用以前，供电车间发生费用 24 000 元，按耗电度数分配费用，提供供电数 20 000 千瓦时，其中，机修车间耗用 4 000 千瓦时。机修车间发生费用 12 000 元，按修理工时分配费用，提供修理工时 1 000 小时，其中，供电车间耗用 200 小时。供应劳务量表如表 4-26 所示。该企业辅助生产的制造费用不通过“制造费用”账户核算。

**表 4-26　辅助生产车间供应劳务量表**

| 受益部门 | | 供电数/千瓦时 | 机修工时/小时 |
|---|---|---|---|
| 辅助生产车间 | 供电车间 | | 200 |
| | 机修车间 | 4 000 | |
| 基本生产车间 | 一车间 | 9 000 | 500 |
| | 二车间 | 4 000 | 240 |
| 管理部门 | | 2 000 | 40 |
| 销售部门 | | 1 000 | 20 |
| 合计 | | 20 000 | 1 000 |

交互分配法下，先对内分配，再对外分配（图 4-5 和表 4-27）。

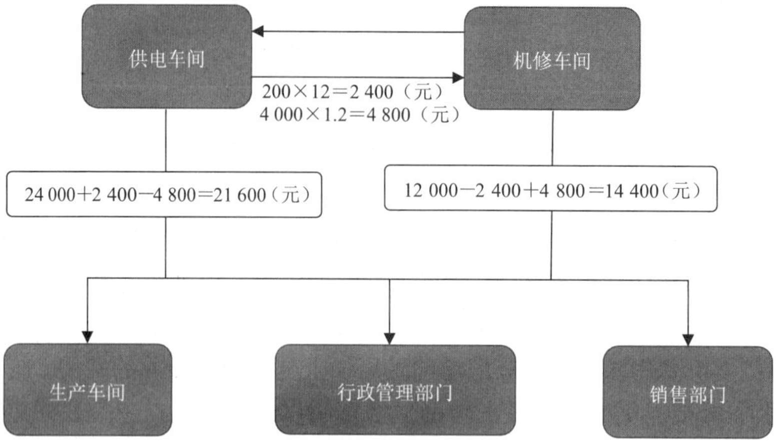


图 4-5　交互分配法下辅助生产费用的分配

**表 4-27　辅助生产费用分配表**（交互分配法）

2017 年 5 月　　　　金额单位：元

| 项目 | | | | 交互分配 | | | 对外分配 | | |
|---|---|---|---|---|---|---|---|---|---|
| 辅助生产车间名称 | | | | 供电车间 | 机修车间 | 合计 | 供电车间 | 机修车间 | 合计 |
| 待分配费用 | | | | 24 000 | 12 000 | 36 000 | 21 600 | 14 400 | 36 000 |
| 供应的劳务数量 | | | | 20 000 | 1 000 | | 16 000 | 800 | |
| 分配率（单位成本） | | | | 1.2 | 12 | | 1.35 | 18 | |
| 应借账户 | 辅助生产成本 | 供电 | 耗用数量 | | 200 | | | | |
| | | | 分配金额 | | 2 400 | 2 400 | | | |
| | | 机修 | 耗用数量 | 4 000 | | | | | |
| | | | 分配金额 | 4 800 | | 4 800 | | | |
| | | 金额小计 | | 4 800 | 2 400 | 7 200 | | | |
| | 制造费用 | 一车间 | 耗用数量 | | | | 9 000 | 500 | |
| | | | 分配金额 | | | | 12 150 | 9 000 | 21 150 |
| | | 二车间 | 耗用数量 | | | | 4 000 | 240 | |
| | | | 分配金额 | | | | 5 400 | 4 320 | 9 720 |
| | | 金额小计 | | | | | 17 550 | 13 320 | 30 870 |
| | 管理费用 | | 耗用数量 | | | | 2 000 | 40 | |
| | | | 分配金额 | | | | 2 700 | 720 | 3 420 |
| | 销售费用 | | 耗用数量 | | | | 1 000 | 20 | |
| | | | 分配金额 | | | | 1 350 | 360 | 1 710 |
| | 对外分配金额合计 | | | | | | 21 600 | 14 400 | 36 000 |

编制会计分录如下。

（1）对内分配：

| | | |
|---|---|---|
| 借：生产成本——辅助生产成本——供电车间 | 2 400 | |
| ——机修车间 | 4 800 | |
| 贷：生产成本——辅助生产成本——供电车间 | | 4 800 |
| ——机修车间 | | 2 400 |

（2）对外分配：

| | | |
|---|---|---|
| 借：制造费用——第一车间 | 21 150 | |
| ——第二车间 | 9 720 | |
| 管理费用 | 3 420 | |
| 销售费用 | 1 710 | |
| 贷：生产成本——辅助生产成本——供电车间 | | 21 600 |
| ——机修车间 | | 14 400 |

3. 计划成本分配法

计划成本分配法是指在分配辅助生产费用时，根据事先确定的产品、劳务的计划单位成本和各车间、部门实际消耗的数量，计算各车间、部门应分配的辅助生产费用的一种方法。相关计算公式为

各受益单位应负担的辅助生产成本＝该受益单位劳务耗用量×计划单位成本

实际成本＝辅助生产成本归集的费用＋按计划分配率分配转入的费用

成本差异＝实际成本－按计划分配率分配转出的费用

**注意**：不需要减去转出的费用，即只加不减。

按计划成本分配法分配辅助生产费用的步骤如下。

（1）按预先制定的辅助生产劳务计划单位成本计算各受益对象（包括辅助生产车间、部门）应分担的辅助生产费用。

（2）计算各辅助生产车间实际发生的费用（辅助生产车间直接发生的费用＋分配转入的费用）。

（3）计算各辅助生产车间的成本差异（实际发生的费用－按计划成本分出的费用）并进行处理。

这种方法便于考核和分析受益单位的成本，有利于分清各单位的经济责任。但成本分配不够准确，适用于辅助生产劳务计划单位成本比较准确的企业。

**【例 4-8】** 承例 4-7，假定供电车间每千瓦时电耗费 1.35 元，机修车间车间每修理工时耗费 17 元，辅助生产费用分配表如表 4-28 所示。

**表 4-28 辅助生产费用分配表**（计划成本分配法）

2017 年 5 月　　金额单位：元

数量单位：千瓦时

| 辅助生产车间耗用 | | | 供电车间 | 机修车间 | 合计 |
|---|---|---|---|---|---|
| 待分配辅助生产费用 | | | 24 000 | 12 000 | 36 000 |
| 供应劳务数量 | | | 20 000 | 1 000 | |
| 计划单位成本 | | | 1.35 | 17 | |
| 辅助生产车间耗用 | 供电车间 | 耗用量 | | 200 | |
| | | 分配金额 | | 3 400 | 3 400 |
| | 机修车间 | 耗用量 | 4 000 | | |
| | | 分配金额 | 5 400 | | 5 400 |
| | 小计 | | 5 400 | 3 400 | 8 800 |
| 基本生产车间耗用 | 第一车间 | 耗用量 | 9 000 | 500 | |
| | | 分配金额 | 12 150 | 8 500 | 20 650 |
| | 第二车间 | 耗用量 | 4 000 | 240 | |
| | | 分配金额 | 5 400 | 4 080 | 9 480 |
| | 小计 | | 17 550 | 12 580 | 30 130 |
| 行政部门耗用 | | 耗用量 | 2 000 | 40 | |
| | | 分配金额 | 2 700 | 680 | 3 380 |
| 销售部门耗用 | | 耗用量 | 1 000 | 20 | |
| | | 分配金额 | 1 350 | 340 | 1 690 |
| 按计划成本分配金额合计 | | | 27 000 | 17 000 | 44 000 |
| 辅助生产实际成本 | | | 27 400 | 17 400 | 44 800 |
| 辅助生产成本差异 | | | +400 | +400 | +800 |

编制会计分录如下。

（1）按计划成本分配：

借：生产成本——辅助生产成本——供电车间　　3 400

　　　　　　　　　　　　　——机修车间　　5 400

　　制造费用——第一车间　　20 650

　　　　　　——第二车间　　9 480

　　管理费用　　3 380

　　销售费用　　1 690

　　贷：生产成本——辅助生产成本——供电车间　　27 000

　　　　　　　　　　　　　　　——机修车间　　17 000

（2）辅助生产成本差异按规定记入“管理费用”账户的其他项目：

借：管理费用——其他　　800
　　贷：生产成本——辅助生产成本——供电车间　　400
　　　　　　　　　　　　　　　——机修车间　　400

4. 顺序分配法

顺序分配法也称梯形分配法，是按照辅助生产车间受益多少的顺序分配费用，受益少的先分配，受益多的后分配，先分配的辅助生产车间不负担后分配的辅助生产车间的费用。适用于各辅助生产车间之间相互受益程度有明显顺序的企业。其计算公式为

$$\text{某辅助生产车间费用分配率}=\frac{\text{直接发生费用额}+\text{耗用前序辅助生产费用额}}{\text{提供劳务总量}-\text{前序辅助生产耗用量}}$$

某受益部门应负担费用额＝该部门受益劳务量×辅助生产费用分配率

5. 代数分配法

代数分配法的特点是先根据解联立方程的原理，计算辅助生产劳务或产品的单位成本，然后根据各受益单位耗用的数量和单位成本分配辅助生产费用。此方法有关费用的分配结果最正确，但在辅助生产车间较多的情况下，未知数也较多，计算工作比较复杂，因此，本方法适用于已经实现会计电算化的企业。

**【例 4-9】**　沿用例 4-7 资料，假设 $X$＝每千瓦时电耗用成本，$Y$＝每小时修理成本，联立方程组如下：

$$\begin{cases}24\,000+200Y=2\,000X\\12\,000+4\,000X=1\,000Y\end{cases}$$

解得：$X$＝1.375，$Y$＝17.5

辅助生产费用分配表如表 4-29 所示。

**表 4-29　辅助生产费用分配表**（代数分配法）

金额单位：元

2017 年 5 月　　数量单位：千瓦时

| 辅助生产车间耗用 | | | 供电车间 | 机修车间 | 合计 |
|---|---|---|---|---|---|
| 待分配辅助生产费用 | | | 24 000 | 12 000 | 36 000 |
| 供应劳务数量 | | | 2 000 | 1 000 | |
| 用代数算出的实际单位成本 | | | 1.375 | 17.5 | |
| 辅助生产车间耗用 | 供电车间 | 耗用量 | | 200 | |
| | | 分配金额 | | 3 500 | 3 500 |
| | 机修车间 | 耗用量 | 4 000 | | |
| | | 分配金额 | 5 500 | | 5 500 |
| | 小计 | | 5 500 | 3 500 | 9 000 |

续表

| 辅助生产车间耗用 | | | 供电车间 | 机修车间 | 合计 |
|---|---|---|---|---|---|
| 基本生产车间耗用 | 第一车间 | 耗用量 | 9 000 | 500 | |
| | | 分配金额 | 12 375 | 8 750 | 21 125 |
| | 第二车间 | 耗用量 | 4 000 | 240 | |
| | | 分配金额 | 5 500 | 4 200 | 9 700 |
| | 小计 | | 17 875 | 12 950 | 30 825 |
| 行政部门耗用 | | 耗用量 | 2 000 | 40 | |
| | | 分配金额 | 2 750 | 700 | 3 450 |
| 销售部门耗用 | | 耗用量 | 1 000 | 20 | |
| | | 分配金额 | 1 375 | 350 | 1 725 |
| 分配金额合计 | | | 27 500 | 17 500 | 45 000 |

编制会计分录如下：

借：生产成本——辅助生产成本——供电车间　　3 500
　　　　　　　　　　　　　——机修车间　　5 500
　　制造费用——第一车间　　21 125
　　　　　　——第二车间　　9 700
　　管理费用　　3 450
　　销售费用　　1 725
　　贷：生产成本——辅助生产成本——供电车间　　27 500
　　　　　　　　　　　　　　　——机修车间　　17 500

上述 5 种分配方法的比较如表 4-30 所示。

**表 4-30　辅助生产费用分配方法的比较**

| 项目 | 特点 | 适用范围 | 优点 | 缺点 |
|---|---|---|---|---|
| 直接分配法——“一致对外” | 不考虑各辅助生产车间之间相互提供劳务或产品的情况，而是将各种辅助生产费用直接分配给辅助生产以外的各受益单位，即不对内分配，只对外分配 | 辅助生产车间内部相互提供产品和劳务不多，不进行费用交互分配对辅助生产成本和企业产品成本影响不大的情况 | 各辅助生产费用只进行对外分配，分配一次，计算简单 | 分配结果不够准确 |
| 交互分配法——“亲兄弟明算账” | 先对内分配，再对外分配 | 辅助生产内部相互提供产品和劳务较多，而提供的数量却不平衡的企业 | 提高了分配的正确性 | 加大了分配的工作量 |

续表

| 项目 | 特点 | 适用范围 | 优点 | 缺点 |
|---|---|---|---|---|
| 计划成本分配法 | 辅助生产车间为各受益单位提供的劳务，按劳务的计划单位进行分配，实际成本为辅助生产成本归集的费用＋按计划分配率分配转入的费用，差额采用简化计算方法全部计入管理费用 | 辅助生产劳务计划单位成本比较准确的企业 | 便于考核和分析各受益单位的成本，有利于分清各单位的经济责任 | 成本分配不够准确 |
| 顺序分配法 | 按辅助生产车间受益多少的顺序分配费用，受益少的先分配，收益多的后分配，先分配的辅助生产车间不负担后分配的辅助生产车间的费用 | 辅助生产车间相互受益程度有明显顺序的企业 | 计算简便，各种辅助生产费用只计算一次 | 成本分配不够准确 |
| 代数分配法 | 利用联立方程原理 | 适用于已经实现会计电算化的企业 | 有关费用的分配结果最正确 | 若在辅助生产车间较多的情况下，未知数较多，计算工作比较复杂 |

### 概念索引

辅助生产费用　直接分配法　交互分配法　代数分配法　顺序分配法　计划成本分配法

### 闯关考验

简述辅助生产成本的归集程序。

# 任务七　掌握制造费用的核算

### 任务导入

制造费用是产品制造成本的重要组成部分，是指企业为生产产品和提供劳务而发生的各项间接费用。制造费用作为一种间接费用，在发生时一般无法直接判定它应归属的成本核算对象，因而不能直接计入所发生的产品成本。它必须按费用发生的地点进行归集，月度终了，再采用一定的方法在各成本核算对象间进行分配，只有这样，才能计入各成本核算对象的成本。

在实际工作中，这就涉及制造费用如何分配的问题，即分配给谁、分配多少及怎么分配才算合理等问题，所以需要解决如何选择分配标准、计算分配率问题。

那我们现在也一起来学习吧！

## 一、制造费用概述

制造费用的归集

### 1. 制造费用的概念

制造费用是指企业为生产产品或提供劳务而发生的、应该计入产品成本但没有专设成本项目的各项生产费用。

### 2. 内容

（1）间接材料：各生产单位（分厂、车间）耗用的一般性消耗材料，包括机物料消耗、低值易耗品摊销等。

（2）间接人工：各生产单位管理人员及其他人员的工资及福利费。

（3）其他制造费用：包括生产单位房屋、建筑物、机器设备等的折旧费和修理费，固定资产租赁费，取暖费，水电费，办公费，差旅费，运输费，保险费，设计制图费，试验检验费，劳动保护费，季节性停工损失和生产用固定资产大修理期间停工的损失，以及其他制造费用。

制造费用的明细项目一般包括机物料消耗，工资及福利费，折旧费，修理费，租赁费，保险费，低值易耗品摊销，水电费，取暖费，运输费，劳动保护费，设计制图费，试验检验费，差旅费，办公费，在产品盘亏、毁损和报废，以及季节性停工损失和生产用固定资产大修理期间停工的损失。

制造费用的归集应通过“制造费用”账户进行。该账户应按不同的车间、部门设立明细账户，账内再按照费用项目设立专栏分别反映各车间、部门各项制造费用的发生情况，其登记依据是有关的付款凭证、转账凭证和前述的各种费用分配表，记入“制造费用”账户借方。月末，前述各项内容登记制造费用明细账，如表 4-31 所示。

**表 4-31　制造费用明细账**

车间名称：一车间　　　　　　　　　　　　　　金额单位：元

| 日期 | 摘要 | 人工 | 折旧 | 水费 | 电费 | 修理费 | 其他 | 合计 |
|---|---|---|---|---|---|---|---|---|
| 12月31日 | 材料费用分配表 | | | | | | | 0 |
| 12月31日 | 工资及福利费分配表 | 19 886.40 | | | | | | 19 886.40 |
| 12月31日 | 无形资产摊销 | | | | | | 2 880.00 | 2 880.00 |
| 12月31日 | 折旧费用分配表 | | 91 424.00 | | | | | 91 424.00 |

续表

| 日期 | 摘要 | 人工 | 折旧 | 水费 | 电费 | 修理费 | 其他 | 合计 |
|---|---|---|---|---|---|---|---|---|
| 12月31日 | 外购水费用分配表 | | | 2 246.40 | | | | 2 246.40 |
| 12月31日 | 外购电费 | | | | 10 600.00 | | | 10 600.00 |
| 12月31日 | 辅助生产费用分配表 | | | | 3 027.60 | 23 928.80 | | 26 956.40 |
| 12月31日 | 本月合计 | 19 886.40 | 91 424.00 | 2 246.40 | 13 627.60 | 23 928.80 | 2 880.00 | 153 993.20 |
| 12月31日 | 结转制造费用 | 19 886.40 | 91 424.00 | 2 246.40 | 13 627.60 | 23 928.80 | 2 880.00 | 153 993.20 |

## 二、制造费用的分配

为了正确计算产品成本，必须合理分配制造费用。分配制造费用的方法很多，通常采用的有生产工时比例法、生产工人工资比例法、机器工时比例法及年度计划分配率法等。分配方法一经确定，不得随意变更。

制造费用的分配

### 1. 生产工时比例法

生产工时比例法是按照各种产品所有生产工时的比例分配制造费用的一种方法。生产工时可以是各种产品实际耗用的生产工时（实用工时），也可以是定额工时。其计算公式为

$$\text{制造费用分配率}=\frac{\text{制造费用总额}}{\text{各种产品生产工时总数}}$$

$$\text{某种产品应负担的制造费用}=\text{该种产品的生产工时数}\times\text{分配率}$$

**【例 4-10】** 伟业机械公司生产 A01 备件、F02 备件、E03 备件的生产工时分别为 1 152 小时、1 344 小时、3 840 小时，本月“制造费用”账户借方归集的数额为 153 993.20 元。分配计算如下：

$$\text{制造费用分配率}=\frac{153\ 993.20}{1\ 152+1\ 344+3\ 840}=24.304\ 5\text{（元/小时）}$$

$$\text{A01 备件分配的制造费用}=1\ 152\times24.304\ 5=27\ 998.78\text{（元）}$$

$$\text{F02 备件分配的制造费用}=1\ 344\times24.304\ 5=32\ 665.25\text{（元）}$$

$$\text{E03 备件分配的制造费用}=3\ 840\times24.304\ 5=93\ 329.17\text{（元）}$$

编制制造费用分配表如表 4-32 所示。

**表 4-32 制造费用分配表**（生产工时比例法）

2017 年 12 月 31 日

| 产品名称 | 工时分配标准/小时 | 分配率/（元/小时） | 分配额/元 |
|---|---|---|---|
| A01 备件 | 1 152 | 24.304 5 | 27 998.78 |
| F02 备件 | 1 344 | 24.304 5 | 32 665.25 |

续表

| 产品名称 | 工时分配标准/小时 | 分配率/（元/小时） | 分配额/元 |
|---|---|---|---|
| E03 备件 | 3 840 | 24.304 5 | 93 329.17 |
| 合计 | 6 336 | | 153 993.20 |

编制会计分录如下：

借：生产成本——基本生产成本（A01 备件） 27 998.78

（F02 备件） 32 665.25

（E03 备件） 93 329.17

贷：制造费用 153 993.20

按生产工时比例分配制造费用，能将劳动生产率与产品负担的制造费用结合起来，使分配结果更加合理。如果劳动生产率提高，单位产品生产工时就会减少，所负担的制造费用也就降低，这是一种较好的分配方法，在实际工作中应用较普遍。

如果企业产品的定额工时比较准确，也可以采用生产定额工时的比例分配。

### 2. 生产工人工资比例法

生产工人工资比例法是按照计入各种产品成本的生产工人实际工资的比例分配制造费用的方法。由于工资费用分配表中有着现成的生产工人工资资料，因而采用这一分配方法，核算工作很简便。但是采用这一方法，各种产品生产的机械化程度应该相差不多，否则机械化程度高的产品，由于工资费用少，分配负担的制造费用也少，影响费用分配的合理性。这是因为制造费用中包括不少与机械使用有关的费用，如机器设备的折旧费、修理费、租赁费和保险费等，产品生产机械化程度高，应该多负担这些费用，而不应该少负担这些费用。

如果生产工人工资是按照生产工时比例分配计入各种产品成本的，那么按照生产工人工资比例分配制造费用，实际上也就是按照生产工时比例分配制造费用。

**【例 4-11】** 伟业机械公司生产 A01 备件、F02 备件、E03 备件的生产工人工资分别为 33 822.72 元、39 459.84 元、112 742.40 元。本月“制造费用”账户借方归集的数额为 153 993.20 元。分配计算如下：

$$制造费用分配率=\frac{153\ 993.20}{33\ 822.72+39\ 459.84+112\ 742.40}=0.827\ 8（元/小时）$$

$$A01 备件分配的制造费用=33\ 822.72\times0.827\ 8=27\ 998.45（元）$$

$$F02 备件分配的制造费用=39\ 459.84\times0.827\ 8=32\ 664.86（元）$$

$$E03 备件分配的制造费用=153\ 993.20-27\ 998.45-32\ 664.86=93\ 329.89（元）$$

编制制造费用分配表如表 4-33 所示。

表 4-33　制造费用分配表（生产工人工资比例法）

2017 年 12 月 31 日

| 产品名称 | 工时分配标准/小时 | 分配率/（元/小时） | 分配额/元 |
|---|---|---|---|
| A01 备件 | 33 822.72 | 0.827 8 | 27 998.45 |
| F02 备件 | 39 459.84 | 0.827 8 | 32 664.86 |
| E03 备件 | 112 742.40 | 0.827 8 | 93 329.89 |
| 合计 | 186 024.96 | | 153 993.20 |

编制会计分录如下：

借：生产成本——基本生产成本（A01 备件）　27 998.45

——基本生产成本（F02 备件）　32 664.86

——基本生产成本（E03 备件）　93 329.89

贷：制造费用　153 993.20

### 3. 机器工时比例法

机器工时比例法是按照各种产品生产所用机器设备时数作为分配标准来分配制造费用的一种方法。其计算公式为

$$制造费用分配率=\frac{制造费用总额}{各种产品耗用的机器工时之和}$$

$$某种产品应负担的制造费用=该产品的机器工作工时数\times 分配率$$

这种方法适用于产品生产的机械化程度较高的车间。因为在这种车间的制造费用中，与机器设备使用有关的费用比较重大，而这一部分费用与机器设备运转的时间有着密切的联系。但采用这种方法，必须具备各种产品所用机器工时的原始记录，这相应增加了机器工时资料收集的成本。

由于制造费用包括各种性质和用途的费用，为增加分配结果的合理性，可以将制造费用加以适当的分类，如分为与机器设备有关的费用和与生产组织和管理有关的费用两大类，分别选用机器工时比例法和生产工时比例法进行分配。当然，这种分配方法的前提是制造费用在产品成本中所占比重较大，且增加的核算的工作量不大。

### 4. 年度计划分配率法

在年度计划分配率法下，无论各月实际发生的费用是多少，每月各种产品的制造费用都应该按年度计划确定的计划分配率分配。其计算公式为

$$年度制造费用计划分配率=\frac{年度制造费用计划总额}{年度各种产品计划产量的定额工时总数}$$

$$某月某种产品应负担的制造费用=该月该种产品实际产量的定额工时数\times年度计划分配率$$

这一分配方法要以定额工时为分配标准，即分配率计算公式的分母要按定额工时计算，这是因为各种产量不能直接相加。

**【例 4-12】** 某工业企业车间全年制造费用计划为 301 600 元。全年各种产品计划产量为：甲产品 2 000 件，乙产品 1 800 件。单件产品的工时定额为：甲产品 8 小时，乙产品 4 小时。本月的实际产量为：甲产品 120 件，乙产品 120 件。本月实际发生的制造费用为 22 530 元。

甲产品年度计划产量的定额工时＝2 000×8＝16 000（小时）

乙产品年度计划产量的定额工时＝1 800×4＝7 200（小时）

年度制造费用计划分配率＝301 600/（16 000＋7 200）＝13（元/小时）

甲产品该月实际产量的定额工时＝120×8＝960（小时）

乙产品该月实际产量的定额工时＝120×4＝480（小时）

该月甲产品应分配的制造费用＝960×13＝12 480（元）

该月乙产品应分配的制造费用＝480×13＝6 240（元）

该车间该月份的实际制造费用为 22 530 元，大于该月实际产量和年度计划分配率分配转出的制造费用 18 720 元。因此，采用这种分配方法时，“制造费用”总账和明细账可能有月末余额（可能在借方，也可能在贷方），但年末无余额。

全年制造费用的实际发生额与计划分配额的差额，一般应在年末调整计入 12 月份的产品成本。实际发生额大于计划发生额时，借记“基本生产成本”账户，贷记“制造费用”账户；实际发生额小于计划分配额时，用红字冲减。

**【例 4-13】** 承例 4-12，假定年末“制造费用”账户贷方余额 8 000 元，本年度实际发生制造费用 298 000 元，至年末累计已分配制造费用 300 000 元，其中甲产品 210 000 元，乙产品 90 000 元，试调整差额。

$$甲产品应冲减制造费用=8\,000\times\frac{210\,000}{300\,000}=5\,600（元）$$

$$乙产品应冲减制造费用=8\,000\times\frac{90\,000}{300\,000}=2\,400（元）$$

编制调整会计分录如下：

借：生产成本——基本生产成本——甲产品　　　5 600（红字）

　　　　　　　　　　　　　——乙产品　　　2 400（红字）

　贷：制造费用　　　　　　　　　　　　　　　8 000（红字）

采用这种分配方法，不管各月实际发生的制造费用是多少，每月各种产品中的制造费用都按年度计划分配率分配。但在年度内如果发现全年的制造费用实际数和实际费用与计划数可能发生较大的差额时，应及时调整计划分配率。

这种分配方法的核算工作简便，特别适用于季节性生产企业。因为在这种企业中，每月发生的制造费用相差不多，但在生产淡月和旺月的产量却相差悬殊，如果按照实际费用分配，各月单位产品成本中的制造费用将随之或高或低，而这并不是生产部门本身引起的，因而不便于成本分析工作的进行。采用年度计划分配率分配则可较好地避免这个问题。但采用这种分配方法，必须有较高的计划管理工作水平，否则，年度制造费用的计划数脱离实际成本太大，就会影响成本计算准确性。

通过上述制造费用的归集和分配，除了采用按年度计划分配率分配法的企业，“制造费用”总账和所属明细账月末都应没有期末余额。

至此，如果企业不单独核算废品损失和停工损失，则企业生产费用在各种产品之间横向的分配和归集已经结束，就可以进行下一步工作，即产品成本在完工产品和在产品之间的划分。但在要求单独反映和控制废品损失及停工损失的情况下，在进行成本核算时，其核算程序还应包括对废品损失和停工损失的核算，概括称为生产损失核算。

**小贴士**

“生产成本”账户和“制造费用”账户既有区别又有联系，具体如下。

（1）联系。“生产成本”账户和“制造费用”账户均属于成本类账户，其用途是归集各项生产费用，计算产品的成本。“生产成本”账户的成本项目中包括制造费用。

（2）区别。核算的具体内容和程序不同，“制造费用”账户只反映车间发生的各项间接费用，“生产成本”账户归集生产的全部费用，包括制造费用。企业生产过程中发生的制造费用先在“制造费用”账户归集，期末再按一定的分配标准分配结转到“生产成本”账户的各产品明细账中，与先期计入生产成本的直接材料和直接人工一起汇总计算完工产品和在产品的成本。

**概念索引**

制造费用　生产工时比例法　生产工人工资比例法　机器工时比例法　年度计划分配率法

**闯关考验**

试比较制造费用分配的 4 种方法。

**能力训练**

某企业基本生产车间生产甲、乙两种产品。2017 年 12 月份已归集在“制造费用”账户借方的制造费用合计为 49 860 元。甲产品生产工时为 960 小时，乙产品生产工时为 480 小时。

要求：按照生产工时比例法分配制造费用。为简化计算，本题只考虑完工产品的生产工时。

# 任务八 了解损失性费用的核算

**任务导入**

张宁到生产车间参观时，看到车间检验人员正在对产品进行检验，发现有部分产品不合格，检验人员要求生产工人将不合格品一部分拿去修理，另一部分直接报废。张宁询问财务科长：这部分不合格品的成本应该怎样处理？正在此时，工厂忽然停电，工人无法工作，张宁又问财务科长：这应该如何处理？

带着这些问题，让我们和张宁一起去学习吧！

损失性费用是指企业由于经营和管理不善、生产组织不合理、生产工人未执行技术操作规程等种种原因造成的人力、物力、财力上的损失。损失性费用主要包括废品损失、停工损失等。

## 一、废品损失的含义与核算

### （一）废品与废品损失的概念

#### 1. 废品

废品是指在生产过程中发生的、质量不符合规定的技术标准、不能按其原定用途使用，或者需要加工修理后才能使用的在产品、半成品和产成品，不论是生产中发现，还是入库后发现，都应包括在内。

废品按修复的可能性和经济性分为可修复废品和不可修复废品两种。可修复废品是指经过修理可以使用，而且所花费的修复费用在经济上合算的废品；不可修复废品，则指不能修复或者所花费的修理费用在经济上不合算的废品。

#### 2. 废品损失

废品损失包括在生产过程中发现和入库后发现的不可修复废品的生产成本，以及可修复废品的修复费用，扣除回收的废品残料价值和应由过失单位或个人赔款以后的损失。修复费用是指可修复废品在返修过程中所发生的修理用材料、动力、生产工人工资、应负担的制造费用等扣除过失人赔偿后的净支出。

值得注意的是，经检验部门鉴定不需要返修但可以降价出售的不合格品，其成本与合格品相同，其售价低于合格品售价所发生的损失，应在计算销售损益中体现，不作废品损失处理；产品入库后由于保管不善等原因而损坏变质的损失，应作为管理费用处理，不列作废品损失；实行包退、包修、包换的“三包”企业，在产品出售后而发生的“三包”损失，也列作管理费用，不作废品损失。

质量检验部门发现废品时，应该填制废品通知单，列明废品的种类、数量、产生废品的原因和过失人等。成本会计人员应该会同检验人员对废品通知单所列废品生产的原因和过失人等项目加强审核。只有经过审核的废品通知单，才能作为废品损失核算的根据。

### （二）废品损失的核算

废品损失的核算是指对废品损失的发生，进行归集、结转和分配。废品损失的核算形式有两种：单独核算废品损失和不单独核算废品损失。

在不单独核算废品损失的企业中，不设立“废品损失”账户和成本项目，只在回收废品残料时，借记“原材料”账户，贷记“生产成本——基本生产成本”账户，并从所属有关产品成本明细账的“直接材料”成本项目中扣除残值。“基本生产成本”账户和所属有关产品成本明细账归集的完工产品总成本，除以扣除废品数量以后的合格品数量，就是合格品的单位成本。

在单独核算废品损失的企业中，可以单独设置“废品损失”总账，也可在“生产成本——基本生产成本”账目下设“废品损失”二级账，再在此二级账下按车间分产品，分设明细账，明细账内按成本项目设专栏进行核算。“废品损失”账户借方反映可修复废品的修复费用和不可修复废品的已耗实际生产成本及搬运废品的运杂费等其他费用，贷方登记废品残料回收的价值和应收过失人赔偿款。借方发生额大于贷方发生额的差额为废品净损失，月末将从“废品损失”账户的贷方转到“生产成本——基本生产成本”账户借方。“废品损失”账户一般无余额。

下面分别介绍在单独核算废品损失的情况下，不可修复废品损失和可修复废品损失的核算。

#### 1. 不可修复废品损失的归集与分配

进行不可修复废品损失的核算，首先应计算截至报废时已经发生的不可修复废品的生产成本；然后扣除废品残值和应收赔偿款，算出废品损失；最后计入合格产品成本。

**【例 4-14】**　某企业基本生产车间本月生产 M 产品 1 000 件，经检验，其中不可修复废品有 100 件，废品残料价值为 385 元。该车间本月发生的全部生产费用为 18 100 元，其中，直接材料 10 000 元，直接人工 4 600 元，制造费用 3 500 元。假定该产品原材料在生产开始时一次投入，原材料费用按生产产量比例分配；其他费用按生产工时比例分配，单位产品的实际生产工时为 2 小时。

（1）根据以上资料，计算废品损失并编制废品损失计算表（表 4-34）。

$$直接人工费用分配率=\frac{10\ 000}{1\ 000}=10（元/件）$$

废品应负担的直接材料费用＝100×10＝1 000（元）

$$直接人工费用分配率=\frac{4\ 600}{1\ 000\times 2}=2.3（元/工时）$$

废品应负担的直接人工费用＝（100×2）×2.3＝460（元）

$$制造费用分配率=\frac{3\ 500}{1\ 000\times 2}=1.75（元/工时）$$

废品应负担的制造费用＝（100×2）×1.75＝350（元）

废品的生产成本＝1 000＋460＋350＝1 810（元）

废品净损失＝1 810－385＝1 425（元）

表 4-34　废品损失计算表

车间：基本生产车间

产品名称：M 产品　　2018 年 3 月　　单位：元

| 项目 | 产品数量 | 直接材料 | 直接人工 | 制造费用 | 合计 |
|---|---|---|---|---|---|
| 生产费用总额 | 1 000 | 10 000 | 4 600 | 3 500 | 18 100 |
| 费用分配率 | | 10 | 2.3 | 1.75 | |
| 废品生产成本 | 100 | 1 000 | 460 | 350 | 1 810 |
| 减：废品残料 | | 385 | | | 385 |
| 废品报废损失 | | 615 | 460 | 350 | 1 425 |

（2）根据废品损失计算表编制会计分录。

① 结转废品损失实际成本：

借：生产成本——基本生产成本（废品损失）　　1 810

　　贷：生产成本——基本生产成本（M 产品）　　1 810

② 回收废品残料价值：

借：原材料　　385

　　贷：生产成本——基本生产成本（废品损失）　　385

③ 将废品损失转入合格品产品成本：

借：生产成本——基本生产成本（M 产品）　　1 425

　　贷：生产成本——基本生产成本（废品损失）　　1 425

（3）登记 M 产品生产成本明细账（表 4-35）。

表 4-35　生产成本明细账

车间：基本生产车间　　　　　　　　　　　　　　　　　　　　　　　　　　产品：M 产品

| 摘要 | 直接材料 | 直接人工 | 制造费用 | 废品损失 | 合计 |
|---|---|---|---|---|---|
| 生产费用总额 | 10 000 | 4 600 | 3 500 | | 18 100 |
| 结转废品生产成本 | 1 000 | 460 | 350 | | 1 810 |
| 转入废品损失 | | | | 1 425 | 1 425 |
| 合格产品总成本 | 9 000 | 4 140 | 3 150 | 1 425 | 17 715 |
| 合格产品单位成本 | 10 | 4.6 | 3.5 | 1.58 | 19.68 |

2. 可修复废品损失的归集与分配

可修复废品返修发生的各种费用，应根据各种费用分配表，记入“废品损失”账户的借方。其回收的残料价值和应收的赔款，应从“废品损失”账户的贷方转入“原材料”和“其他应收款”账户的借方。废品修复费用减去残料和赔款后的废品净损失，也应从“废品损失”账户的贷方转入“基本生产成本”账户借方的“废品损失”成本项目中。

**【例 4-15】**　某企业加工车间所产 N 产品中，发现可修复废品 20 件，已修复验收入库。根据本月耗用材料汇总表提供的资料，修复 N 产品领用材料实际成本为 300 元，根据本月直接人工费用分配表和制造费用分配表提供的资料，修复 N 产品实际耗用工时 100 小时，小时工资费用分配率为 5.5 元，小时制造费用分配率为 3 元；应分配人工费 550 元，其中工资 482 元，福利费 68 元；应分配制造费用 300 元。

（1）按规定，本月发生的 20 件废品应由过失人赔偿 280 元。编制会计分录如下：

借：生产成本——基本生产成本（废品损失）　　1 150
　　贷：原材料　　300
　　　　应付职工薪酬——工资　　482
　　　　应付职工薪酬——职工福利　　68
　　　　制造费用　　300

借：其他应收款　　280
　　贷：生产成本——基本生产成本（废品损失）　　280

（2）分配结转废品净损失，编制会计分录如下：

借：生产成本——基本生产成本（N 产品）　　870
　　贷：生产成本——基本生产成本（废品损失）　　870

将上述会计分录登记“废品损失”明细账，如表 4-36 所示。

表 4-36 废品损失明细账

生产单位：加工车间　　　　　　　　　　　　　　　　　　　　　　产品：N 产品

| 2017 年 | | 凭证号 | 摘要 | 借方 | 贷方 | 余额 |
|---|---|---|---|---|---|---|
| 月 | 日 | | | | | |
| 10 | 30 | 略 | 分摊修复费用 | 1 150 | | 1 150 |
| 10 | 30 | | 应收赔款 | | 280 | 870 |
| 10 | 30 | | 结转废品净损失 | | 870 | 0 |

## 二、停工损失的归集与分配

### （一）停工损失的概念

停工损失是指生产车间或车间内某个班组在停工期间发生的各项费用，包括停工期间发生的原材料费用、工资及福利费和制造费用等。应由过失单位或保险公司负担的赔款，应从停工损失中扣除。

企业发生停工的原因很多，由于自然灾害等引起的非正常停工损失，应计入营业外支出，其余停工损失如固定资产修理期间的停工损失应计入产品成本，若停工损失能取得赔偿，则应该索赔，以冲减损失。季节性生产企业在停工期间的费用，不作为停工损失核算，而在“制造费用”账户中进行核算，由开工期内的生产成本负担。企业停工时间有长有短，短则几分钟，长则超过一个月，范围也有大有小，从某台机器设备、某个生产班组、某个生产车间到全厂。为了简化核算工作，对于停工不满一个工作日的，一般不计算停工损失。

辅助生产车间由于规模一般不大，为了简化核算，一般不单独核算停工损失。

### （二）停工损失的核算方法

对于管理上不要求单独核算停工损失的企业，可以不设立“停工损失”账户和该成本项目。停工期间发生的属于停工损失的各项费用，直接记入“制造费用”和“营业外支出”等账户。

单独核算停工损失的企业，应增设“停工损失”账户；在成本项目中应增设“停工损失”项目。“停工损失”账户是为了归集和分配停工损失而设立的。该账户应按车间设立明细账，账内按成本项目分设专栏或专行，进行明细核算。

停工期间发生的应该计入停工损失的各种费用，都应在该账户的借方归集。借记“停工损失”账户，贷记“原材料”“应付职工薪酬”“制造费用”等账户。属于过失单位、过失人或保险公司的赔款，应从该账户贷方转入“其他应收款”等账户的借方。将停工净损失从该账户贷方转出，属于自然灾害的部分转入“营业外支出”账户的借方；应由本月产品成本负担的部分，则转入“基本生产成本”账户的借方。如果停工的车间只生产一种产品，应直接记入该种产品成本明细账的“停工损失”成本项目；如果停工的车间生产多种产品，则应采用适当的分配方法（如采用类似于分配制造费用的方法），分配记入该车间各种产品成本明细账的“停工损失”成本项目。分配结转停工损失后，该账户应无余额。

停工损失的核算应以经审核后的停工报告单为依据。在停工报告单中应列明停工原因、停工时间、应计工人工资、经济责任单位或人员等。财会部门应根据有关领导审核签章后的停工报告单进行账务处理。

**【例 4-16】** 某企业第一车间由于外部供电线路原因停工 3 天，停工期间损失材料费用 6 000 元，应支付生产工人工资 4 000 元，应提取福利费 560 元，应分摊制造费用 640 元。

根据资料，编制会计分录如下：

| | | |
|---|---|---|
| 借：生产成本——基本生产成本（停工损失） | 11 200 | |
| 贷：原材料 | | 6 000 |
| 应付职工薪酬——工资 | | 4 000 |
| 应付职工薪酬——职工福利 | | 560 |
| 制造费用——第一车间 | | 640 |

### 概念索引

损失性费用　废品　可修复废品　不可修复废品　废品损失　可修复废品损失　不可修复废品损失　停工损失

### 闯关考验

（1）什么是废品？什么是废品的分类？

（2）简述可修复废品损失和不可修复废品损失的区别。

（3）什么是停工损失？

## 任务九　掌握在产品与完工产品成本的计算

### 任务导入

随着在实习工作中的进步，张宁对成本会计的工作越来越感兴趣。今天张宁在工作中又遇到了难题，王菲要求张宁完成本月在产品与完工产品的费用分配表，并计算产品的成本。

## 一、在产品数量的核算

### （一）在产品收发结存的核算

#### 1. 在产品与完工产品

在产品是指处在生产过程之中尚未完成全部生产工艺过程或已完工但尚未入库，不能对外销售的产品，其范围有广义和狭义之分。狭义在产品包括正在加工的在产品，以及返修的废品和尚未送验入库的产品；广义在产品不仅包括狭义在产品，而且包括已经完成部分生产步骤，但尚未完成全部生产步骤的自制半成品。相应地，完成全部生产工艺过程并验收入库等待销售的产品，就是完工产品。

企业在生产经营过程中发生的生产费用，按成本项目在各成本对象之间进行分配和归集后，归属于本月发生的生产费用，已全部记入相应成本计算对象的生产成本明细账（基本生产成本明细账）中。登记在生产成本明细账中的本月数，加上生产成本明细账中的期初在产品成本（有时也可能期初在产品成本为零），称为生产费用累计或生产费用合计数。产品的成本与生产费用合计数之间关系有以下 3 种情况：①如果产品全部完工，期末没有在产品，则本月生产费用合计数等于完工产品成本；②如果产品本月全部未完工，则本月生产费用合计数等于月末在产品成本；③如果产品本月有部分完工并验收入库的完工产品、部分未完工的在产品，则所计算的生产费用合计数就需要在完工产品和在产品之间进行分配。

月初在产品成本、本月生产费用、月末在产品成本、本月完工产品成本的关系，可用下列公式表示：

月初在产品成本＋本月生产费用＝本月完工产品成本＋月末在产品成本

本月完工产品成本＝月初在产品成本＋本月生产费用－月末在产品成本

＝生产费用累计－月末在产品成本

上述公式中的生产费用累计是已知的，因此为了计算完工产品成本，可采用两种方法：一是把生产费用累计数按一定比例在完工产品和在产品之间进行分配（同时进行）；二是先确定月末在产品成本，从而求得完工产品成本（有先有后）。但无论采用哪一种方法，都先确定在产品数量，为正确计算产品成本提供基础资料。

#### 2. 在产品数量的确定

企业在产品品种规格繁多，且又处在生产流通过程中，为了进行在产品收发结存的日常核算，应在生产车间内设置有关凭证账簿来反映在产品的收入、发出和结存的情况。实际工作中通常设置在产品内部转移凭证和在产品台账来进行在产品收发结存的数量核算。

在产品台账一般在各生产车间内按产品品种和在产品品名（如零部件的品名）设置。在产品台账的一般格式如表 4-37 所示。

表 4-37　在产品台账

生产单位：　　　　生产工序：　　　　产品名称：　　　　零件名称编号：

| 日期 | 摘要 | 收入 | | 转出 | | | 结存 | | | 备注 |
|---|---|---|---|---|---|---|---|---|---|---|
| | | 凭证号数 | 数量 | 凭证号数 | 合格品 | 废品 | 已完工 | 未完工 | 废品 | |
| | | | | | | | | | | |
| | | | | | | | | | | |
| | 合计 | | | | | | | | | |

在产品台账根据有关领料凭证、在产品内部转移凭证、产品检验凭证和产品入库单等原始凭证逐笔序时登记。在实际工作中，为了加强在产品实物管理和严格控制在产品数量，企业往往在做好产品收发日常核算工作的同时，进行在产品的定期盘点工作，以便随时掌握在产品的动态，按期确定在产品数量，并保证在产品数量的准确性。

（二）在产品清查和清查结果的核算

为了加强财产管理，保证在产品的安全完整，做到账实相符，在产品必须定期进行清查盘点。在产品清查采用实地盘点法，一般在月末进行。盘点工作在有关生产单位和生产工序实物负责人的直接参加下进行。在产品清查结果，应填制在产品盘点表，并与在产品台账相核对。如有不符，还应编制在产品盘点盈亏报告表，详细记录在产品的账存、实存数、盘盈或盘亏数、毁损数和发生盈亏的原因及处理意见等。企业会计人员应在认真审核在产品盘点盈亏报告表以后，报经有关部门和领导审批，并按照国家统一会计制度的规定及时做出账务处理。具体处理程序和方法如下。

1. 盘盈的会计处理

（1）发生盘盈时：

借：基本生产成本——×产品

　　贷：待处理财产损溢——待处理流动资产损溢

（2）批准后予以转销时：

借：待处理财产损溢——待处理流动资产损溢

　　贷：制造费用

2. 盘亏及毁损的会计处理

（1）发生盘亏及毁损时：

借：待处理财产损溢——待处理流动资产损溢

　　贷：基本生产成本——×产品

（2）批准后转销时，区别不同情况处理：

借：原材料（回收材料价值）

　　其他应收款（应收过失人和保险公司赔款）

　　制造费用（扣除赔款和材料价值后的净损失）

　　营业外支出（意外灾害等原因造成的损失）

　　贷：待处理财产损溢——待处理流动资产损溢

## 二、在产品与完工产品成本的计算

生产费用在完工产品和在产品之间分配是产品成本计算的一个重要而复杂的问题。企业应根据自身情况和产品的生产特点，即期末在产品数量的多少、各期期末在产品数量变化的大小、产品成本中各成本项目所占比重及定额管理基础工作的好坏等具体情况，选择合理、简便的分配方法。

生产费用在完工产品和在产品之间分配的常用方法主要有以下几种。

### （一）不计算在产品成本法

不计算在产品成本法是指月末不计算在产品成本，本月归集的生产费用全部计入完工产品成本。其基本思路是，当各月在产品数量较少时，在产品成本也较小，如不计算在产品成本对完工产品成本计算的准确性影响不大，且可简化成本计算工作，因而在分配生产成本时，虽然月末有在产品，但不计算成本。某种产品当月发生的生产费用，就是完工产品的总成本。由此可见，该方法适用于月末在产品数量较少的企业，如采煤企业。

### （二）按年初固定数计算在产品成本法

按年初固定数计算在产品成本法是指每年末通过对在产品实地盘点的数量为基础，计算确定年末的在产品成本，并将其作为下年初在产品成本，下年度1～11月各月月末在产品成本按年初在产品成本固定不变，本月发生的生产费用全部计入完工产品成本中。该方法的基本思路是，当各月月末在产品数量较为固定时，那么期初在产品成本和期末在产品成本的差异也较小，较小的差异对于完工产品成本计算影响不大，为简化核算，因而在计算完工产品成本时，将月末在产品成本按年初在产品成本固定计算。

这种方法适用于各月月末在产品数量较大但变化不大的产品。如化工企业输送带和管道内的产品、冶炼企业的炉内溶液等，数量比较稳定，可以采用这种固定在产品成本法。

### （三）按所耗直接材料费用计算在产品成本法

按所耗直接材料费用计算在产品成本法是指每月末在产品成本只包括直接材料成本项目，当月发生的直接人工、制造费用等成本项目全部由本月完工产品负担。该方法的基本思路是，当月末在产品数量较大且变化较大时，不能采用前两种简便方法。但由于产品成本中原材料费用比重较大，工资及制造费用比重较小，尤其是未完工的在产品，工资及制造费用就更小了，因此为简化核算，可以在计算在产品成本时忽略其他成本项目，只考虑直接材料成本项目。

这种方法适用于各月末在产品数量较大，各月月末在产品数量变化也较大，但直接材料费用占产品总成本比重较大的产品。例如，酿酒、造纸和食品加工等企业的产品，有的直接材料费用占产品总成本的70%以上，月末在产品可以采用这种方法。

直接材料费用在完工产品和在产品之间分配时，如果原材料是生产开始时一次投料的，直接材料费用可按完工产品和月末在产品的实际数量进行分配；如果原材料是分次投料的，则按约当产量比例法进行分配。假定原材料是生产开始时一次投料的，其具体计算公式为

$$直接材料费用分配率=\frac{直接材料费用总额}{完工产品数量+在产品数量}$$

$$月末在产品成本=月末在产品数量\times直接材料费用分配率$$

$$本月完工产品成本=月初在产品成本+本月生产费用-月末在产品成本$$

**【例 4-17】**　天使企业生产 A 产品，原材料于生产开始时一次投入，本月 A 产品共完工 500 件，月末在产品 200 件，要求采用按所耗直接材料费用计算在产品成本法计算完工产品和在产品成本。期初在产品和本月生产费用资料如表 4-38 所示。

**表 4-38　A 产品成本计算表**

金额单位：元

| 摘要 | 直接材料 | 直接人工 | 制造费用 | 合计 |
|---|---|---|---|---|
| 月初在产品成本 | 1 500 | | | 1 500 |
| 本月发生生产费用 | 5 500 | 400 | 600 | 6 500 |
| 本月生产费用合计 | 7 000 | 400 | 600 | 8 000 |

根据上述资料，完工产品和月末在产品成本计算如下：

$$直接材料费用分配率=\frac{7\,000}{500+200}=10（元/件）$$

$$月末在产品成本=200\times10=2\,000（元）$$

$$完工产品成本=1\,500+6\,500-2\,000=6\,000（元）$$

（四）按完工产品成本计算在产品成本法

按完工产品成本计算在产品成本法是指将月末在产品视同未完工产品，根据月末在产品与完工产品的数量比重来分配生产费用，确定完工产品和在产品的成本。该方法的基本思路是，如果月末在产品已经接近完工，那么在产品成本也就接近或等于完工产品成本了，为简化核算可以把在产品视为完工产品，按两者实际数量比例分配生产费用。因

此，这种方法只适用于月末在产品已经接近完工，只是尚未包装或尚未验收入库的产品。

（五）约当产量比例法

约当产量比例法是指按照在产品的约当产量和完工产品的实际产量比例来分配生产费用，以计算月末在产品成本和本月完工产品成本。这种方法的适用范围比较广泛，特别是那些月末在产品数量比较大，各月在产品数量变化比较大，产品的各成本项目比重相对较均衡且在产品又未接近完工的产品，不宜采用前面所讲的4种方法时，采用约当产量比例法比较适合。该方法的基本思路是，当月末在产品不符合以上4种方法的适用特点，生产费用的分配只能按完工产品数量和在产品数量进行分配，但在产品的完工程度与完工产品不同，所耗费用必定不一致，如完工产品所耗人工费用与完工程度为50%的在产品所耗人工费用不一致。因此，首先必须把月末在产品的数量按完工程度折算为完工产品的数量即月末在产品的约当产量；然后按完工产品的产量和在产品的约当产量来进行分配，求得分配率；最后按照分配率计算出完工产品成本和月末在产品的成本。生产费用按约当产量比例法在本月完工产品和月末在产品之间进行分配，一般按照以上3步进行分配。

1. 计算月末在产品的约当产量

采用约当产量比例法分配生产费用，关键在于月末在产品约当产量的确定。其计算公式为

$$\text{月末在产品约当量}=\text{月末在产品数量}\times\text{在产品完工程度}$$

上述公式中，月末在产品数量可以根据在产品台账和实际盘点取得。因此，计算月末在产品约当量的关键，在于在产品完工程度的确定。又由于在产品生产过程中，直接材料费用、直接人工费用和制造费用的发生情况不相同，所以，月末在产品完工程度的计算应分成本项目进行，包括分配直接材料成本项目的投料程度的计算和分配其他成本项目的完工程度的计算。

1）投料程度的确定

分配直接材料费用的在产品约当产量一般按投料程度计算。在生产过程中，原材料投入方式通常有以下4种。

（1）原材料在生产开始时一次投入，在产品的投料程度为100%，无论在产品的完工程度如何，其单位在产品所耗直接材料费用与单位完工产品所耗材料费用都是一样的，因此，直接材料费用按完工产品和月末在产品的数量分配。

（2）原材料分工序投入，并在每道工序开始时一次投入，则月末在产品的投料程度的计算公式为

$$\text{某工序的投料程度}=\frac{\text{以前各工序的消耗定额之和}+\text{本工序消耗定额}}{\text{完工产品原材料消耗定额}}\times 100\%$$

（3）原材料在生产过程中，随生产进度陆续投入，且材料的投料程度与生产工时的投入进度基本一致，则分配直接材料费用的在产品约当产量按完工程度折算。

（4）直接材料分工序陆续投入，且投料程度与加工进度不一致，则在产品的投料程度的计算公式为

$$某工序投料程度=\frac{以前各工序材料定额消耗量总额+本道工序材料定额消耗量\times 50\%}{单位产品材料定额消耗量}\times 100\%$$

【例 4-18】 天使企业生产的 B 产品顺序经过 3 道工序加工，原材料分 3 道工序并在每道工序开始时一次投入，单位产品的原材料消耗定额为 2 000 元，其中第一工序投料定额为 800 元，第二工序投料定额为 700 元，第三工序投料定额为 500 元。月末盘点确定完工产品 1 000 件，各工序月末在产品数量为 600 件，其中第一工序 240 件，第二工序 200 件，第三工序 160 件。根据上述资料，B 产品在各工序的投料程度和月末在产品的约当产量计算如下。

（1）各工序月末在产品的投料程度：

$$第一工序在产品投料程度=\frac{800}{2\ 000}\times 100\%=40\%$$

$$第二工序在产品投料程度=\frac{800+700}{2\ 000}\times 100\%=75\%$$

$$第三工序在产品投料程度=\frac{800+700+500}{2\ 000}\times 100\%=100\%$$

（2）各工序月末在产品约当产量（分配直接材料成本项目）：

第一工序在产品约当产量＝240×40%＝96（件）

第二工序在产品约当产量＝200×75%＝150（件）

第三工序在产品约当产量＝160×100%＝160（件）

B 产品月末在产品的约当产量＝96＋150＋160＝406（件）

在产品投料程度一般可以根据原材料消耗定额按公式计算预先得知，也可以按原材料的实际耗用量或实际投入费用计算。

2）完工程度的确定

除直接材料成本以外的其他成本项目，如直接人工、制造费用等费用，通常是随着加工进度而逐渐投入生产中的，产品完工程度越高，其所耗用该部分费用越多，因此对于除直接材料成本项目以外的其他成本项目通常按完工程度计算月末在产品的约当产量。在产品完工程度的确定可按工序分别计算，也可不分工序按平均完工率 50%计算。

（1）分工序计算在产品的完工程度。分工序计算在产品的完工程度是指各工序在产品累计已完成定额工时与完工产品定额工时的比值。其中，各工序在产品累计已完成定额工时包括前面各道工序已完成定额工时加上本工序各在产品所耗工时定额。前面各道

工序已经完工，工时定额按 100%计入，本道工序各在产品加工程度不完全一致，一般为简化核算不逐一进行计算，按平均值 50%完工程度计算定额工时计入。其计算公式为

$$某工序在产品的完工程度=\frac{以前各工序的累计定额工时+本工序定额工时\times 50\%}{完工产品的定额工时}\times 100\%$$

**【例 4-19】** 假定例 4-18 中天使企业生产的 B 产品，单位产品工时定额为 300 小时，其中第一工序 150 小时，第二工序 90 小时，第三工序 60 小时，各工序在产品在本工序的完工程度按平均值 50%计算。根据上述资料，B 产品在各工序的完工程度和月末在产品的约当产量计算如下。

① 各工序月末在产品的完工程度：

$$第一工序在产品的完工程度=\frac{150\times 50\%}{300}\times 100\%=25\%$$

$$第二工序在产品的完工程度=\frac{150+90\times 50\%}{300}\times 100\%=65\%$$

$$第三工序在产品的完工程度=\frac{150+90+60\times 50\%}{300}\times 100\%=90\%$$

② 各工序月末在产品约当产量（分配直接人工和制造费用成本项目）：

第一工序在产品约当产量＝240×25%＝60（件）

第二工序在产品约当产量＝200×65%＝130（件）

第三工序在产品约当产量＝160×90%＝144（件）

B 产品月末在产品的约当产量＝60＋130＋144＝334（件）

（2）如果生产进度比较均衡，各道工序在产品数量和各工序产品的加工数量都相差不多的情况下，则后道工序多加工的部分可以抵补前道工序少加工的部分，这样为了简化核算，可以把全部在产品的完工程度按平均数 50%来计算，即在产品按 50%的完工程度计算约当产量。

**【例 4-20】** 假设例 4-18 中天使企业生产的 B 产品，各道工序在产品的完工程度都定为 50%，则 B 产品月末在产品的约当产量（分配直接人工和制造费用成本项目）可以计算如下：

第一工序在产品约当产量＝240×50%＝120（件）

第二工序在产品约当产量＝200×50%＝100（件）

第三工序在产品约当产量＝160×50%＝80（件）

B 产品月末在产品的约当产量＝120＋100＋80＝300（件）

### 2. 计算费用分配率

采用约当产量比例法，费用分配率是生产费用合计数与完工产品产量加月末在产品约当产量的比值。但由于各个成本项目月末在产品约当产量的计算及月末在产品费用的

发生情况不同，因此费用分配率的计算应分成本项目计算。其计算公式为

$$某成本项目的费用分配率=\frac{某成本项目的费用合计}{本月完工产品产量+月末在产品的约当产量}\times 100\%$$

各成本项目的费用分配率相加就是产品整体费用分配率，即完工产品的单位成本。

**【例 4-21】** 根据天使企业生产成本明细账的有关资料得知，B 产品月初在产品和本月生产费用合计为 586 580 元，其中直接材料 253 080 元，直接人工 133 400 元，制造费用 200 100 元。依据上述资料及例 4-18 和例 4-19 提供的本月完工产品数量和月末在产品的约当产量的资料，各成本项目的费用分配率计算如下：

$$“直接材料”项目的分配率=\frac{253\ 080}{1\ 000+406}=180（元）$$

$$“直接人工”项目的分配率=\frac{133\ 400}{1\ 000+334}=100（元）$$

$$“制造费用”项目的分配率=\frac{200\ 100}{1\ 000+334}=150（元）$$

B 产品完工产品的单位成本=180+100+150=430（元）

3. 计算本月完工产品成本和月末在产品成本

采用约当产量比例法，在求得完工产品的单位成本后，本月完工产品成本和月末在产品成本的计算公式分别为

本月完工产品成本=本月完工产品数量×费用分配率（完工产品单位成本）

月末在产品成本=月末在产品约当产量×费用分配率（完工产品单位成本）

或

月末在产品成本=月初在产品成本+本月生产费用－本月完工产品成本

**【例 4-22】** 根据例 4-18、例 4-19 和例 4-21 所给资料，B 产品本月完工产品成本和月末在产品成本的计算如下。

本月完工产品直接材料费用=1 000×180=180 000（元）

本月完工产品直接人工费用=1 000×100=100 000（元）

本月完工产品制造费用=1 000×150=150 000（元）

本月完工产品总成本=1 000×430=430 000（元）

月末在产品总成本=586 580－430 000=156 580（元）

**【例 4-23】** 某企业生产甲产品，需要经过 3 道工序加工制成，原材料于每个工序陆续投入，各工序在产品在本工序的完工程度按平均值 50%计算。本月完工产品数量为 1 000 件，月末在产品数量 400 件。月末累计直接材料费用 14 060 元，直接工资费用 30 375 元，制造费用 36 450 元。月末各工序在产品结存情况及定额资料如表 4-39 所示。

表 4-39　月末各工序在产品结存情况及定额资料

| 工序 | 在产品数量/件 | 材料消耗定额/千克 | 工时定额/小时 |
|---|---|---|---|
| 1 | 100 | 60 | 40 |
| 2 | 200 | 60 | 30 |
| 3 | 100 | 80 | 30 |
| 合计 | 400 | 200 | 100 |

根据上述资料，采用约当产量比例法，完工产品与月末在产品的成本具体计算程序如下。

（1）计算直接材料费用的分配率。

第一步，计算各工序的投料程度：

$$第一工序的投料程度=\frac{60\times50\%}{200}\times100\%=15\%$$

$$第二工序的投料程度=\frac{60+60\times50\%}{200}\times100\%=45\%$$

$$第三工序的投料程度=\frac{60+60+80\times50\%}{200}\times100\%=80\%$$

第二步，计算各工序在产品的约当产量：

$$第一工序在产品的约当产量=100\times15\%=15（件）$$

$$第二工序在产品的约当产量=200\times45\%=90（件）$$

$$第三工序在产品的约当产量=100\times80\%=80（件）$$

$$月末在产品约当产量=15+90+80=185（件）$$

$$“直接材料”项目的分配率=\frac{14\ 060}{185}=76（元/件）$$

（2）计算其他费用分配率。

第一步，计算各工序的完工程度：

$$第一工序的完工程度=\frac{40\times50\%}{100}\times100\%=20\%$$

$$第二工序的完工程度=\frac{40+30\times50\%}{100}\times100\%=55\%$$

$$第三工序的完工程度=\frac{40+30+30\times50\%}{100}\times100\%=85\%$$

第二步，计算各工序在产品的约当产量：

$$第一工序在产品的约当产量=100\times20\%=20（件）$$

$$第二工序在产品的约当产量=200\times55\%=110（件）$$

第三工序在产品的约当产量＝100×85%＝85(件)

月末在产品的约当产量＝20＋110＋85＝215(件)

$$“直接人工”项目的分配率=\frac{30\,375}{1\,000+215}=25(元)$$

$$“制造费用”项目的分配率=\frac{36\,450}{1\,000+215}=30(元)$$

费用分配率（完工产品单位成本）＝76＋25＋30＝131(元)

（3）计算完工产品成本和月末在产品成本：

本月完工产品直接材料费用＝1 000×76＝76 000(元)

本月完工产品直接人工费用＝1 000×25＝25 000(元)

本月完工产品制造费用＝1 000×30＝30 000(元)

本月完工产品成本＝1 000×131＝131 000(元)

月末在产品成本＝76×185＋25×215＋30×215

＝14 060＋5 375＋6 450

＝25 885(元)

4. 工作任务

1）任务资料

【例 4-24】 伟业机械公司月末在产品和完工产品之间费用的分配采用约当产量比例法，原材料在第一道工序开始一次投入，直接人工费用和制造费用的完工程度分工序按定额生产工时计算。

（1）12 月 31 日，计算各工序在产品完工程度及月末在产品约当产量。两种产品在第二道工序的定额总工时均为 336 小时，本月月末在产品 A01 备件第二道已完工 168 小时，F02 备件第二道工序已完工 255 小时。

A01 备件、F02 备件各工序定额工时如表 4-40 和表 4-41 所示。

表 4-40 期末在产品约当产量计算表

产品名称：A01 备件　　　　2017 年 12 月 31 日

| 工序 | 定额工时/小时 | 完工程度 | 期末在产品数量/件 | 在产品约当产量/件 |
|---|---|---|---|---|
| 1 | 6 | | | |
| 2 | 336 | | 100 | |
| 3 | 6 | | | |
| 合计 | 348 | | 100 | |

审核：　　　　制单：

**表 4-41 期末在产品约当产量计算表**

产品名称：F02 备件　　2017 年 12 月 31 日

| 工序 | 定额工时/小时 | 完工程度 | 期末在产品数量/件 | 在产品约当产量/件 |
|---|---|---|---|---|
| 1 | 6 | | | |
| 2 | 336 | | 120 | |
| 3 | 6 | | | |
| 合计 | 348 | | 120 | |

审核：　　制单：

（2）本月 A01 备件完工 500 件，F02 备件完工 560 件，E02 备件完工 800 件，计算并结转本月完工产品成本。

① 每种产品期初在产品成本资料如表 4-42 所示。

**表 4-42 生产成本明细账户余额表**

2017 年 12 月 31 日　　金额单位：元

| 产品名称 | 直接材料 | 直接人工 | 制造费用 | 合计 |
|---|---|---|---|---|
| A01 备件 | 33 076.92 | 2 202.28 | 1 432.40 | 36 711.60 |
| F02 备件 | 51 629.63 | 4 285.16 | 3 082.80 | 58 997.59 |
| 合　计 | | | | 95 709.19 |

② 每种产品成本计算单如表 4-43～表 4-45 所示。

**表 4-43 产品成本计算单**

产品：A01 备件　　2017 年 12 月 31 日　　金额单位：元

| 成本项目 | 直接材料 | 直接人工 | 制造费用 | 合计 |
|---|---|---|---|---|
| 月初在产品成本 | | | | |
| 本月发生费用 | | | | |
| 生产费用合计 | | | | |
| 期末在产品约当产量 | | | | |
| 完工产品产量 | | | | |
| 单位成本 | | | | |
| 完工产品总成本 | | | | |
| 期末在产品成本 | | | | |

审核：　　制单：

表 4-44 产品成本计算单

产品：F02 备件　　2017 年 12 月 31 日　　金额单位：元

| 成本项目 | 直接材料 | 直接人工 | 制造费用 | 合计 |
|---|---|---|---|---|
| 月初在产品成本 | | | | |
| 本月发生费用 | | | | |
| 生产费用合计 | | | | |
| 期末在产品约当产量 | | | | |
| 完工产品产量 | | | | |
| 单位成本 | | | | |
| 完工产品总成本 | | | | |
| 期末在产品成本 | | | | |

审核：　　制单：

表 4-45 产品成本计算单

产品：E03 备件　　2017 年 12 月 31 日　　金额单位：元

| 成本项目 | 直接材料 | 直接人工 | 制造费用 | 合计 |
|---|---|---|---|---|
| 月初在产品成本 | | | | |
| 本月发生费用 | | | | |
| 生产费用合计 | | | | |
| 期末在产品约当产量 | | | | |
| 完工产品产量 | | | | |
| 单位成本 | | | | |
| 完工产品总成本 | | | | |
| 期末在产品成本 | | | | |

审核：　　制单：

2）任务解析

（1）计算产品约当产量，如表 4-46 和表 4-47 所示。

表 4-46 期末在产品约当产量计算表

产品名称：A01 备件　　2017 年 12 月 31 日

| 工序 | 定额工时/小时 | 完工程度/% | 期末在产品数量/件 | 在产品约当产量/件 |
|---|---|---|---|---|
| 1 | 6 | | | |
| 2 | 336 | 50 | 100 | 50 |
| 3 | 6 | | | |
| 合计 | 348 | | 100 | 50 |

审核：　　制单：

表 4-47　期末在产品约当产量计算表

产品名称：F02 备件　　2017 年 12 月 31 日

| 工序 | 定额工时/小时 | 完工程度/% | 期末在产品数量/件 | 在产品约当产量/件 |
|---|---|---|---|---|
| 1 | 6 | | | |
| 2 | 336 | 75 | 120 | 90 |
| 3 | 6 | | | |
| 合计 | 348 | | 120 | 90 |

审核：　　制单：

（2）计算并结转本月完工产品成本，如表 4-48～表 4-51 所示。

表 4-48　产品成本计算单

产品：A01 备件　　2017 年 12 月 31 日　　金额单位：元

| 成本项目 | 直接材料 | 直接人工 | 制造费用 | 合计 |
|---|---|---|---|---|
| 月初在产品成本 | 33 076.92 | 2 202.28 | 1 432.40 | 36 711.60 |
| 本月发生费用 | 290 682.12 | 33 822.72 | 27 998.78 | 352 503.62 |
| 生产费用合计 | 323 759.04 | 36 025.00 | 29 431.18 | 389 215.22 |
| 期末在产品约当产量 | 100 | 50 | 50 | |
| 完工产品产量 | 500 | 500 | 500 | |
| 单位成本 | 539.60 | 65.50 | 53.51 | 658.61 |
| 完工产品总成本 | 269 800.00 | 32 750.00 | 26 755.00 | 329 305.00 |
| 期末在产品成本 | 53 959.04 | 3 275.00 | 2 676.18 | 59 910.22 |

审核：　　制单：

表 4-49　产品成本计算单

产品：F02 备件　　2017 年 12 月 31 日　　金额单位：元

| 成本项目 | 直接材料 | 直接人工 | 制造费用 | 合计 |
|---|---|---|---|---|
| 月初在产品成本 | 51 629.63 | 4 285.16 | 3 082.80 | 58 997.59 |
| 本月发生费用 | 373 165.41 | 39 459.84 | 32 665.25 | 445 290.50 |
| 生产费用合计 | 424 795.04 | 43 745.00 | 35 748.05 | 504 288.09 |
| 期末在产品约当产量 | 120 | 90 | 90 | |
| 完工产品产量 | 560 | 560 | 560 | |
| 单位成本 | 624.70 | 67.30 | 55.00 | 747.00 |
| 完工产品总成本 | 349 832.00 | 37 688.00 | 30 800.00 | 418 320.00 |
| 期末在产品成本 | 74 963.04 | 6 057.00 | 4 948.05 | 85 968.09 |

审核：　　制单：

表 4-50 产品成本计算单

产品：E03 备件　　2017 年 12 月 31 日　　金额单位：元

| 成本项目 | 直接材料 | 直接人工 | 制造费用 | 合计 |
|---|---|---|---|---|
| 月初在产品成本 | | | | |
| 本月发生费用 | 1 219 193.91 | 112 742.40 | 93 329.17 | 1 425 265.48 |
| 生产费用合计 | 1 219 193.91 | 112 742.40 | 93 329.17 | 1 425 265.48 |
| 期末在产品约当产量 | | | | 0 |
| 完工产品产量 | 800 | 800 | 800 | 2 400 |
| 单位成本 | 1 523.99 | 140.93 | 116.66 | 1 781.58 |
| 完工产品总成本 | 1 219 193.91 | 112 742.40 | 93 329.17 | 1 425 265.48 |
| 期末在产品成本 | | | | |

审核：　　制单：

表 4-51 产品成本计算汇总表

2017 年 12 月 31 日　　金额单位：元

| 项目 | 期初在产品成本 | 本期生产费用 | 生产费用合计 | 完工产品总成本 | 期末在产品成本 |
|---|---|---|---|---|---|
| A01 备件 | 36 711.60 | 352 503.62 | 389 215.22 | 329 305.00 | 59 910.22 |
| F02 备件 | 58 997.59 | 445 290.50 | 504 288.09 | 418 320.00 | 85 968.09 |
| E03 备件 | | 1 425 265.48 | 1 425 265.48 | 1 425 265.48 | 0 |
| 合计 | 95 709.19 | 2 223 059.60 | 2 318 768.79 | 2 172 890.48 | 145 878.31 |

编制会计分录如下：

借：库存商品——A01 备件　　329 305.00
　　　　　——F02 备件　　418 320.00
　　　　　——E03 备件　　1 425 265.48
　贷：生产成本——A01 备件　　329 305.00
　　　　　——F02 备件　　418 320.00
　　　　　——E03 备件　　1 425 265.48

（六）按定额成本计算在产品成本法

按定额成本计算在产品成本法是指月末在产品成本按预先制定的定额成本和月末实际盘点的在产品数量计算，将生产费用脱离定额的差异计入完工产品成本。该方法的基本思路是，如果某产品定额制定的比较准确，月末在产品的单位定额成本与在产品实际单位成本就相差不大；若在产品各月数量变化也不大，那么月初在产品脱离定额的差异总额与月末在产品脱离定额的差异总额将非常接近。因此，为简化计算工作，可以按定额成本计算在产品成本。

这种方法适用于各项消耗定额和费用定额制定比较准确、稳定，而且各月末在产品数量变化不大的产品。其计算公式为

月末在产品定额成本＝月末在产品数量×单位定额费用

本月完工产品成本＝本月生产费用合计－月末在产品定额成本

采用定额成本计算在产品成本法，一般是分成本项目计算月末在产品的定额成本，那么单位费用定额的确定上就有所不同。其计算公式为

月末在产品定额材料成本＝月末在产品实际数量×单位在产品材料定额成本

月末在产品定额人工成本＝月末在产品数量×单位在产品定额工资

＝月末在产品完成定额工时总额×每小时定额工资

月末在产品定额制造费用＝月末在产品数量×单位在产品定额制费用

＝月末在产品完成定额工时总额×每小时定额制造费用

月末在产品定额成本即等于在产品的定额材料成本、定额人工成本和定额制造费用相加。

**【例 4-25】** 天使企业生产 C 产品，经过两道工序连续加工制成，本月完工 752 件，在产品 180 件，其中第一工序为 100 件，第二工序为 80 件。原材料在生产开始时一次投入，单件产品原材料费用定额为 93 元。单件产品的工时定额 10 小时，其中第一工序为 6 小时，第二工序为 4 小时，各工序月末在产品平均加工程度为 50%。每一定额工时的直接人工费用定额为 5.9 元，制造费用定额为 2.7 元。C 产品月初及本月生产费用合计为 150 333 元，其中直接材料 95 343 元，直接人工 42 300 元，制造费用 12 690 元。根据上述资料，采用按定额成本计算在产品成本法，月末在产品和本月完工产品成本计算如下。

① 月末在产品定额成本：

月末在产品定额材料成本＝180×93＝16 740（元）

月末在产品完成定额工时总额＝（6×50%）×100＋（6＋4×50%）×80＝940（小时）

月末在产品定额人工成本＝940×5.9＝5 546（元）

月末在产品定额制造费用＝940×2.7＝2 538（元）

月末在产品定额成本＝16 470＋5 546＋2 538＝24 554（元）

② 本月完工产品总成本：

完工产品直接材料费用＝95 343－16 740＝78 873（元）

完工产品直接人工费用＝42 300－5 546＝36 754（元）

完工产品制造费用＝12 690－2 538＝10 152（元）

完工产品总成本＝150 333－24 554＝125 779（元）

需要注意的是，采用这种方法在分配原材料费用时，要考虑材料投料方式对各工序材料定额及在产品数量的影响。

（七）定额比例法

定额比例法是指月末在产品成本和完工产品成本的计算，按生产费用与完工产品和月末在产品的定额消耗量或定额费用比例来分配计算。该方法的基本思路是，生产费用合计数等于本于完工产品成本加月末在产品成本，那么如果求出完工产品和在产品占生产费用的比例，就可求得完工产品成本和月末在产品成本。定额制定比较好的企业，可以用生产费用与完工产品和月末在产品的定额消耗量或定额费用比例来分配计算，这就是定额比例法。当定额制定比较准确、稳定时，月初、月末单位在产品费用脱离定额的差异不大，但如果在产品数量变化较大，就会使月初、月末在产品费用脱离总定额的差异较大，此时采用按定额成本计算在产品成本法，会影响完工产品成本的真实性和准确性。因此，定额比例法适用于各项消耗定额和费用定额制定比较准确、稳定，而且各月月末在产品数量变化较大的产品。该方法的计算也是分成本项目进行的，因为对于直接材料成本项目可以按定额消耗量或材料定额成本的比例分配，直接人工和制造费用可按定额工时或直接人工定额成本、制造费用定额成本的比例分配。分成本项目计算各项费用分配率的公式如下。

（1）“直接材料”成本项目下费用分配率的计算公式为

$$费用分配率=\frac{月初在产品直接材料费用+本月发生直接材料费用}{完工产品材料定额消耗量或费用+月末在产品材料定额消耗量或费用}$$

$$完工产品直接材料费用=完工产品材料定额消耗量或费用\times直接材料费用分配率$$

$$月末在产品直接材料费用=月末在产品材料定额消耗量或费用\times直接材料费用分配率$$

其中：

$$材料定额消耗量=完工产品（或在产品）数量\times单位定额消耗量$$

$$直接材料定额费用=完工产品（或在产品）数量\times单位定额消耗量\times材料计划单价$$

（2）“直接人工”成本项目下费用分配率的计算公式为

$$费用分配率=\frac{月初在产品直接人工费用+本月发生直接人工费用}{完工产品定额工时+月末在产品定额工时}$$

$$完工产品直接人工费用=完工产品定额工时\times直接人工费用分配率$$

$$月末在产品直接人工费用=月末在产品定额工时\times直接人工费用分配率$$

其中：

$$定额工时=完工产品（或在产品）数量\times单位定额工时$$

（3）“制造费用”成本项目下费用分配率的计算公式为

$$费用分配率=\frac{月初在产品制造费用+本月发生制造费用}{完工产品定额工时+月末在产品定额工时}$$

$$完工产品制造费用=完工产品定额工时\times制造费用分配率$$

$$月末在产品制造费用=月末在产品定额工时\times制造费用分配率$$

通过上述公式可知，采用定额比例法，必须取得完工产品和月末在产品的定额消耗量或定额工时，而这又取决于完工产品和月末在产品的数量和单位定额消耗量、单位定额工时。当在产品种类繁多或生产工序过多的情况下，取得月末在产品的定额消耗量或定额工时的工作量相当繁重。在资料齐全的情况下，月末在产品的定额数据可以采用倒挤的方法求得。其计算公式为

$$\text{月末在产品定额消耗量（或定额费用）}=\text{月初在产品定额消耗量（或定额费用）}+\text{本月投入的定额消耗量（或定额费用）}-\text{本月完工产品定额消耗量（或定额费用）}$$

式中，本月投入生产的材料消耗定额和工时定额，可以根据发料凭证所列的原材料消耗定额，以及产量凭证上所列产品工时定额计算求得。

**【例 4-26】** 天使企业本月生产 D 产品是定型产品，有较健全的定额资料和定额管理制度。D 产品本月完工产品 2 000 件，单位产品原材料消耗定额为 5 元，工时消耗定额为 2 小时。月末在产品 500 件，单位产品原材料消耗定额为 4 元，工时消耗定额为 1 小时。根据产品生产成本明细账提供的资料，D 产品月初在产品成本为 4 120 元，其中直接材料费用 1 920 元，直接人工费用 1 000 元，制造费用 1 200 元；本月发生生产费用 22 850 元，其中直接材料费用 12 000 元，直接人工费用 4 850 元，制造费用 6 000 元。根据资料，采用定额比例法，本月完工产品成本和月末在产品成本计算如下。

① 计算总定额成本：

$$\text{完工产品原材料定额总费用}=2\,000\times5=10\,000(\text{元})$$

$$\text{完工产品工时消耗总定额}=2\,000\times2=4\,000(\text{小时})$$

$$\text{月末在产品原材料定额总费用}=500\times4=2\,000(\text{元})$$

$$\text{月末在产品工时消耗总定额}=500\times1=500(\text{小时})$$

② 计算费用分配率：

$$\text{直接材料费用分配率}=\frac{1\,920+12\,000}{10\,000+2\,000}=1.16$$

（此计算结果表明，D 产品的实际材料费用比定额的超支了 16%）

$$\text{直接人工费用分配率}=\frac{1\,000+4\,850}{4\,000+500}=1.3(\text{元/小时})$$

（此计算结果表明，每一定额工时实际分配的人工费用为 1.3 元）

$$\text{制造费用分配率}=\frac{1\,200+6\,000}{4\,000+500}=1.6(\text{元/小时})$$

（此计算结果表明，每一定额工时实际分配的制造费用为 1.6 元）

③ 计算月末在产品成本和完工产品成本：

$$\text{月末在产品直接材料费用}=2\,000\times1.16=2\,320(\text{元})$$

$$\text{月末在产品直接人工费用}=500\times1.3=650(\text{元})$$

月末在产品制造费用＝500×1.6＝800（元）

月末在产品成本＝2 320＋650＋800＝3 770（元）

完工产品直接材料费用＝10 000×1.16＝11 600（元）

完工产品直接人工费用＝4 000×1.3＝5 200（元）

完工产品制造费用＝4 000×1.6＝6 400（元）

完工产品成本＝11 600＋5 200＋6 400＝23 200（元）

据此填制产品生产成本明细账，如表 4-52 所示。

**表 4-52 产品生产成本明细账**

产品名称：D 产品　　2017 年 12 月

| 摘要 | 直接材料 | 直接人工 | 制造费用 | 合计 |
|---|---|---|---|---|
| 月初在产品成本 | 1 920 | 1 000 | 1 200 | 4 120 |
| 本月发生生产费用 | 12 000 | 4 850 | 6 000 | 22 850 |
| 生产费用合计 | 13 920 | 5 850 | 7 200 | 26 970 |
| 完工产品总定额 | 10 000 | 4 000 | 4 000 | — |
| 月末在产品总定额 | 2 000 | 500 | 500 | — |
| 定额合计 | 12 000 | 4 500 | 4 500 | — |
| 费用分配率 | 1.16 | 1.3 | 1.6 | — |
| 完工产品总成本 | 11 600 | 5 200 | 6 400 | 23 200 |
| 月末在产品总成本 | 2 320 | 650 | 800 | 3 770 |

### （八）完工产品成本结转的账务处理

生产费用在完工产品和月末在产品之间采用相应方法分配以后，可以得知完工产品成本和月末在产品的成本。期初在产品成本和本月投入的生产费用在产品生产成本明细账中归集，称为本月生产费用累计数或生产费用合计数。分配后得到完工产品总成本和月末在产品总成本，其中月末在产品总成本由于其实物仍留在生产过程中继续加工，因此其成本也保留在产品生产成本明细账中；而完工产品以生产加工完毕，其实物将通过验收合格而推出生产，转入仓库准备对外销售，因此其成本也应该予以结转。

无论采用何种方法分配生产费用，在结转完工产品成本时，都应先将完工产品成本从产品生产成本明细账中转出；随后编制完工产品成本汇总表，并计算出各种完工产品的总成本和单位成本；最后根据完工产品成本汇总表的汇总资料，结转完工产品成本作相应会计分录：

借：库存商品——×产品

　　贷：基本生产成本——×产品

**【例 4-27】** 沿用例 4-17～例 4-23、例 4-25、例 4-26 资料，天使企业生产 A、B、C、D 等 4 种产品成本相关资料，月末编制完工产品成本汇总计算表如表 4-53 所示。

表 4-53　完工产品成本汇总计算表

金额单位：元

| 成本项目 | A 产品（产量 500 件） | | B 产品（产量 1 000 件） | | C 产品（产量 752 件） | | D 产品（产量 2 000 件） | |
|---|---|---|---|---|---|---|---|---|
| | 总成本 | 单位成本 | 总成本 | 单位成本 | 总成本 | 单位成本 | 总成本 | 单位成本 |
| 直接材料 | 5 000 | 10 | 180 000 | 180 | 78 873 | 104.88 | 11 600 | 5.8 |
| 直接人工 | 400 | 0.8 | 100 000 | 100 | 36 754 | 48.88 | 5 200 | 2.6 |
| 制造费用 | 600 | 1.2 | 150 000 | 150 | 10 152 | 13.5 | 6 400 | 3.2 |
| 合计 | 6 000 | 12 | 430 000 | 430 | 125 779 | 167.26 | 23 200 | 11.6 |

根据相关资料，编制会计分录如下：

借：库存商品——A 产品　6 000
　　　　　——B 产品　430 000
　　　　　——C 产品　125 779
　　　　　——D 产品　23 200
　贷：基本生产成本——A 产品　6 000
　　　　　　　　——B 产品　430 000
　　　　　　　　——C 产品　125 779
　　　　　　　　——D 产品　23 200

**概念索引**

在产品　完工产品　生产费用　约当产量比例法　定额比例法

**闯关考验**

（1）自制半成品属于完工产品还是在产品？试说明理由。
（2）如何确定约当产量法中的投料方式和加工方式？

# 思考与练习四

思考与练习四

## 一、 单选题

1. 在大量、大批、多步骤生产的企业，管理上不要求分步计算产品成本，其成本核算的方法是（　　）。

A. 品种法　　B. 分类法　　C. 分批法　　D. 分步法

2. 下列各项中属于直接生产费用的是（　　）。

A. 生产工人工资　　B. 机器设备耗用电费

C. 机器设备折旧费用　　D. 车间厂房折旧费用

3. 用来核算企业为生产产品和提供劳务而发生的各项间接费用的账户是（　　）。

A. “基本生产成本”　　B. “制造费用”

C. “管理费用”　　D. “财务费用”

4. 甲、乙两种产品共同耗费的燃料费用为6000元，按燃料定额消耗量比例分配。甲、乙产品的定额消耗量分别为200千克和300千克。据此计算的燃料费用分配率为（　　）。

A. 60　　B. 20　　C. 30　　D. 12

5. 下列各项费用中，不能直接借记“基本生产成本”账户的是（　　）。

A. 车间生产工人福利费　　B. 车间生产工人工资

C. 车间管理人员工资　　D. 构成产品实体的原料费用

6. 用于生产产品构成品实体的原材料费用，应记入（　　）账户。

A. “基本生产成本”　　B. “制造费用”

C. “废品损失”　　D. “营业费用”

7. 生产车间耗用的物料费用，应贷记“原材料”账户，借记（　　）账户。

A. “待摊费用”　　B. “基本生产成本”

C. “辅助生产成本”　　D. “制造费用”

8. 几种产品共同耗用的原材料费用，属于间接计入费用，应采用的分配方法是（　　）。

A. 计划成本分配法　　B. 工时比例分配法

C. 材料定额费用比例分配法　　D. 代数分配法

9. 下列职工薪酬中，不应当根据职工提供服务的受益对象计入成本费用的是（　　）。

A. 职工福利费　　B. 因解除与职工的劳动关系给予的补偿

C. 工会经费和职工教育经费　　D. 社会保险费

10. 企业发生的应由生产产品或提供劳务负担的职工薪酬，应当（　　）。

A. 计入管理费用　　B. 计入存货成本或劳务成本

C. 计入无形资产成本　　D. 计入固定资产成本

11. 某企业生产甲、乙两种产品，2017年12月共发生生产工人工资70 000元，福利费10 000元。上述人工费按生产工时比例在甲、乙产品间分配，其中甲产品的生产工时为1 200小时，乙产品的生产工时为800小时。该企业生产甲产品应分配的人工费为（　　）元。

A. 28 000　　B. 32 000　　C. 42 000　　D. 48 000

12. 代数分配法适用于（　　）。

A. 各辅助生产车间之间相互受益程度有明显顺序的企业

B. 已经实现电算化的企业

C. 辅助生产劳务计划单位成本核算比较准确的企业

D. 定额准确的企业

13. 在各辅助生产车间相互提供劳务数量很少的情况下，适宜采用（　　）。

A. 直接分配法　　B. 交互分配法

C. 代数分配法　　D. 计划成本分配法

14. 将辅助生产车间发生的各项费用直接分配给辅助生产车间以外的各受益单位，这种分配方法为（　　）。

A. 计划成本分配法　　B. 直接分配法

C. 顺序分配法　　D. 代数分配法

15. 在采用交互分配法分配辅助生产费用的情况下，各辅助生产车间交互分配后的实际费用等于（　　）。

A. 交互分配前的费用

B. 交互分配前的费用加上交互分配转出的费用

C. 交互分配前的费用减去交互分配转出的费用

D. 交互分配前的费用加上交互分配转入的费用，减去交互分配转出的费用

16. 辅助生产交互分配后的实际费用，应再在（　　）进行分配。

A. 各基本生产车间　　B. 各受益单位之间

C. 辅助生产以外的受益单位之间　　D. 各辅助生产车间

17. 产品生产车间管理人员的工资应借记的账户是（　　）。

A. “基本生产成本”　　B. “制造费用”

C. “管理费用”　　D. “应付职工薪酬”

18. 基本生产车间计提固定资产折旧应记入的账户是（　　）。

A. “基本生产成本”　　B. “制造费用”

C. “管理费用”　　D. “营业费用”

19. 下列各项中，不应计入制造费用的是（　　）。

A. 生产工人待业保险费　　B. 生产工人劳动保护费

C. 生产车间财产保险费　　D. 生产车间设备租赁费

20. 下列不属于制造费用的是（　　）。

A. 取暖费　　B. 劳动保护费

C. 职工福利费　　D. 直接生产工人的工资

21. 当动力费用在产品成本中所占的比重较大时，应记入（　　）成本项目中。

A. “直接材料”　　B. “直接人工”

C. “制造费用” D. “燃料及动力”

22. 企业支付外购动力费用时，一般应借记（ ）账户，贷记“银行存款”账户。

A. “应付账款” B. “生产成本”“制造费用”等

C. “预付账款” D. “应收账款”

23. 下列各项中，应计入废品损失的是（ ）。

A. 可修复废品的修复费用

B. 实行“三包”企业的产品出售后发现的废品

C. 产品入库后因保管不善发生而变质的损失

D. 可修复废品返修前的费用

24. 不可修复废品是指（ ）。

A. 技术上不可修复的废品

B. 必须经过修理才可以使用的废品

C. 虽然技术上可修复但所花费的修复费用在经济上不合算的废品

D. A 和 C 均是

25. 某工业企业在生产甲产品的过程中发现一批不可修复废品，该批废品的成本构成为：直接材料 3 200 元，直接人工 4 000 元，制造费用 2 000 元。废品残料计价 500 元已回收入库，应收过失人赔偿款 1 000 元。假定不考虑其他因素，该批废品的净损失为（ ）元。

A. 7 700 B. 8 700 C. 9 200 D. 10 700

26. 单独核算停工损失的企业，对于属于自然灾害导致的停工损失，应计入（ ）。

A. 生产成本 B. 其他应收款 C. 营业外支出 D. 制造费用

27. 下列关于停工损失的表述中，不正确的是（ ）。

A. 应由过失单位或保险公司负担的赔款，应从停工损失中扣除

B. 属于自然灾害造成的停工净损失计入制造费用

C. 对于停工不满一个工作日的，一般不计算停工损失

D. 辅助生产车间一般不单独核算停工损失

28. 甲产品需要经过两道工序加工完成，采用约当产量比例法将直接人工成本在完工产品和月末在产品之间进行分配。各工序单位工时定额为：第一道工序 40 小时，第二道工序 60 小时。为简化核算，假定各工序内在产品完工程度平均为 50%。月末第一道工序在产品 100 件，第二道工序在产品 200 件，月末在产品的约当产量为（ ）件。

A. 120 B. 150 C. 160 D. 140

29. 某企业只生产一种产品，2016 年 10 月 1 日在产品成本 7 万元。10 月份发生如下费用：生产领用材料 12 万元，生产工人工资 4 万元，制造费用 2 万元，管理费用 3 万元，广告费 1.6 万元。月末在产品成本 6 万元。该企业 10 月份完工产品的生产成本为（ ）万元。

A. 16　　B. 18　　C. 19　　D. 23.6

30. 甲公司主要生产产品 A，本月完工 36 件，在产品 20 件，平均完工程度为 70%，共发生生产费用 5 000 万元。采用约当产量法对月末在产品和完工产品的成本进行分配，则完工产品和在产品的成本分别为（　　）万元。

A. 2 000 和 3 000　　B. 1 400 和 3 600

C. 3 600 和 1 400　　D. 3 400 和 1 600

31. 某企业只生产和销售 M 产品，2017 年 6 月 1 日期初在产品成本 7 万元。6 月份发生如下费用：领用材料 12 万元，生产工人工资 4 万元，制造费用 2 万元，行政管理部门物料消耗 3 万元，专设销售机构固定资产折旧费 1.6 万元。月末在产品成本 6 万元。该企业 6 月份完工 M 产品的生产成本为（　　）万元。

A. 18　　B. 19　　C. 16.6　　D. 23.6

32. A 产品需要经过两道工序加工完成，采用约当产量比例法将制造费用在完工产品和月末在产品之间进行分配。A 产品月初在产品和本月发生的制造费用总计 12 800 元。本月完工产品 100 件。月末第一工序在产品 20 件，完成全部工序的 20%;第二工序在产品 40 件，完成全部工序的 60%。月末在产品的制造费用成本为（　　）元。

A. 3 584　　B. 2 800　　C. 10 000　　D. 4 800

33. 某产品经两道工序完成，工时定额分别为 24 小时和 16 小时，各工序在产品在本工序加工程度均为 50%，则第二道工序在产品累计工时定额为（　　）小时。

A. 12　　B. 24　　C. 32　　D. 40

## 二、多选题

1. 品种法的特点包括（　　）。

A. 以产品品种为成本计算对象　　B. 成本计算期与会计报告期一致

C. 不分步计算产品成本　　D. 计算自制半成品成本

2. 适宜采用品种法进行成本计算的企业包括（　　）。

A. 发电厂　　B. 煤矿

C. 粮食加工厂　　D. 玻璃制品厂

3. 品种法的核算程序包括（　　）。

A. 归集和分配各种要素费用

B. 按产品品种开设生产成本明细账

C. 归集和分配辅助生产费用和基本生产车间的制造费用

D. 计算完工产品成本和月末在产品成本

4. 下列各项中，不能直接计入费用的有（　　）。

A. 几种产品负担的制造费用

B. 两种产品共同耗用的原材料费用

C. 只生产一种产品的生产工人工资
D. 车间照明用电费

5. 直接材料分配的方法有（ ）。
A. 产品产量比例法 B. 工时比例分配法
C. 定额耗用量比例法 D. 产品重量比例法

6. 下列项目中属于特殊情况下支付的工资有（ ）。
A. 职工的加班工资 B. 职工休产假期间的工资
C. 职工的副食品价格补贴 D. 职工参加职代会期间的工资

7. 下列奖金中应列入工资总额的有（ ）。
A. 合理化建议奖 B. 增收节支奖
C. 劳动竞赛奖 D. 科学技术进步奖

8. 计算计时工资时，要考虑的因素包括（ ）。
A. 工资标准 B. 出勤记录
C. 缺勤情况及性质 D. 扣发工资的比例或标准

9. 企业分配工资费用，应贷记“应付职工薪酬”账户，借记的账户可能是（ ）。
A. “直接人工成本” B. “管理费用”
C. “制造费用” D. “在建工程”

10. 计提固定资产折旧，应借记的账户可能是（ ）。
A. “基本生产成本” B. “辅助生产成本”
C. “制造费用” D. “固定资产”

11. 下列固定资产中，其折旧额应作为产品成本构成内容的有（ ）。
A. 生产车间房屋 B. 企业管理部门房屋
C. 生产用设备 D. 专设销售机构用卡车

12. 以下各账户归集的支出，最终可能应由产品成本负担的是（ ）。
A. 辅助生产成本 B. 制造费用
C. 待摊费用 D. 预提费用

13. 下列关于交互分配法的表述中正确的有（ ）。
A. 相比直接分配法而言，交互分配法提高了分配的正确性
B. 在对其他受益对象分配之前需在辅助生产车间内部进行分配
C. 交互分配过程中要加上交互分配转入的费用，减去交互分配转出的费用
D. 交互分配后再按提供的劳务量在辅助生产车间以外的各收益单位之间进行分配

14. 分配辅助生产费用的交互分配法，具有的特点包括（ ）。
A. 工作量大 B. 核算工作简单
C. 需要通过两次分配完成 D. 提高了分配的准确性

15. 辅助生产费用的分配方法很多，通常采用的有（　　）。

A. 直接分配法　　B. 交互分配法

C. 代数分配法　　D. 定额比例法

16. 在分配和结转辅助生产费用时，贷记“辅助生产成本”账户，可能借记的账户有（　　）。

A. “基本生产成本”　　B. “制造费用”

C. “辅助生产成本”　　D. “管理费用”

17. 辅助生产车间发生的固定资产折旧费，可能借记的账户有（　　）。

A. “制造费用”　　B. “辅助生产成本”

C. “基本生产成本”　　D. “管理费用”

18. 下列应计入产品成本的生产费用有（　　）。

A. 直接材料　　B. 直接人工

C. 管理费用　　D. 制造费用

19. 制造费用的分配方法有（　　）。

A. 生产工时比例法　　B. 生产工人工资比例法

C. 机器工时比例法　　D. 年度计划分配率法

20. 分配制造费用时，可能借记（　　），贷记“制造费用”。

A. “基本生产成本”　　B. “辅助生产成本”

C. “生产成本”　　D. “管理费用”

21. 下列不属于制造费用核算范围的有（　　）。

A. 车间机器设备的维修费　　B. 车间用房的折旧费

C. 厂部办公楼的折旧费　　D. 直接从事产品生产的生产工人工资

22. “废品损失”账户借方登记的内容有（　　）。

A. 不可修复废品的实际成本　　B. 不可修复废品回收的残料价值

C. 可修复废品的修复费用　　D. 可修复废品返修前的实际成本

23. 可修复废品应具备的条件有（　　）。

A. 只要能修复就行　　B. 在技术上可以修复

C. 在经济上合算　　D. 不必考虑修复费用的多少

24. 下列关于停工损失的说法中，正确的有（　　）。

A. 期末，停工损失中属于自然灾害的部分转入“管理费用”

B. 月末，停工损失有余额

C. 停工期间发生、应列作停工损失的费用记入“停工损失”的借方

D. 辅助生产车间一般不单独核算停工损失

25. 某产品由三道工序加工而成，原材料在每道工序之初投入，各工序的材料消耗定额分别为20千克、30千克和50千克，用约当产量法分配原材料费用时，以下关于各

工序在产品的完工程度，计算正确的有（ ）。

A. 第一道工序完工程度为 20%　　B. 第二道工序完工程度为 50%

C. 第三道工序完工程度为 100%　　D. 第二道工序完工程度为 35%

26. 生产费用在完工产品和在产品之间分配时应该考虑的条件有（ ）。

A. 期末在产品数量的多少

B. 定额管理基础工作的好坏

C. 产品成本中各成本项目所占比重的大小

D. 各期期末在产品数量变化的大小

27. 采用定额比例法分配完工产品和月末在产品费用，应具备的条件有（ ）。

A. 各月末在产品的数量变化较大　　B. 各月末在产品的数量变化不大

C. 消耗定额或成本定额比较稳定　　D. 消耗定额或成本定额波动较大

28. 下列各项中，不应计入产品成本的有（ ）。

A. 基本生产车间管理人员的工资　　B. 专设售后服务网点的职工薪酬

C. 支付的矿产资源补偿费　　D. 企业负担的生产职工养老保险费

29. 如果企业月末在产品数量较大，各月末在产品数量变化也较大，产品成本中原材料费用和工资等其他费用所占比重相差不大，该企业各项消耗定额资料不健全。月末在产品和完工产品之间分配生产费用时，不适宜采用的方法有（ ）。

A. 定额比例法　　B. 约当产量比例法

C. 在产品按固定成本计算法　　D. 在产品按所耗直接材料成本计价法

## 三、判断题

1. 品种法是各种产品成本计算方法的基础。（ ）

2. 单步骤生产都应采用品种法计算产品成本。（ ）

3. 间接生产费用是指需要分配计入产品成本的生产费用。（ ）

4. 按月薪制计算计时工资时，不必考虑当月的日历天数。（ ）

5. 凡是支付给职工和为职工支付的款项都构成企业的职工薪酬。（ ）

6. 企业为职工缴纳的基本养老金补充养老金等属于企业提供的职工薪酬。（ ）

7. 直接人工是指企业全体职工的工资和提取的职工福利费。（ ）

8. 任何情况下，辅助生产的制造费用可以不通过“制造费用（辅助生产）”明细账单独归集，而是直接记入“辅助生产成本”明细账。（ ）

9. 采用按计划成本分配法分配辅助生产费用，可以简化和加速计算分配工作。（ ）

10. 辅助生产费用的交互分配法，是只进行辅助生产车间之间交互分配，不进行对外分配的方法。（ ）

11. 制造费用是为组织和管理生产而发生的各种直接费用。 （ ）

12. 辅助生产车间发生的制造费用可以不通过“制造费用”账户核算。 （ ）

13. 若生产车间只生产一种产品，则该车间发生的制造费用无须列入“制造费用”账户核算。 （ ）

14. 盘亏或毁损的在产品，经批准后均应记入“制造费用”账户。 （ ）

15. 采用按年度计划分配率法分配制造费用，最适合季节性生产的企业车间。 （ ）

# 项目五　分步法的基本原理与应用

分步法

**项目引入**

小王应聘到某企业做成本会计员，财务部门的会计老李向他介绍了本企业的基本情况。该企业大量生产甲产品，甲产品分两个步骤，分别在两个车间进行生产，第一车间生产 B 半成品，第二车间将 B 半成品加工成产成品。企业要求小王计算本月完工的半成品 B 的成本和本月完工产品甲产品的成本。同时，为了加强企业的成本管理，财务部门对各车间生产的半成品均要进行考核。另外，企业管理部门还要对半成品成本情况进行评比和检查。老李问小王：我厂应选择哪种成本计算方法？应如何进行成本核算？

## 任务一　理解分步法的基本原理

**任务导入**

张宁了解到伟业机械公司的乙产品要经过两个加工步骤，其中一车间生产乙半成品，二车间生产乙产成品。财务科长告诉张宁，伟业机械公司乙产品的成本核算方法是分步法。分步法是企业产品成本计算的另外一个重要方法。对于分步法，张宁比较陌生。那么，分步法是怎样的一种成本核算方法？分步法的基本原理是什么？现在我们一起来认识分步法。

### 一、分步法的概念

分步法是指以产品生产步骤和产品品种作为成本计算对象，归集生产费用，计算产品成本的一种方法。采用分步法计算产品成本，应按照产品的生产步骤设置明细账并归集与分配其应承担的生产费用，该过程可以视同品种法的多次使用，也就是说将每一个生产步骤的加工对象都视为一个产品品种并以之为成本计算对象来确认与计量其生产费用。

## 二、分步法的特点

### （一）成本计算对象是各种产品的生产步骤

分步法的成本计算对象是各种产品的生产步骤。

多步骤生产每经过一个加工步骤，便会产出不同的半成品，它们是后面有关步骤的加工对象，也可装配成不同的产成品。因此，采用分步法计算成本时，成本计算对象是各个加工步骤的各种或各类产品，按每个加工步骤的各种或各类产品设置产品基本生产成本明细账。如果企业只生产一种产品，成本计算对象就是该种产品及其所经过的各生产步骤，基本生产成本明细账应按照产品的生产步骤开立。如果企业生产多种产品，成本计算对象则应是各种产成品及其所经过的各生产步骤，按每种产品的各生产步骤开设基本生产成本明细账。

需要注意的是，成本计算划分的步骤与实际的生产步骤不一定完全一致，它根据实际加工步骤结合管理要求加以确定。为简化核算，只对管理上有必要分步计算成本的生产步骤单独开设产品成本明细账，单独计算成本；管理上不要求单独计算成本的生产步骤，则可与其他生产步骤合并设立产品成本明细账，合并计算成本。

### （二）成本计算期为会计报告期

分步法与品种法相同，以会计报告期作为成本计算期。

在大量大批多步骤生产的条件下，原材料连续投入，产品不断地往下移动，生产过程中始终有一定数量的在产品，成本计算只能在每月月底进行，也需要在月末计算完工产品成本，所以成本计算是定期的，成本计算期与生产周期不一致，而与会计报告期一致。

### （三）生产费用在完工产品与在产品之间进行分配

在大量、大批、多步骤生产的企业，产品需经过若干步骤加工才能完工，月末会有较大数量的在产品，并且成本计算按月进行。因此，按加工步骤归集在产品成本明细账中的生产费用，就需要采用适当的分配方法将所归集的生产费用在完工产品与在产品之间进行分配，计算各产品、各生产步骤的完工产品成本和月末在产品成本。

### （四）成本在各生产步骤之间进行结转

与其他成本计算方法不同，分步法计算产品成本时，还需要按照产品品种，结转各步骤成本，这是分步法的一个重要特点。

## 三、分步法的适用范围

分步法适用于大量、大批、多步骤生产的产品，如冶金、纺织、造纸及大量大批生产的机械制造等企业。采用分步法的企业里，生产工艺过程由若干个在技术上可以间断的生产步骤组成，即从原材料投入生产到产成品完成，要经过若干个连续的加工步骤。原材料每经过一个加工步骤，便生产出不同的半成品，上一步骤的半成品是下一步骤的加工对象，直到最后完成加工或装配完成，才生产出产成品。所以在计算产品成本时，不仅要求按照产品品种，而且要求按照生产步骤计算产品成本，以满足企业实行成本分级管理，考核和分析成本计划完成情况的需要。

**概念索引**

分步法

**闯关考验**

简述分步法的特点。

## 任务二　认知逐步结转分步法与平行结转分步法的应用

**任务导入**

张宁在伟业机械公司实习期间，了解到各生产步骤成本的计算和结转方法有多种，所以在选用结转方法上要根据公司的生产工艺过程特点和成本管理对各步骤成本资料的要求，以及对简化成本计算工作的考虑。那么，伟业机械公司的乙产品成本应该如何进行结转呢？

各个企业生产工艺过程的特点和成本管理对各步骤成本资料的要求（是否需要计算半成品成本）不同，以及对简化成本计算工作的考虑，各生产步骤成本的计算和结转采用两种不同方法：逐步结转和平行结转。因此，产品成本计算分步法相应地分为逐步结转分步法和平行结转分步法两种。

### 一、逐步结转分步法

#### （一）逐步结转分步法的含义

逐步结转分步法也称为计算半成品成本的分步法，亦称顺序结转分步法，是按照各个生产步骤逐步计算并结转半成品成本，直到最后一个生产步骤计算出完工产品成本的方法。

成本结转的程序如下：计算第一个加工步骤的半成品成本，然后结转给第二个加工步骤；第二个加工步骤把第一个步骤转来的半成品成本加上本步骤发生的生产费用，计算求得第二个加工步骤的半成品成本，再结转给第三个加工步骤；以此顺序结转累计，直到最后一个加工步骤才能计算出产成品的成本。

逐步结转分步法主要适用于大量、大批、多步骤生产，且在管理上要计算半成品成本资料的企业，尤其是各步骤所产半成品可以作为商品对外销售的企业。例如，钢铁厂的生铁既可以为企业自用，也可以作为商品直接对外销售。

（二）逐步结转分步法的成本核算程序

逐步结转分步法的成本核算程序是，上一步骤所产半产品的成本要随着半成品实物的转移，从上一步骤的成本计算单转入下一步骤相同产品的成本计算单中，逐步计算半成品成本和最后一个步骤的产成品成本。因此，其核算程序要受半成品实物流转程序的制约。半成品实物的流转程序有两种方式，即自制半成品不通过仓库收发和自制半成品通过仓库收发。

1. 自制半成品不通过仓库收发

该种情况的核算程序是各步骤完工的半成品由下一步骤直接领用时，半成品成本在各步骤的成本计算单之间直接结转，不通过半成品库。具体来讲，首先计算第一个加工步骤的半成品成本，然后结转给第二个加工步骤；第二个加工步骤把第一个步骤转来的半成品成本加上本步骤发生的生产费用，计算求得第二个加工步骤的半成品成本，再结转给第三个加工步骤；以此顺序结转累计，直到最后一个加工步骤才能计算出产成品的成本。具体程序如图 5-1 所示。

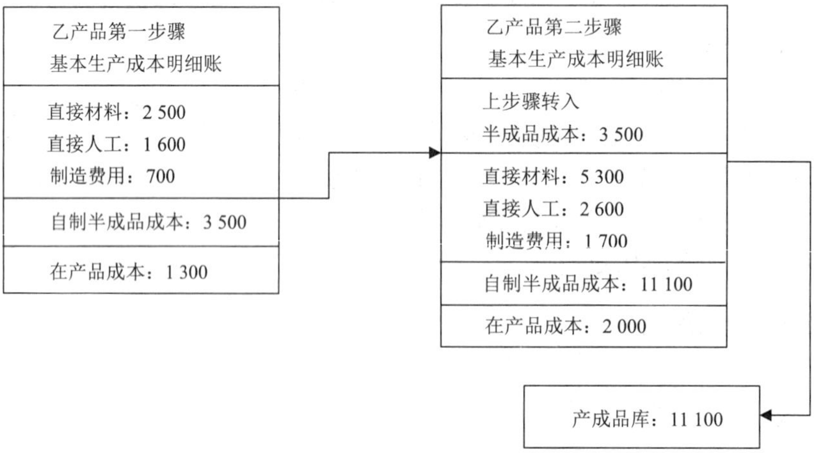


图 5-1　逐步结转分步法的成本核算程序（不通过仓库）（单位：元）

2. 自制半成品通过仓库收发

该种情况的核算程序与自制半成品不通过仓库收发的核算程序基本相同，但最主要的差别就是上步骤完工的半成品不是直接被下一步骤领用，而是要通过半成品库收发，所以就要设置“自制半成品”账户，按半成品的品种、规格设置自制半成品明细账，核算各步骤半成品的收、发、存情况。在验收入库时，应借记“自制半成品”账户，贷记“基本生产成本”账户。在下一步骤领用半成品时，再作相反的会计分录。具体程序如图 5-2 所示。

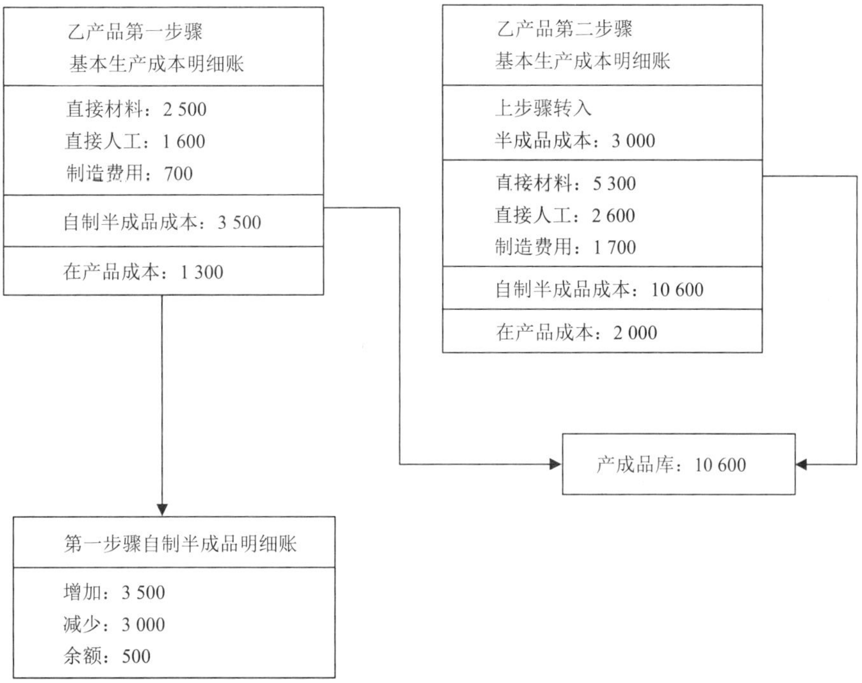


图 5-2　逐步结转分步法的成本核算程序（通过仓库）（单位：元）

综上所述的成本核算程序，逐步结转分步法实际上就是品种法的多次连续应用，即在采用品种法计算上一步骤的半成品成本以后，按照下一步骤耗用数量与发出单价转入下一步骤成本明细账中；下一步骤再一次采用品种法归集所耗半成品的费用和本步骤其他费用，计算其半成品成本；如此逐步结转，直至最后一个步骤计算出产成品成本。这样，通过半成品成本的逐步结转，在最后一个步骤的成本计算单中，即可计算出产成品的成本。

（三）逐步结转分步法的应用

根据半成品成本转入下一步骤的成本在成本计算单中的反映方法不同，逐步结转分步法又可分为分项逐步结转分步法和综合逐步结转分步法。

1. 分项逐步结转分步法的应用

分项逐步结转分步法是指将各生产步骤所耗上一步骤半成品费用，按照成本项目分项转入该步骤产品成本明细账中相应的成本项目。也就是说，各步骤所耗的半成品成本通过成本项目反映。如果半成品通过半成品库收发，那么在自制半成品明细账中登记半成品成本时，也应按照成本项目分别登记。

**【例 5-1】** 甲企业生产 B 产品，分 3 个车间逐步加工，半成品不经半成品仓库收发。B 产品成本计算方法采用逐步结转分步法。各车间发生费用在完工产品和在产品之间的分配采用约当产量法。原材料在生产开始时一次性投入。各车间月末在产品完工率为 50%。

（1）2018 年 3 月各车间有关情况如下。

各车间产量情况统计如表 5-1 所示。

**表 5-1　各车间产量统计资料**

单位：件

| 项目 | 一车间 | 二车间 | 三车间 |
|---|---|---|---|
| 月初在产品 | 20 | 40 | 40 |
| 本月投入 | 220 | 200 | 200 |
| 本月产品 | 200 | 200 | 220 |
| 月末在产品 | 40 | 40 | 20 |

（2）月初在产品成本及本月发生的费用情况如表 5-2 所示。

**表 5-2　月初在产品成本及本月发生费用汇总资料**

单位：元

| 摘要 | 原材料或半成品 | 工资及福利费 | 制造费用 | 合计 |
|---|---|---|---|---|
| 一车间 | | | | |
| 月初在产品成本 | 5 000 | 1 250 | 1 000 | 7 250 |
| 本月发生费用 | 55 000 | 26 250 | 21 000 | 102 250 |
| 二车间 | | | | |
| 月初在产品成本 | 19 000 | 4 000 | 3 000 | 26 000 |
| 本月发生费用 | | 40 000 | 30 000 | 70 000 |
| 三车间 | | | | |
| 月初在产品成本 | 33 000 | 4 000 | 3 000 | 40 000 |
| 本月发生费用 | | 42 000 | 315 000 | 735 000 |

（3）二车间月初在产品成本中的半成品成本为19 000元，其中原材料为10 000元，工资及福利费为5 000元，制造费用为4 000元。三车间月初在产品成本中的半成品成本为33 000元，其中原材料为10 000元，工资及福利费为13 000元，制造费用为10 000元。

（4）计算过程如下。

① 计算和编制一车间成本计算单，如表5-3所示。

**表5-3　产品成本计算单**

一车间

产量：200件　　2018年3月　　单位：元

| 摘要 | 直接材料 | 直接人工 | 制造费用 | 合计 |
|---|---|---|---|---|
| 月初在产品成本 | 5 000 | 1 250 | 1 000 | 7 250 |
| 本月发生生产费用 | 55 000 | 26 250 | 21 000 | 102 250 |
| 生产费用合计 | 60 000 | 27 500 | 22 000 | 109 500 |
| 半成品数量 | 200 | 200 | 200 | |
| 月末在产品约当产量 | 40 | 20 | 20 | |
| 约当总产量 | 240 | 220 | 220 | |
| 分配率 | 250 | 125 | 100 | 475 |
| 半成品成本 | 50 000 | 25 000 | 20 000 | 95 000 |
| 月末在产品成本 | 10 000 | 2 500 | 2 000 | 14 500 |

② 计算和编制二车间成本计算单，如表5-4所示。

**表5-4　产品成本计算单**

二车间

产量：200件　　2018年3月　　单位：元

| 摘要 | 直接材料 | | 直接人工 | | 制造费用 | | 合计 |
|---|---|---|---|---|---|---|---|
| | 上步转入 | 本步发生 | 上步转入 | 本步发生 | 上步转入 | 本步发生 | |
| 月初在产品成本 | 10 000 | | 5 000 | 4 000 | 4 000 | 3 000 | 26 000 |
| 本月发生生产费用 | 50 000 | | 25 000 | 40 000 | 20 000 | 30 000 | 165 000 |
| 生产费用合计 | 60 000 | | 30 000 | 44 000 | 24 000 | 33 000 | 191 000 |
| 半成品数量 | 200 | | 200 | 200 | 200 | 200 | |
| 月末在产品约当产量 | 40 | | 40 | 20 | 40 | 20 | |
| 约当总产量 | 240 | | 240 | 220 | 240 | 220 | |
| 分配率 | 250 | | 125 | 200 | 100 | 150 | 825 |
| 半成品成本 | 50 000 | | 25 000 | 40 000 | 20 000 | 30 000 | 165 000 |
| 月末在产品成本 | 10 000 | | 5 000 | 4 000 | 4 000 | 3 000 | 26 000 |

③ 计算和编制三车间成本计算单，如表 5-5 所示。

表 5-5 产品成本计算单

三车间
产量：220 件　　　　2018 年 3 月　　　　单位：元

| 摘要 | 直接材料 | | 直接人工 | | 制造费用 | | 合计 |
|---|---|---|---|---|---|---|---|
| | 上步转入 | 本步发生 | 上步转入 | 本步发生 | 上步转入 | 本步发生 | |
| 月初在产品成本 | 10 000 | | 13 000 | 4 000 | 10 000 | 3 000 | 40 000 |
| 本月发生费用 | 50 000 | | 65 000 | 42 000 | 50 000 | 31 500 | 238 500 |
| 生产费用合计 | 60 000 | | 78 000 | 46 000 | 60 000 | 34 500 | 278 500 |
| 半成品数量 | 220 | | 220 | 220 | 220 | 220 | |
| 月末在产品约当产量 | 20 | | 20 | 10 | 20 | 10 | |
| 约当总产量 | 240 | | 240 | 230 | 240 | 230 | |
| 分配率 | 250 | | 325 | 200 | 250 | 150 | |
| 产成品成本 | 55 000 | | 71 500 | 44 000 | 55 000 | 33 000 | 258 500 |
| 月末在产品成本 | 5 000 | | 6 500 | 2 000 | 5 000 | 1 500 | 20 000 |

编制会计分录如下：

借：库存商品——B 产品　　258 500

　　贷：生产成本——基本生产成本　　258 500

采用分项逐步结转法逐步结转半成品成本，可以直接、正确地提供按原始成本项目反映的产成品成本资料，便于从整个企业角度考核和分析产品成本计划的执行情况，不需要进行成本还原。因此，这种结转方法一般适用于管理上不要求分别提供各步骤完工产品所耗上步骤费用和本步骤加工费用资料，但要求按原始成本项目反映产品成本的企业。

### 2. 综合逐步结转分步法的应用

综合逐步结转分步法是指各步骤所耗上步骤完工的半成品成本不分成本项目，以一个总数记入该步骤成本计算单中的直接材料或专设的半成品项目。综合结转既可以按照半成品的实际成本结转，也可以按照半成品的计划成本结转。

1）按实际成本结转

**【例 5-2】** 某工业企业 A 产品生产分两个步骤，分别由两个生产车间进行生产。第一车间生产 A 半成品，交半成品仓库验收；第二车间按照所需 A 半成品数量从仓库领用，所耗 A 半成品成本按照加权平均单位成本计算；两个车间的月末在产品都按照定额成本进行计价。有关资料如下：①月初在产品成本、本月发生费用、月末在产品成本、产量已经登记在各车间成本计算单中；②月末结存半成品数量、月初结存半成品成本已经登记在半成品明细账中。

计算过程如下。

（1）计算、编制 A 半成品成本计算单，如表 5-6 所示。

表 5-6　产品成本计算单

第一车间

产量：100 件　　　　2018 年 3 月　　　　单位：元

| 摘要 | 直接材料 | 直接人工 | 制造费用 | 合计 |
|---|---|---|---|---|
| 月初在产品成本 | 3 060 | 2 700 | 4 280 | 10 040 |
| 本月发生生产费用 | 5 080 | 3 010 | 6 600 | 14 690 |
| 生产费用合计 | 8 140 | 5 710 | 10 880 | 24 730 |
| 本月产成品 | 5 040 | 3 110 | 6 480 | 14 630 |
| 月末在产品成本 | 3 100 | 2 600 | 4 400 | 10 100 |

编制会计分录如下：

借：自制半成品——A 半成品　　14 630

　　贷：生产成本——基本生产车间（一车间）　　14 630

（2）计算、编制 A 半成品明细账，如表 5-7 所示。

表 5-7　A 半成品明细账

2018 年 3 月

产品名称：A 半成品　　　　数量单位：件　　　　单位：元

| 摘要 | 收入 | | | 发出 | | | 结存 | | |
|---|---|---|---|---|---|---|---|---|---|
| | 数量 | 单价 | 金额 | 数量 | 单价 | 金额 | 数量 | 单价 | 金额 |
| 期初余额 | | | | | | | 20 | 150.5 | 3 010 |
| 一车间交库 | 100 | 146.3 | 14 630 | | | | | | |
| 二车间领用 | | | | 105 | 147 | 15 435 | 15 | 147 | 2 205 |

加权平均单位成本＝（3 010＋14 630）/（20＋100）＝147（元/件）

本月减少实际成本＝105×147＝15 435（元）

二车间领用 A 半成品，编制会计分录如下：

借：生产成本——基本生产成本（二车间）　　15 435

　　贷：自制半成品——A 半成品　　15 435

（3）计算、编制 A 产成品成本计算单，如表 5-8 所示。

表 5-8　产品成本计算单

第二车间：A 产品

产量：90 件　　　　2018 年 3 月　　　　单位：元

| 摘要 | 直接材料 | 直接人工 | 制造费用 | 合计 |
|---|---|---|---|---|
| 月初在产品成本 | 5 980 | 1 345 | 2 805 | 10 130 |

续表

| 摘要 | 直接材料 | 直接人工 | 制造费用 | 合计 |
|---|---|---|---|---|
| 本月发生生产费用 | 15 435 | 2 800 | 5 925 | 24 160 |
| 生产费用合计 | 21 415 | 4 145 | 8 730 | 34 290 |
| 本月产成品 | 15 335 | 2 900 | 6 015 | 24 250 |
| 月末在产品成本 | 6 080 | 1 245 | 2 715 | 10 040 |

编制会计分录如下：

借：库存商品——A 产品　　24 250

　贷：生产成本——基本生产成本（二车间）　　24 250

为了从整个企业角度考核和分析产品成本的构成和水平，还应将综合结转算出的产成品成本进行成本还原。成本还原有两种方法，一种是按各步骤耗用自制半成品的总成本占上一步骤完工自制半成品总成本的比重还原，另一种是按自制半成品各成本项目占全部成本的比重还原。

依例 5-2 资料，在第二车间成本计算单中，本月产成品成本 24 250 元，所耗上一生产步骤半成品成本合计 15 335 元，应该按照第一车间成本计算单中本月所产该半成品成本合计 14 630 元的各成本项目比例进行还原，计算按照原始成本项目反映的产成品成本。

成本还原计算程序如下。

第一，计算还原分配率：

$$还原分配率=15\ 335/14\ 630=1.048\ 2$$

第二，计算、编制还原分配表，如表 5-9 所示。

**表 5-9　还原分配表**

产量：90 件　　2018 年 3 月　　单位：元

| 项目 | 还原前<br>产成品成本 | 本月所产<br>半成品成本 | 产成品成本中<br>半成品成本还原 | 还原后<br>产成品成本 |
|---|---|---|---|---|
| 还原分配率 | | | 1.048 2 | |
| 半成品 | 15 335 | | 15 335 | |
| 原材料 | | 5 040 | 5 282.87 | 5 282.87 |
| 工资及福利费 | 2 900 | 3 110 | 3 259.87 | 6 159.87 |
| 制造费用 | 6 015 | 6 480 | 6 792.26 | 12 807.26 |
| 合计 | 24 250 | 14 630 | 0 | 24 250.00 |

2）按计划成本结转

各步骤所耗用上一步骤自制半成品的成本可以按计划成本计价，其他成本项目的计算同实际成本综合结转。具体而言，自制半成品的日常收发均按计划单位成本核算，月末在自制半成品实际成本计算出来后，再计算自制半成品的成本差异率，将所耗半成品的计划成本调整为实际成本。为了便于分析上一步骤自制半成品成本差异对本步骤成本水平的影响，可按照所耗自制半成品的计划成本和成本差异分别登记。成本计算单中的“半成品”项目，要分设“计划成本”“成本差异”“实际成本”3 栏。

表 5-10 和表 5-11 为采用此方法结转时自制半成品明细账的格式及产品成本明细账。

**表 5-10　自制半成品明细账**

半成品名称：乙成品　　　　2018 年 2 月　　　　计划单位成本：146 元

| 月初余额 | | | 本月增加 | | 合计 | | | | | 本月减少 | | | |
|---|---|---|---|---|---|---|---|---|---|---|---|---|---|
| 数量 | 计划成本 | 实际成本 | 数量 | 计划成本 | 实际成本 | 数量 | 计划成本 | 实际成本 | 成本差异 | 差异率 | 数量 | 计划成本 | 实际成本 |
| ① | ② | ③ | ④ | ⑤ | ⑥ | ⑦ | ⑧ | ⑨ | ⑩=⑨-⑧ | ⑪=⑩/⑧ | ⑫ | ⑬ | ⑭=⑬×（1+⑪） |
| 60 | 8 760 | 8 700 | 240 | 35 040 | 36 000 | 300 | 43 800 | 44 700 | 900 | 2.1% | 250 | 36 500 | 36 576.65 |

**表 5-11　产品成本明细账**

产品名称：乙半成品　　　　单位：元

| 产量 | 半成品 | | | 直接人工 | 制造费用 | 合计 |
|---|---|---|---|---|---|---|
| | 计划成本 | 成本差异 | 实际成本 | | | |
| 240 | 35 040 | 960 | 36 000 | 5 280 | 9 120 | 50 400 |

## 二、平行结转分步法

### （一）平行结转分步法的含义与成本核算程序

平行结转分步法也称为不计算半成品成本法，是指各加工步骤不计算半成品成本及各步骤所耗的上一步骤的半产品成本，只计算本步骤发生的直接材料、直接人工、制造费用，以及这些费用中应计入产成品成本的份额，并将其平行汇总，以此计算出该产品成本的方法。这种方法适用于大量、多步骤、装配式生产的企业，此类企业各生产步骤半成品种类比较多，成本管理上一般也不要求计算半成品成本，半成品也不对外销售或者对外销售的很少，采用此方法可以简化和加速成本计算工作。

平行结转分步法的成本核算程序如图 5-3 所示。

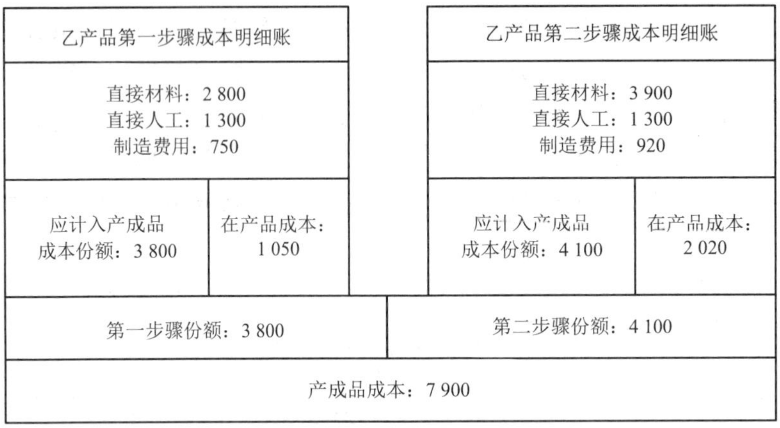


图 5-3　平行结转分步法的核算程序（单位：元）

（二）平行结转分步法的应用

**【例 5-3】**　某企业生产的乙产品，原材料在开始一次投入，各车间完工产品成本和在产品成本之间费用分配采用约当产量比例法（月末在产品完工程度为 50%）。2018 年 2 月份各车间有关产量和成本资料如下。

（1）产量记录如表 5-12 所示。

**表 5-12　产量记录**

单位：件

| 项目 | 第一车间 | 第二车间 |
|---|---|---|
| 月初在产品数量 | 200 | 120 |
| 本月投产量 | 600 | 700 |
| 本月完工结转数量 | 700 | 600 |
| 月末在产品数量 | 100 | 220 |

（2）根据第一车间有关的成本资料，登记本车间产品成本计算单，计算乙半成品成本，如表 5-13 所示。

**表 5-13　产品成本计算单**

第一车间：乙半成品　　2018 年 2 月　　单位：元

| 项目 | 直接材料 | 直接人工 | 制造费用 | 合计 |
|---|---|---|---|---|
| 期初生产费用 | 30 000 | 6 700 | 8 200 | 44 900 |
| 本月发生费用 | 62 000 | 8 090 | 9 200 | 79 290 |
| 合计 | 92 000 | 14 790 | 17 400 | 124 190 |

续表

| 项目 | 直接材料 | 直接人工 | 制造费用 | 合计 |
|---|---|---|---|---|
| 约当产量合计 | 920 | 870 | 870 | |
| 单位成本 | 100 | 17 | 20 | 137 |
| 计入产成品份额 | 60 000 | 10 200 | 12 000 | 82 200 |
| 月末在产品成本 | 32 000 | 4 590 | 5 400 | 41 990 |

（3）根据第二车间的成本资料，登记本车间产品成本计算单，计算乙产品成本，如表 5-14 所示。

表 5-14　产品成本计算单

第二车间：乙产品　　2018 年 2 月　　单位：元

| 项目 | 直接材料 | 直接人工 | 制造费用 | 合计 |
|---|---|---|---|---|
| 期初生产费用 | | 10 300 | 12 180 | 22 480 |
| 本月发生费用 | | 24 650 | 25 450 | 47 100 |
| 合计 | | 31 950 | 37 630 | 69 580 |
| 约当产量合计 | | 710 | 710 | |
| 单位成本 | | 45 | 53 | |
| 计入产成品份额 | | 27 000 | 31 800 | 58 800 |
| 月末在产品成本 | | 4 950 | 5 830 | 10 780 |

（4）根据第一车间和第二车间成本计算单，平行汇总产成品成本，如表 5-15 所示。

表 5-15　乙产品成本计算单

2018 年 2 月

| 车间 | 产量/件 | 直接材料/元 | 直接人工/元 | 制造费用/元 | 合计/元 |
|---|---|---|---|---|---|
| 第一车间 | 600 | 60 000 | 10 200 | 12 000 | 82 200 |
| 第二车间 | 600 | | 27 000 | 31 800 | 58 800 |
| 合计 | 600 | 60 000 | 37 200 | 43 800 | 141 000 |
| 单位成本 | | 100 | 62 | 73 | 235 |

**概念索引**

逐步结转分步法　分项逐步结转分步法　综合逐步结转分步法　平行结转分步法

**闯关考验**

（1）简述逐步结转分步法的成本核算程序。

（2）简述平行结转分步法的成本核算程序。

**能力测验**

伟华公司生产甲产品，生产过程分为 3 个步骤，上一步骤完工的半成品不通过半成品库收发，直接转给下一步骤继续进行加工；各步骤的在产品采用约当产量法按实际成本计算，直接材料在第一步骤生产开始时一次投入，各步骤在产品的完工程度均为 50%。该公司 2018 年 3 月有关产量记录和成本资料如表 5-16 和表 5-17 所示。

**表 5-16　产量记录**

单位：件

| 项目 | 第一步骤 | 第二步骤 | 第三步骤 |
|---|---|---|---|
| 月初在产品成本 | 8 | 12 | 10 |
| 本月投产数量 | 76 | 72 | 76 |
| 本月完工数量 | 72 | 76 | 80 |
| 月末在产品数量 | 12 | 8 | 6 |

**表 5-17　成本资料**

单位：元

| 成本项目 | 月初在产品成本 | | | | 本月生产费用 | | | |
|---|---|---|---|---|---|---|---|---|
| | 步骤 1 | 步骤 2 | 步骤 3 | 合计 | 步骤 1 | 步骤 2 | 步骤 3 | 合计 |
| 直接材料或半成品 | 64 | 180 | 200 | 444 | 608 | | | |
| 直接人工 | 8 | 18 | 40 | 66 | 148 | 222 | 292 | 662 |
| 制造费用 | 90 | 25 | 50 | 165 | 300 | 135 | 157.5 | 592.5 |
| 合计 | 162 | 223 | 290 | 675 | 1056 | | | |

要求：采用逐步结转分步法，计算甲产品的生产成本，并编制相关会计分录。

# 思考与练习五

思考与练习五

## 一、单选题

1. 采用分步法计算产品成本时，应按照产品的（　　）设立生产成本明细账。
   A. 生产批别　　B. 生产步骤和品种
   C. 生产车间　　D. 成本项目

2. 分步法适用于（　　）。

A. 少量、多步骤生产的产品　　B. 大量、单步骤生产的产品

C. 大量、大批、多步骤生产的产品　　D. 大量、大批、单步骤生产的产品

3. 某种产品由三个生产步骤产成，采用逐步结转分步法计算成本。本月第一生产步骤转入第二生产步骤的生产费用为 2 300 元，第二生产步骤转入第三生产步骤的生产费用为 4 100 元。本月第三生产步骤发生的费用为 2 500 元（不包括上一生产步骤转入的费用），第三生产步骤月初在产品费用为 800 元，月末在产品费用为 600 元。本月该种产品的产成品成本为（　　）元。

A. 10 900　　B. 6 800　　C. 6 400　　D. 2 700

4. 需要进行成本还原的分步法是（　　）。

A. 平行结转分步法　　B. 分项逐步结转法

C. 综合逐步结转法　　D. 逐步结转分步法

5. 采用平行结转分步法计算产品成本时，不论半成品是否在各生产步骤间直接转移，还是通过半成品库收发，其总分类核算（　　）。

A. 均不通过“自制半成品”账户进行

B. 均通过“自制半成品”账户进行

C. 均在“基本生产成本”明细账内部转账

D. 均设“库存半成品”

## 二、多选题

1. 下列企业中，一般采用分步法进行产品成本核算的有（　　）。

A. 采掘企业　　B. 纺织企业　　C. 修理厂　　D. 冶金企业

2. 在实际工作中，由于成本管理的要求不同，分步法在结转各步骤成本时，又分为（　　）。

A. 逐步结转分步法　　B. 平行结转分步法

C. 综合结转法　　D. 分项结转法

3. 广义在产品包括（　　）。

A. 正在加工的在产品

B. 加工告一段落留存在半成品库的半成品

C. 已完工尚未验收入库、销售的产成品

D. 加工告一段落留存在以后各步骤的半成品

4. 下列各种分步法中，不必进行成本还原的有（　　）。

A. 平行结转分步法　　B. 分项逐步结转分步法

C. 综合逐步结转分步法　　D. 逐步结转分步法

5. 采用逐步结转分步法时，半成品成本的计算和结转，可以采用（　　）。

A. 综合结转法　　B. 逐步结转分步法
C. 分项结转法　　D. 平行结转分步法

## 三、判断题

1. 分步法中作为成本计算对象的生产步骤，应当与产品的加工步骤一致。（　）

2. 采用逐步结转分步法，半成品成本的结转与半成品实物的转移是不一致的。（　）

3. 在平行结转分步法下，各步骤在产品成本与在产品实物量不相一致。（　）

4. 采用平行结转分步法，每一生产步骤的生产成本要在最终完工产品与本步骤尚未加工完成的在产品之间进行分配。（　）

5. 分步法分为逐步结转分步法和平行结转分步法，采用平行结转分步法不需要进行成本还原。（　）

# 项目六　分批法的基本原理与应用

**项目引入**

青山服装厂是当地一家信用度高、社会评价优质的小型服装厂，2017 年 3 月份陆续接到当地各中小学校的校服定制订单，随即开始组织生产。订单情况如表 6-1 所示。

表 6-1　青山服装厂订单情况

| 学校名称 | 款式标准 | 订单下达日期 | 订单数量/套 | 完工日期要求 |
|---|---|---|---|---|
| 金华小学 | A 款 | 2017 年 3 月 12 日 | 450 | 2017 年 8 月 31 日 |
| 太行小学 | B 款 | 2017 年 4 月 20 日 | 300 | 2017 年 8 月 31 日 |
| 逸夫小学 | A 款 | 2017 年 4 月 20 日 | 500 | 2017 年 8 月 31 日 |
| 双语中学 | C 款 | 2017 年 4 月 15 日 | 550 | 2017 年 6 月 30 日 |
| 逸夫中学 | D 款 | 2017 年 6 月 10 日 | 400 | 2017 年 7 月 31 日 |

青山服装厂对上述不同规格要求、不同开工日期及完工日期的订单必须及时组织生产，保质保量按期交工，以满足不同学校的学生对校服的需求，那么青山工厂对上述订单该如何组织生产呢？是采用品种法，还是分批法或分步法？

## 任务一　认知分批法的基本原理及应用

**任务导入**

王慧慧到一家小型服装厂进行财务工作实习，她的主要工作是帮助成本会计进行该厂的成本核算。王慧慧首先对该厂生产经营特点和工艺过程进行了解，该厂主要承接当地各类学校的校服制作，管理上不要求分步计算产品成本，成本计算方法采用分批法。

那么，分批法的成本核算过程是怎样的？下面我们一起来学习吧。

## 一、分批法的概念

分批法是按照产品批别归集生产费用、计算产品成本的一种方法。产品批别在成批组织生产的企业或车间中，是按照一定品种、一定批量产品划分的。实际上，产品的品种和批量往往根据客户的订单确定，因此也称订单法。

## 二、分批法的特点

### 1. 成本计算对象

分批法成本计算对象为产品批别（订单或生产通知单）。计算成本时需开设产品成本计算单或设置基本生产成本明细账。

产品批别一般根据客户的订单确定，但产品的批别与订单并不完全相同。根据客户的要求和生产组织的需要，一张订单可分成多个批别组织生产，几张相同产品的订单也可合为一批组织生产。

### 2. 成本计算期

分批法成本计算期不固定。一般来说，与各批产品的生产周期一致，与会计报告期一致。

### 3. 生产费用在完工产品与期末在产品之间的分配

分批法一般不需要进行完工产品与在产品成本的分配。

（1）对于单件生产，月末不需要进行完工产品与在产品成本的分配。

（2）对于小批生产，若批内产品都能同时完工，月末不需要进行完工产品与在产品成本的分配；小批生产，若批内产品跨月陆续完工，月末部分产品已完工，部分尚未完工，则需要进行完工产品与在产品成本的分配。

**小贴士**

若批内产品跨月陆续完工的情况较多，月末批内完工产品的数量占全部批量的比重较大，则生产费用在完工产品与在产品成本之间的分配，应相应采用定额比例法、约当产量法、在产品按定额成本计价法等方法。

若批内产品跨月陆续完工的情况不多，可采用简便的分配方法，即按计划单位成本、定额单位成本或最近一期相同产品的实际单位成本计算完工产品成本。在该批产品全部完工时，应计算该批产品的实际总成本和实际单位成本；对于已经转账的完工产品成本，不作账目调整。

## 三、分批法的适用范围

分批法主要适用于单件、小批生产的企业，如船舶制造企业、重型机械制造企业、精密仪器制造企业、专用设备生产企业等，也可用于一般制造企业中新产品试制生产、设备修理作业或辅助生产的工具模具制造。

简而言之，分批法适用于小批、单件、单步骤生产或管理上不需分步计算成本的多步骤产品的生产。

## 四、分批法成本计算的一般程序

1. 按批别开设成本明细账

会计部门根据生产计划部门下达的生产任务通知单规定的产品批号，为每批产品开设基本生产成本明细账。明细账账页上既要注明批号，也要列明产品名称。

2. 归集与分配生产费用

对于各批产品直接耗用的材料费用、人工费用，按批号直接汇总记入各批产品成本明细账；而将发生的间接费用按照一定的标准在各批次产品之间进行分配，分别计入有关批次的产品成本。

3. 计算完工产品成本

根据各批产品成本计算单，月末计算完工批别成本明细账中所归集的费用，计算完工产品的实际总成本和单位成本；月末各批未完工产品成本明细账中归集的生产费用即为月末在产品成本；若月末有部分完工、部分未完工，要采用适当的方法在完工产品和月末在产品之间分配费用。

由于分批法下，批内产品跨月陆续完工的情况不多，因此，在跨月陆续完工的情况下，月末计算完工产品成本时，可采用计划成本、定额成本或最近时期相同产品的实际成本对完工产品进行计价的简易方法计算，等到全部产品完工时，再计算该批产品实际的总成本和单位成本。

## 五、分批法的应用

**【例 6-1】** 某单件小批多步骤生产的企业，生产甲、乙、丙 3 种产品，采用分批法计算成本，原材料是在第一车间生产开始时一次投入，该企业设有两个基本生产车间。

1. 业务资料

（1）月初在产品成本。07 批甲产品 11 月份的成本费用分别为：直接材料 10 500 元，直接人工 18 900 元，制造费用 6 050 元。

（2）本月生产情况。08 批乙产品于本月投产 15 件，本月全部完工验收入库。09 批丙产品本月投产 10 台，全部未完工。

① 本月发生费用：08 批乙产品耗用材料 40 500 元，09 批丙产品耗用材料 9 500 元。

② 12 月份的直接人工费用资料如表 6-2 所示。

**表 6-2 直接人工费用资料**

单位：元

| 项目 | 一车间 | 二车间 |
|---|---|---|
| 07 批产品 | 9 900 | 4 000 |
| 08 批产品 | 4 950 | 5 010 |
| 09 批产品 | 3 300 | 3 750 |

③ 12 月份制造费用资料：一车间 5 500 元，二车间 6 120 元。制造费用按生产工时比例在各批产品之间进行分配。

（3）计算完工产品的要求。该厂对单内跨月陆续完工的产品，月末计算成本时，对完工产品按计划成本转出，待全部完工后再重新计算完工产品实际总成本和单位成本。本例中 07 批产品甲产品 11 月末完工 10 台，按计划成本结转，其中原材料计划单位成本 500 元，工资计划单位成本 950 元，制造费用计划成本 300 元。

（4）各批产品的生产情况如表 6-3 所示。

**表 6-3 各批产品的生产情况**

| 产品批号 | 产品名称 | 开工日期 | 批量/台 | 完工产量/台 | | 本月耗用工时/小时 | |
|---|---|---|---|---|---|---|---|
| | | | | 11 月 | 12 月 | 一车间 | 二车间 |
| 07 | 甲 | 11 月 | 20 | 10 | 10 | 3 000 | 1 600 |
| 08 | 乙 | 12 月 | 15 | | 15 | 1 500 | 2 000 |
| 09 | 丙 | 12 月 | 10 | | | 1 000 | 1 500 |

2. 成本计算程序

（1）分配各批产品需负担的制造费用（表 6-4）。

**表 6-4 制造费用分配表**

2017 年 12 月

| 产品批别 | 一车间 | | | 二车间 | | | 金额合计/元 |
|---|---|---|---|---|---|---|---|
| | 工时/小时 | 分配率 | 金额/元 | 工时/小时 | 分配率 | 金额/元 | |
| 07 批号 | 3 000 | | 3 000 | 1 600 | | 1 920 | 4 920 |
| 08 批号 | 1 500 | | 1 500 | 2 000 | | 2 400 | 3 900 |

续表

| 产品批别 | 一车间 | | | 二车间 | | | 金额合计/元 |
|---|---|---|---|---|---|---|---|
| | 工时/小时 | 分配率 | 金额/元 | 工时/小时 | 分配率 | 金额/元 | |
| 09 批号 | 1 000 | | 1 000 | 1 500 | | 1 800 | 2 800 |
| 合计 | 5 500 | 1 | 5 500 | 5 100 | 1.2 | 6 120 | 11 620 |

（2）根据分配结果，登记各批产品基本生产成本明细账。

① 登记 07 产品基本生产成本明细账，如表 6-5 所示。

**表 6-5　基本生产成本明细账**

批号：07 产品　　　　开工日期：2017 年 11 月

产品名称：甲　　　　完工日期：2017 年 12 月

完工数量：20 台

| 日期 | 凭证号数 | 摘要 | 直接材料 | 直接人工 | 制造费用 | 合计 |
|---|---|---|---|---|---|---|
| 11 月 30 日 | 略 | 11 月份成本合计 | 10 500 | 18 900 | 6 050 | 35 450 |
| 11 月 30 日 | | 完工 10 台转出成本 | 5 000 | 9 500 | 3 000 | 17 500 |
| 11 月 30 日 | | 11 月末在产品成本 | 5 500 | 9 400 | 3 050 | 17 950 |
| 12 月 31 日 | | 一车间成本分配 | | 9 900 | 3 000 | 12 900 |
| 12 月 31 日 | | 二车间成本分配 | | 4 000 | 1 920 | 5 920 |
| 12 月 31 日 | | 12 月成本合计 | | 13 900 | 4 920 | 18 820 |
| 12 月 31 日 | | 12 月完工 10 台转出成本 | 5 500 | 23 300 | 7 970 | 36 770 |
| 12 月 31 日 | | 20 台累计成本 | 10 500 | 32 800 | 10 970 | 54 270 |
| | | 单位成本 | 525 | 1 640 | 548.5 | 2 713.5 |

11 月末按照计划成本转出完工产品成本计算如下：

完工产品材料费用转出＝10×500＝5 000（元）

完工产品人工费用转出＝10×950＝9 500（元）

完工产品制造费用转出＝10×300＝3 000（元）

完工产品成本＝5 000＋9 500＋3 000＝17 500（元）

编制会计分录如下：

借：库存商品——甲产品　　　　17 500

　　贷：生产成本——甲产品　　　　17 500

12 月末重新计算甲产品完工产品成本如下：

完工产品材料费用转出＝10 500（元）

完工产品人工费用转出＝18 900＋13 900＝32 800（元）

完工产品制造费用转出＝6 050＋4 920＝10 970（元）

12 月份转出完工产品成本＝(10 500－5 000)＋(32 800－9 500)＋(10 970－3 000)

＝36 770（元）

编制会计分录如下：

借：库存商品——甲产品　　36 770

　贷：生产成本——甲产品　　36 770

② 登记 08 产品基本生产成本明细账，如表 6-6 所示。

**表 6-6　基本生产成本明细账**

开工日期：2017 年 12 月

批号：08 产品　　完工日期：2017 年 12 月

产品名称：乙　　完工数量：15 台

| 日　期 | 凭证号数 | 摘要 | 直接材料 | 直接人工 | 制造费用 | 合计 |
|---|---|---|---|---|---|---|
| 12 月 31 日 | 略 | 一车间费用分配 | 40 500 | 4 950 | 1 500 | 46 950 |
| 12 月 31 日 | 略 | 二车间费用分配 | | 5 010 | 2 400 | 7 410 |
| 12 月 31 日 | | 生产费用合计 | 40 500 | 9 960 | 3 900 | 54 260 |
| 12 月 31 日 | | 转出完工产品成本 | 40 500 | 9 960 | 3 900 | 54 360 |
| | | 单位成本 | 2 700 | 664 | 260 | 3 624 |

编制会计分录如下：

借：库存商品——乙产品　　54 360

　贷：生产成本——乙产品　　54 360

③ 登记 09 产品基本生产成本明细账，如表 6-7 所示。

**表 6-7　基本生产成本明细账**

开工日期：2017 年 12 月

批号：09 产品　　完工日期：2017 年 12 月

产品名称：丙　　完工数量：10 台

| 日期 | 凭证号数 | 摘要 | 直接材料 | 直接人工 | 制造费用 | 合计 |
|---|---|---|---|---|---|---|
| 12 月 31 日 | 略 | 一车间费用分配 | 9 500 | 3 300 | 1 000 | 13 800 |
| 12 月 31 日 | | 二车间费用分配 | | 3 750 | 1 800 | 5 550 |
| 12 月 31 日 | | 12 月累计成本 | 9 500 | 7 050 | 2 800 | 19 350 |

## 概念索引

分批法

## 闯关考验

简述分批法的成本核算一般程序。

# 任务二　认知简化分批法的基本原理及应用

简化分批法

**任务导入**

王慧慧在进行成本核算实习的过程中，发现该厂同一时期内投产的产品批数较多，而完工产品的批数较少，采用现行的一般分批法核算成本，间接计入费用在各批产品之间分配的工作比较繁重。于是，王慧慧向财务经理建议：能否采用简化的分批法进行成本核算？

## 一、简化分批法的含义

简化分批法又称为间接费用累计分批法、不分批计算在产品成本的分批法。采用这种方法对每月发生的间接费用，不是按月在各批产品之间进行分配而是将其先累计在基本生产成本二级账上，到各批产品完工时，按照完工产品累计工时的比例再进行分配，即采用累计分配率来分配间接计入费用。简而言之，简化分批法就是将间接计入费用在各批产品之间的分配工作与其在完工产品与月末在产品之间的分配工作结合起来。

简化分批法适用于同一月份投产的产品批数很多，且月末完工批数较多的企业。该法的优点是可以简化生产费用的分配和登记工作，简化成本核算，但是如果月末未完工的批数较少，则不宜采用此法。另外，在各月的间接费用发生额相差悬殊的情况下也不适合采用，否则会影响到各月成本计算的准确性。

## 二、简化分批法的内容

### 1. 成本账户的设置

在按批别设置产品成本明细账的同时，设置基本生产成本二级账，对不同批别产品发生的生产费用、生产工时登记入账。

### 2. 不分批计算在产品成本

在各批产品完工之前，产品成本明细账内只按月登记直接计入费用（如直接材料）和生产工时。每月发生的各项间接计入费用（包括直接人工、制造费用等），不是按月在各批产品之间进行分配，而是先通过基本生产成本二级账进行归集，按成本项目累计起来，仅在有产品完工的月份，按照完工产品累计生产工时的比例，在各批完工产品之间进行分配。对未完工的在产品则不分配间接计入费用。

3. 间接计入费用的分配方法

对各批完工产品分配间接计入费用，一般按完工产品累计生产工时比例分配。相关计算公式为

全部产品累计间接费用分配率＝全部产品累计该项间接费用/全部产品累计工时

某批产品应负担的该项间接费用＝该批完工产品累计工时×该项间接费用累计分配率

## 三、简化分批法的成本核算程序

简化分批法的成本核算程序包括以下几个方面。

（1）根据生产任务通知单设立多张基本生产成本明细账，并设置基本生产成本二级账。根据材料费用分配表和生产工时记录等将各批别耗用的材料费和耗用的工时记入各成本明细账和二级账。

（2）根据其他费用要素分配表，将人工费用和制造费用记入基本生产成本二级账。

（3）月终，将基本生产成本二级账中直接材料费用和生产工时与成本明细账中直接材料费用和生产工时核对。

（4）月终，如有完工产品，计算累计间接费用分配率，并据此分配间接费用，登记基本生产成本明细账。

## 四、简化分批法的应用

**【例 6-2】** 某厂属于小批生产，采用简化的分批法计算成本。

2018 年 4 月份生产情况如下。

（1）4 月初在产品成本：101 批号，直接材料 3 750 元；102 批号，直接材料 2 200 元；103 批号，直接材料 1 600 元。4 月初直接人工 1 725 元，制造费用 2 350 元。

（2）月初在产品耗用累计工时：101 批号 1 800 小时；102 批号 590 小时；103 批号 960 小时。

（3）本月发生的工时和直接材料如表 6-8 所示。

表 6-8 某厂 2018 年 4 月发生的工时和直接材料

| 产品名称 | 批号 | 批量/件 | 投产日期 | 完工日期 | 本月发生工时/小时 | 本月发生直接材料/元 |
|---|---|---|---|---|---|---|
| 甲 | 101 | 10 | 2 月 | 4 月 | 450 | 250 |
| 乙 | 102 | 5 | 3 月 | 4 月 | 810 | 300 |
| 丙 | 103 | 4 | 3 月 | 6 月 | 1 640 | 300 |
| 合计 | | | | | 2 900 | 850 |

（4）本月发生的各项间接费用为：直接人工 1 400 元，制造费用 2 025 元。

要求：根据上述资料，登记基本生产成本明细账和产品成本明细账，计算完工产品成本。

成本计算程序如下。

（1）登记基本生产成本明细账，如表 6-9 所示。

表 6-9　基本生产成本明细账

| 2018 年 | | 摘要 | 生产工时 | 直接材料 | 直接人工 | 制造费用 | 合计 |
|---|---|---|---|---|---|---|---|
| 月 | 日 | | | | | | |
| 3 | 31 | 累计发生 | 3 350 | 7 550 | 1 725 | 2 350 | 11 625 |
| 4 | 30 | 本月发生 | 2 900 | 850 | 1 400 | 2 025 | 4 275 |
| 4 | 30 | 累计发生数 | 6 250 | 8 400 | 3 125 | 4 375 | 15 900 |
| | | 累计间接费用分配率 | | | 0.5 | 0.7 | |
| | | 本月完工成本转出 | 3 650 | 6 500 | 1 825 | 2 555 | 10 880 |
| | | 月末在产品 | 2 600 | 1 900 | 1 300 | 1 820 | 5 020 |

职工薪酬累计分配率＝3 125/6 250＝0.5（元/小时）

制造费用累计分配率＝4 375/6 250＝0.7（元/小时）

（2）计算并登记各批产品的产品成本明细账。

① 登记 101 批产品的产品明细账，如表 6-10 所示。

表 6-10　产品成本明细账

投产日期：2 月

批号：101　　　　完工日期：4 月

产品名称：甲产品　　　　产量：10 件

| 2018 年 | | 摘要 | 生产工时 | 直接材料 | 直接人工 | 制造费用 | 合计 |
|---|---|---|---|---|---|---|---|
| 月 | 日 | | | | | | |
| 3 | 31 | 累计发生 | 1 800 | 3 750 | | | |
| 4 | 30 | 本月发生 | 450 | 250 | | | |
| 4 | 30 | 累计发生数 | 2 250 | 4 000 | | | |
| | | 累计间接费用分配率 | | | 0.5 | 0.7 | |
| | | 完工产品应负担间接费用 | | | 1 125 | 1 575 | 2 700 |
| | | 本月完工成本转出 | 2 250 | 4 000 | 1 125 | 1 575 | 6 700 |
| | | 月末在产品 | | 400 | 112.5 | 157.5 | 670 |

甲产品 4 月份全部完工，生产工时合计 2 250 小时。

甲产品材料费用＝期初余额＋本期发生额＝3 750＋250＝4 000（元）

甲产品人工费用分配率＝甲产品生产工时合计×职工薪酬费用分配率

＝2 250×0.5＝1 125（元）

甲产品制造费用分配率＝甲产品生产工时合计×制造费用分配率

＝2 250×0.7＝1 575（元）

甲产品完工产品成本＝4 000＋1 125＋1 575＝6 700（元）

② 登记 102 批产品的产品成本明细账如表 6-11 所示。

**表 6-11　产品成本明细账**

投产日期：3 月

批号：102　　　　完工日期：4 月

产品名称：乙　　　　产量：5 件

| 2018 年 | | 摘要 | 生产工时 | 直接材料 | 直接人工 | 制造费用 | 合计 |
|---|---|---|---|---|---|---|---|
| 月 | 日 | | | | | | |
| 3 | 31 | 累计发生 | 590 | 2 200 | | | |
| 4 | 30 | 本月发生 | 810 | 300 | | | |
| 4 | 30 | 累计发生数 | 1 400 | 2 500 | | | |
| | | 累计间接费用分配率 | | | 0.5 | 0.7 | |
| | | 完工产品应负担间接费用 | | | 700 | 980 | 1 680 |
| | | 本月完工成本转出 | 1 400 | 2 500 | 700 | 980 | 4 180 |
| | | 月末在产品 | | 500 | 140 | 196 | 836 |

乙产品 4 月份全部完工，生产工时合计 1 400 小时。

乙产品材料费用＝期初余额＋本期发生额＝2 200＋300＝2 500（元）

乙产品人工费用分配率＝乙产品生产工时合计×职工薪酬费用分配率

＝1 400×0.5＝700（元）

乙产品制造费用分配率＝乙产品生产工时合计×制造费用分配率

＝1 400×0.7＝980（元）

乙产品完工产品成本＝2 500＋700＋980＝4 180（元）

③ 登记 103 批产品的产品成本明细账，如表 6-12 所示。

**表 6-12　产品成本明细账**

投产日期：3 月

批号：103　　　　完工日期：6 月

产品名称：丙　　　　产量：4 件

| 2018 年 | | 摘要 | 生产工时 | 直接材料 | 直接人工 | 制造费用 | 合计 |
|---|---|---|---|---|---|---|---|
| 月 | 日 | | | | | | |
| 3 | 31 | 累计发生 | 960 | 1 600 | | | |
| 4 | 30 | 本月发生 | 1 640 | 300 | | | |

丙产品本月没有完工数。

编制会计分录如下：

借：库存商品——甲产品　　6 700

　　　　　　——乙产品　　4 180

　　贷：生产成本——甲产品　　6 700

　　　　　　　　——乙产品　　4 180

**概念索引**

简化分批法

**闯关考验**

简述简化分批法的成本核算程序。

**能力测验**

某企业采用简化分批法核算成本，2017 年 10 月生产资料如表 6-13 所示。

表 6-13　某企业 2017 年 10 月生产资料

| 产品名称 | 批号 | 批量/件 | 投产日期 | 完工状态 | 月初累计工时/小时 | 月初直接材料/元 |
| --- | --- | --- | --- | --- | --- | --- |
| 甲 | 3021 | 20 | 9 月 3 日 | 完工 | 3 200 | 40 000 |
| 乙 | 3022 | 50 | 9 月 6 日 | 未完工 | 3 200 | 20 000 |
| 丙 | 3023 | 25 | 9 月 10 日 | 未完工 | 2 800 | 3 000 |
| 丁 | 3024 | 30 | 9 月 15 日 | 未完工 | 4 000 | |
| 合计 | | | | | 13 200 | 63 000 |

（1）月初在产品人工费用 33 000 元，制造费用 26 500 元。

（2）本月发生直接材料费用 18 000 元，全部为 3024 批次丁产品所耗用，本月发生人工费用 12 000 元，制造费用 3 500 元，实际生产工时为 5 000 小时，其中 3021 批次 1 000 小时，3022 批次 2 000 小时，3023 批次 1 200 小时，3024 批次 800 小时。

要求：试采用简化分批法正确核算该企业产品成本。

# 思考与练习六

思考与练习六

## 一、单选题

1. 分批法适用的生产组织形式是（　　）。

A. 大量生产　　B. 成批生产
C. 单件生产　　D. 单件、小批生产

2. 采用简化的分批法，分配间接计入费用并计算登记该批完工产品的成本是在（　　）。

A. 月末时　　B. 季末时
C. 年末时　　D. 有产品完工时

3. 某企业采用分批法计算产品成本。6 月 1 日投产甲产品 5 件，乙产品 3 件；6 月 15 日投产甲产品 4 件，乙产品 4 件，丙产品 3 件；6 月 26 日投产甲产品 6 件。该企业 6 月份应开设产品成本明细账的张数是（　　）。

A. 3 张　　B. 5 张　　C. 4 张　　D. 6 张

4. 产品成本计算的分批法又称为（　　）。

A. 简化分批法　　B. 定额法
C. 订单法　　D. 累计间接费用分配率法

5. 下列关于分批法的表述中，不正确的是（　　）。

A. 成本核算对象是产品的批别
B. 产品成本计算期与产品生产周期基本一致
C. 存在在完工产品和期末在产品之间分配成本的问题
D. 适用于单件、小批生产企业

## 二、多选题

1. 下列企业类型中，可以采用分批法进行成本核算的是（　　）。

A. 造船企业　　B. 重型机器制造企业
C. 采掘企业　　D. 精密仪器制造企业

2. 简化分批法的适用条件有（　　）。

A. 月末未完工的批次较多　　B. 各月直接费用的水平相差不大
C. 各月间接费用的水平相差不大　　D. 月末未完工的批数较少

3. 分批法一般适用于（　　）。

A. 小批生产类型的企业　　B. 新产品试制
C. 工业性修理作业　　D. 辅助生产的工具模具制造

4. 分批法和品种法的主要区别是（　　）。

A. 成本计算对象　　B. 成本计算期
C. 生产周期　　D. 会计核算期

5. 采用简化分批法，基本生产成本二级账与产品成本明细账可以逐月核对的项目有（　　）。

A. 月末在产品原材料项目的余额

B. 月末在产品工资及福利费项目的余额

C. 月末在产品制造费用项目的余额

D. 月末在产品生产工时项目的余额

## 三、判断题

1. 分批法成本核算期与产品生产周期一致。（　　）

2. 在采用分批法核算产品成本的企业，应按批别设置制造费用明细账。（　　）

3. 简化分批法在各月间接费用水平相差悬殊的情况下可以采用，在月末未完工产品的批数不多的情况下也可以采用，不影响计算的准确性。（　　）

4. 分批法是按照产品的生产步骤归集生产费用，计算产品成本的一种方法。（　　）

5. 采用累计间接费用分配法，在间接费用水平相差悬殊的情况下会影响成本计算的准确性。（　　）

# 模块四

# 产品成本核算的辅助方法

## 知识目标

了解产品成本核算辅助方法，如分类法、定额法的特点及适用范围；掌握分类法、定额法成本核算程序及实际应用；了解联产品和副产品的成本核算。

## 技能目标

能根据企业生产特点和管理要求选择成本核算方法；能分别使用成本核算辅助方法进行产品成本的核算；能够对企业联副产品的成本进行核算。

## 重点及难点

成本核算的分类法；成本核算定额法的实质及计算方法。

## 基本内容

项目七　成本核算辅助方法

项目八　联产品、副产品和等级产品的成本核算

# 项目七　成本核算辅助方法

**项目引入**

成本核算辅助方法是指不能单独进行产品成本核算而必须与品种法或分批法或分步法结合使用的成本核算方法，如分类法、定额法等。成本核算辅助方法作为基本方法的补充运用，可以有效解决一些企业因品种繁多、生产工艺特殊而带来成本核算工作繁重的问题，简化成本核算。

## 任务一　学习分类法

**任务导入**

李宁到青山工厂实习，发现该厂生产的产品规格品种很多，若采用品种法进行产品成本核算，工作量将很繁重。李宁了解到该厂生产的产品在原材料的选择上比较单一，只是生产工艺上有所不同。工厂财务科长告诉李宁，青山工厂使用的成本计算方法是分类法。那么，分类法是怎样的一种成本核算方法？成本计算程序怎样？现在我们一起来认识分类法。

### 一、分类法的概念

成本核算的分类法是指先按照产品的类别归集生产费用，计算出各种类别产品的生产总成本后，再按照一定的标准分配计算同一类别内各种产品成本的一种成本核算辅助方法。

### 二、分类法的特点

1. 分类法是成本核算基本方法的辅助方法

分类法不是一种独立的成本核算基本方法，它要根据各类产品的生产工艺特点和管理要求，与品种法、分批法、分步法相结合。核算成本时先按照品种法等基本方法计算出类别产品总成本后，再根据分类法把类别总成本在同类各产品之间进行分配。例如，当其与品种法结合使用时，即把某类产品视为某一品种产品；当其与分批法结合使用时，即把某一类产品视为某批产品；当其与分步法结合使用时，即把某一类产品视为某一生产步骤产品等。

2. 分类法成本核算周期依其所结合使用的成本核算基本方法而定

分类法只是成本核算辅助方法，对于成本核算周期如何确定、生产费用是否要在完工产品和月末在产品之间分配等问题，都依其所结合使用的成本核算基本方法而定。因此，当分类法与品种法、分步法结合使用时，产品成本核算周期与会计报告期一致，而与生产周期不一致；当它与分批法结合使用时，产品成本核算周期与会计报告期不一致，而与生产周期一致。

3. 分类法成本核算对象为产品的类别

分类法按照产品成本类别设置产品成本明细账，按类别归集生产费用。类内不同品种（或规格）产品的成本按照一定的方法分配确定。因此，企业采用分类法，首先应当按照生产工艺特点或耗用的原材料类别的不同，确定大类，按类别设置明细账，按类别归集生产费用，计算大类产品总成本。然后按照合理的分配标准，在大类产品之间进行费用的分配，计算出各种产品成本。

## 三、分类法的核算程序

分类法的核算程序包括以下几个方面。

（1）以产品类别为成本核算对象，设置生产成本明细账，归集生产费用，计算出每类产品的总成本。

（2）将每类产品的生产费用在该类完工产品与月末在产品之间进行分配。

（3）采用适当的方法将各类完工产品成本在该类各种不同规格的产品中进行分配，计算出类内各产品的总成本和单位成本。

## 四、分类法分类标准及分配标准的选择

在分类法下，产品的分类和分配标准（或系数）的选定是否适当，是一个关键的问题。在产品的分类上，应以所耗原材料和工艺过程是否相近为标准。在对产品分类时，类距既不能定得过小，使成本工作计算复杂化；也不能定得过大，影响成本计算的正确性。分配标准的选择是分类法正确计算各品种、规格产品成本的关键，类内各种产品成本的分配标准应遵循简便、合理的原则。分类法在选择分配标准时可采用定额成本、计划成本、售价等经济指标，也可以采用产品的重量、体积、长度等技术指标。类内各完工产品成本的分配方法有系数分配法和定额比例法。

## 五、分类法的适用范围

分类法的优点是简化成本的计算工作；缺点是计算结果具有一定的假定性。

分类法主要适用于产品的品种规格繁多，并且可以按照一定要求和标准划分类别的企业。分类法是成本核算辅助方法，与企业的生产类型没有直接的联系，也就是说它可以应用于各种生产类型的企业，但有一个前提是这些企业的产品要能够按照一定的标准分类，否则分类法就无法使用。

分类法还适用于工业企业的联产品、副产品，以及某些等级产品、零星产品的成本核算。

## 六、分类法的应用

### （一）分类法之系数分配法

系数分配法简称系数法，是运用系数分配计算类内各规格产品成本的一种方法。系数是指各规格产品之间的比例关系。在确定系数时，先选定某一产品作为标准产品，将其系数设定为“1”，其他各种产品的分配标准与标准产品的分配标准相比，其比率即为其他产品的系数。

#### 1. 系数分配法的步骤

（1）确定标准产品。选择一种产量大、生产比较稳定或规格折中的产品作为标准产品，将其分配标准额的系数定为 1。

（2）计算其他产品系数。其计算公式为

某种产品的系数＝该种产品的分配标准数额/标准产品的分配标准数额

（3）计算各种产品总系数。其计算公式为

各种产品的总系数（或某产品相当于标准产品的产量）

＝该种产品的实际产量×该产品的系数

（4）计算某项费用分配率。其计算公式为

$$某项费用分配率=\frac{类内各种产品共同耗用的某费用总额}{类内各种产品总系数之和}$$

（5）计算类内各种产品应分配的费用。其计算公式为

类内某种产品应分配费用＝该种产品的总系数×某费用分配率

#### 2. 系数分配法的应用

**【例 7-1】** 青山工厂的产品规格较多，成本计算采用分类法，按其所耗原材料的工艺过程的不同把 201、202、203、204、205 产品划分为甲类产品，以品种法作为计算甲

类产品成本的基本方法。

计算过程如下。

（1）计算甲类产品成本。运用品种法计算甲类产品成本，如表 7-1 所示。

**表 7-1　甲类产品成本**（品种法）

单位：元

| 项目 | 直接材料 | 直接人工 | 制造费用 | 合计 |
|---|---|---|---|---|
| 月初在产品成本 | 20 000 | 4 000 | 3 000 | 27 000 |
| 本月发生费用 | 100 000 | 30 000 | 22 000 | 152 000 |
| 生产费用合计 | 120 000 | 34 000 | 25 000 | 179 000 |
| 本月完工产品成本 | 100 000 | 31 875 | 23 375 | 155 250 |
| 月末在产品成本 | 20 000 | 2 125 | 1 625 | 23 750 |

（2）计算类内各种产品成本。

① 确定标准产品：203 产品为标准产品，系数为 1。

② 计算各种产品的单位系数，如表 7-2 所示。

**表 7-2　青山工厂产品系数计算表**

产品：甲类产品　　2017 年度使用　　编号：01

| 产品名称 | 材料消耗定额 | 系数工时 | 消耗定额 | 系数 |
|---|---|---|---|---|
| 201 产品 | 3.00 | 3.00/2.50＝1.2 | 0.70 | 0.70/0.5＝1.4 |
| 202 产品 | 2.75 | 2.75/2.50＝1.1 | 0.60 | 0.60/0.5＝1.2 |
| 203 产品 | 2.50 | 1 | 0.50 | 1 |
| 204 产品 | 2.00 | 2.22/2.50＝0.8 | 0.45 | 0.45/0.5＝0.9 |
| 205 产品 | 1.75 | 1.75/2.50＝0.7 | 0.40 | 0.40/0.5＝0.8 |

③ 计算各种产品的总系数，如表 7-3 所示。

**表 7-3　青山工厂产品总系数计算表**

| 产品名称 | 产品产量 | 材料 | | 工时 | |
|---|---|---|---|---|---|
| | | 系数 | 总系数 | 系数 | 总系数 |
| 201 产品 | 5 000 | 1.2 | 6 000 | 1.4 | 7 000 |
| 202 产品 | 4 000 | 1.1 | 4 400 | 1.2 | 4 800 |
| 203 产品 | 21 400 | 1.0 | 21 400 | 1.2 | 21 400 |
| 204 产品 | 5 000 | 0.8 | 4 000 | 0.9 | 4 500 |
| 205 产品 | 6 000 | 0.7 | 4 200 | 0.8 | 4 800 |
| 合计 | | | 40 000 | | 42 500 |

④ 计算各种产品的总成本和单位成本，如表 7-4 所示。

表 7-4 青山工厂产品成本计算表

产品：甲类产品　　　　金额单位：元

| 产品名称 | 产品产量 | 材料总系数 | 材料分配金额 | 工时总系数 | 人工费用分配金额 | 制造费用分配金额 | 产品总成本 | 单位成本 |
|---|---|---|---|---|---|---|---|---|
| 分配率 | | | 2.5 | | 0.75 | 0.55 | | |
| 201 产品 | 5 000 | 6 000 | 15 000 | 7 000 | 5 250 | 3 850 | 24 100 | 4.82 |
| 202 产品 | 4 000 | 4 400 | 11 000 | 4 800 | 3 600 | 2 640 | 17 240 | 4.31 |
| 203 产品 | 21 400 | 21 400 | 53 500 | 21 400 | 16 050 | 11 770 | 81 320 | 3.80 |
| 204 产品 | 5 000 | 4 000 | 10 000 | 4 500 | 3 375 | 2 475 | 15 850 | 3.17 |
| 205 产品 | 6 000 | 4 200 | 10 500 | 4 800 | 3 600 | 2 640 | 16 740 | 2.79 |
| 合计 | | 40 000 | 100 000 | 42 500 | 31 875 | 23 375 | 155 250 | |

（二）分类法之定额比例法

1. 定额比例法的概念

定额比例法是运用定额分配计算类内各规格产品成本的一种方法。

2. 定额比例法的应用

**【例 7-2】** 建民五金厂设有一个基本生产车间，生产甲、乙两大类产品，每类产品有几种不同的产品。根据生产特点，采用分类法归集生产费用，结合定额比例法计算成本。同类产品生产费用的归集采用品种法。

（1）建民五金厂 2017 年 10 月份甲类产品的成本资料如表 7-5 所示。

表 7-5 产品成本计算单

类别：甲　　　　2017 年 10 月　　　　金额单位：元

| 2017 年 | | 摘要 | 成本项目 | | | |
|---|---|---|---|---|---|---|
| 月 | 日 | | 直接材料 | 直接人工 | 制造费用 | 合计 |
| 10 | 1 | 月初在产品成本 | 160 000 | 35 000 | 44 000 | 239 000 |
| 10 | 31 | 本月发生生产费用 | 480 000 | 85 000 | 100 000 | 665 000 |
| | | 合计 | 640 000 | 120 000 | 144 000 | 904 000 |

（2）建民五金厂甲类产品完工产品数量及单位定额如表 7-6 和表 7-7 所示。

表 7-6 甲类产品完工产品数量及成本

| 产品名称 | 数量/只 | 材料定额成本/元 | 定额工时/小时 |
|---|---|---|---|
| A 产品 | 3 000 | 70 | 15 |
| B 产品 | 4 500 | 60 | 20 |
| C 产品 | 1 500 | 100 | 20 |

要求：采用定额比例法计算类内各完工产品成本。

表 7-7 产品产量及定额计算表

类别：甲　　2017 年 10 月

| 产品名称 | 数量/只 | 材料定额成本/元 | | 定额工时/小时 | |
|---|---|---|---|---|---|
| | | 单位成本 | 合计 | 单位工时 | 合计 |
| A 产品 | 3 000 | 70 | 210 000 | 15 | 45 000 |
| B 产品 | 4 500 | 60 | 270 000 | 20 | 90 000 |
| C 产品 | 1 500 | 100 | 150 000 | 20 | 30 000 |
| 小计 | | | 630 000 | | 165 000 |
| 期末在产品 | | | 170 000 | | 75 000 |
| 合计 | | | 800 000 | | 240 000 |

根据上述资料，计算甲类各种产品成本，如表 7-8 所示。

表 7-8 产品成本计算单

类别：甲　　2017 年 10 月　　单位：元

| 2017 年 | | 摘要 | 直接材料 | | 定额工时 | 直接人工 | 制造费用 | 合计 |
|---|---|---|---|---|---|---|---|---|
| 月 | 日 | | 定额成本 | 实际成本 | | | | |
| 10 | 1 | 月初在产品成本 | | 160 000 | | 35 000 | 44 000 | 239 000 |
| 10 | 31 | 本月发生生产费用 | | 480 000 | | 85 000 | 100 000 | 665 000 |
| | | 合计 | 800 000 | 640 000 | 240 000 | 120 000 | 144 000 | 904 000 |
| | | 分配率 | | 0.8 | | 0.5 | 0.6 | |
| | | 月末在产品成本 | 170 000 | 136 000 | 75 000 | 37 500 | 45 000 | 218 500 |
| | | 产成品成本 | 630 000 | 504 000 | 165 000 | 82 500 | 99 000 | 685 500 |
| | | 其中： | | | | | | |
| | | A 产品 | 210 000 | 168 000 | 45 000 | 22 500 | 27 000 | 217 500 |
| | | B 产品 | 270 000 | 216 000 | 90 000 | 45 000 | 54 000 | 315 000 |
| | | C 产品 | 150 000 | 120 000 | 30 000 | 15 000 | 18 000 | 153 000 |

**概念索引**

分类法　系数分配法　定额比例法

**闯关考验**

（1）简述分类法的含义。
（2）简述分类法的成本核算程序。
（3）简述系数分配法的步骤。

# 任务二　学习定额法

**任务导入**

张兴在兴业工厂进行成本核算的实习工作。在实习过程中，张兴发现该厂定额管理制度比较严格，事前对各产品制定了合理的消耗定额、费用定额和成本定额，产品成本核算采用定额法，但是在生产过程中，实际发生的成本经常脱离了现行的定额，从而产生差异。这个差异在成本核算中是如何调整的呢？

## 一、产品成本计算定额法的概念

产品成本计算的定额法，是以产品定额成本为基础，加上或减去脱离定额的差异、材料成本差异及定额变动差异，来计算产品实际成本的方法。采用定额法计算产品成本，可以及时地反映和监督产品成本脱离定额成本的状况。

定额法的基本原理是在实际发生费用时，将其划分为定额成本与定额差异两部分分类归集，并分析产生差异的原因，及时反馈，月终以产品定额成本为基础，加减所归集和分配的定额成本差异、定额变动差异、材料成本差异，求得产品实际成本。

产品实际成本是由定额成本、脱离定额差异和定额变动差异 3 个因素组成：

产品实际成本＝产品定额成本＋（或－）脱离定额差异＋（或－）定额变动差异

### 1. 定额成本

定额成本是根据企业现行材料消耗定额、工时定额、费用定额及其他有关资料计算的一种目标成本。它既是计算实际产品成本的基础，也是进行成本控制和成本考核的依据。

2. 脱离定额差异

脱离定额差异是指产品生产过程中各项实际发生的费用脱离现行定额的差异。它反映了企业各项生产费用支出的合理程度及现行定额制定合理程度。

3. 材料成本差异

材料成本差异也是产品生产费用脱离定额的一部分。原材料项目的脱离定额差异，只包括其量差（即消耗数量的差异），计算金额为原材料消耗数量差异与其计划单位成本的乘积；原材料成本差异（价差）单独核算，它计算的是产品成本应负担的材料成本差异，计算金额为按计划单位成本和材料实际消耗量计算的材料总成本与材料成本差异率的乘积。之所以这样做，是因为在定额法下，材料日常核算都是按计划成本进行的，即原材料的定额成本和脱离定额差异都是按材料的计划成本核算的，因此，月末必须计算产品应负担的材料成本差异。

4. 定额变动差异

定额变动差异是指由于修订定额而产生的新旧定额之间的差异，它反映的是定额自身变动的结果；新定额的执行一般从月初开始，这样，当月投入的生产费用在计算其脱离定额差异时一般都按新标准执行，但月初在产品一般是按旧定额计算的。所以，月初在产品的生产费用和本月发生的生产费用就产生了定额标准不一致的现象，为了调整月初在产品定额成本，必须先计算月初在产品的定额变动差异。定额变动差异主要是指月初在产品由于定额变动产生的差异。

定额法并非一种基本成本核算方法，它是在品种法、分步法、分批法的基础上，运用一种特殊汇集费用的技术核算产品成本的方法。采用此方法核算产品成本，能及时揭示差异，提供有关成本形成动态的各种信息，有助于促使企业控制和节约费用。

## 二、定额法的特点

定额法的特点有以下几点。

（1）事前制定产品的各项定额标准。由于定额法以产品的定额成本为基础来计算产品的实际成本，因此，构成产品定额成本的各项内容都应事前制定好，如各项消耗定额及费用定额，以它们为依据计算出定额成本。

（2）当生产费用发生时，将其划分为定额成本部分和脱离定额差异部分，分别编制凭证和核算，及时反映实际生产费用脱离的程度。

（3）产品实际成本的核算是在定额成本的基础上加减各种成本差异。由于定额法的计算基础是定额成本，在实际费用发生时，一般将其按定额成本和定额差异两大类进行汇集、分析，月终以完工产品定额成本为基础，加减完工产品所汇集和分配的定额成本差异、定额变动差异、材料成本差异，求得完工产品实际成本。

## 三、定额法的适用范围

定额法主要适用于定额管理工作的基础比较好，定额管理的制度比较健全，产品的生产已经定型，各项消耗定额比较准确、稳定的大量大批生产类型的企业。

## 四、定额法的成本核算程序

### （一）计算产品定额成本

产品的定额成本一般由企业的财会部门会同企业计划、技术、生产等部门共同制定。例如，机械制造企业的产品一般由许多零件、部件构成，如果零件、部件不多，一般可以先计算各种零件、部件的定额成本，最后汇总计算产成品的定额成本。如果零件、部件比较多，为了简化成本计算工作，可以不逐一计算各种零件的定额成本，而是根据列有各种零件原材料消耗定额和工时定额的零件定额卡，以及原材料计划单价、计划小时工资率和计划小时费用率，计算各部件的定额成本，再汇总计算产成品的定额成本，或者根据零件定额卡、部件定额卡直接计算产品定额成本。其计算公式为

某产品直接材料定额成本＝该产品直接材料定额消耗量×材料计划单价

某产品直接人工定额成本＝该产品定额工时×计划小时工资率

某产品制造费用定额成本＝该产品定额工时×计划小时费用率

某产品的定额成本＝该产品的直接材料定额成本＋直接人工定额成本＋制造费用定额成本

产品的定额成本与企业的计划成本不同，虽然两种成本的计算基础都是定额，但是各自依据用以进行计算的定额不尽相同。计划成本所依据的消耗定额是计划期内的平均消耗定额，即计划定额，其在计划期内通常是不变的；而定额成本所依据的消耗定额是现行定额，是企业在当前的生产技术经济条件下，各项消耗所应当达到的标准。随着生产技术的进步，劳动生产率的提高，现行定额是在变化的。定额成本主要用于企业内部的成本控制、分析和考核，它能反映企业目前应达到的成本水平，而计划成本的主要用途是进行成本考核，为企业进行经济预测和决策提供资料。

**【例 7-3】** 假设某工厂大量生产的甲、乙、丙 3 种产品，采用定额法计算产品成本，产品定额成本根据零件定额卡、部件定额卡直接计算，如表 7-9 和表 7-10 所示。

**表 7-9　零件定额卡**

零件编号：201　　2017 年 4 月　　零件名称：A

| 材料名称、编号 | 计量单位 | 材料消耗定额 |
|---|---|---|
| 1301 | 千克 | 4 |

续表

| 材料名称、编号 | 计量单位 | 材料消耗定额 |
|---|---|---|
| 工序 | 工时定额/小时 | 累计工时定额 |
| 1 | 2 | 2 |
| 2 | 4 | 6 |

**表 7-10 部件定额卡**

部件编号：200　　2017 年 4 月　　单位：元

| 所用部件名称或编号 | 所用部件数量 | 材料定额成本 | | | | | | | 工时定额/小时 |
|---|---|---|---|---|---|---|---|---|---|
| | | 1301 | | | 1302 | | | 金额合计 | |
| | | 数量 | 计划单价 | 金额 | 数量 | 计划单价 | 金额 | | |
| 201 | 3 | 12 | 5 | 60 | | | | 60 | 18 |
| 202 | 2 | | | | 8 | 4 | 32 | 32 | 12 |
| 装配 | | | | | | | | | 4 |
| 合计 | | | | 60 | | | 32 | 92 | 34 |

| 定额成本项目 | | | | | 定额成本合计 |
|---|---|---|---|---|---|
| 原材料 | 直接人工 | | 制造费用 | | |
| | 计划工资率 | 金额 | 计划费用率 | 金额 | |
| 92 | 0.95 | 32.3 | 2 | 68 | 192.3 |

在部件定额成本计算表中，部件的材料消耗定额和工时定额，按零件定额卡中所列每一零件的材料消耗定额和工时定额，分别乘以部件所用零件的数量计算，部件的直接人工和制造费用定额按部件的工时定额，分别乘以计划工资率和计划费用率计算。

（二）计算脱离定额差异

要加强生产费用的日常控制，必须进行脱离定额差异的日常核算及时分析差异发生的原因，确定差异的责任，并且适时选择措施进行处理。为此，在发生生产费用时，应该分别核算符合定额的费用和脱离定额的差异，并在有关费用分配表和基本生产明细账，产品成本计算单中分别予以登记。产品定额成本应当按照企业规定的成本项目制定，脱离定额的差异也应当按照成本项目分别核算。

脱离定额的差异根据成本项目可以分为直接材料脱离定额的差异、直接人工脱离定额的差异和制造费用脱离定额的差异 3 个部分。

1. 直接材料脱离定额差异的计算

在各项成本项目中，原材料费用，包括自制半成品费用，一般占有较大的比重，而

且属于直接计入费用，因而有必要在费用发生的当时就按产品核算定额费用和脱离定额的差异加强控制。相关计算公式为

直接材料脱离定额差异＝实际产量×（单位产品实际材料耗用量
－单位产品定额材料耗用量）×计划单价

或

直接材料脱离定额差异＝（实际耗用材料数量－实际产量）
×单位产品定额材料耗用量×材料计划单价

限额领料制度下，若车间本月领用的材料当月并未消耗用完，则会出现本月领用材料的定额差异与当月实际耗用材料的定额差异不相一致的情况。此时，车间里就会有未耗用而结存下来的材料。因此，还需要计算本月的材料实际耗用量。相关计算公式为

本期直接材料实际耗用量＝期初结存材料数量＋本期领用材料数量
－期末结存材料数量

**【例 7-4】** 假定限额领料单规定的产品数量为 2 000 件，每件产品的原材料消耗定额为 5 千克，则领料限额为 10 000 千克；本月实际领料 9 500 千克。

本月投产产品数量符合限额领料单规定的产品数量，即 2 000 件。且期初期末均无余料，则少领 500 千克的领料差异就是用料脱离定额的节约差异。

本期投产产品的数量为 2 000 件，但车间期初余料为 100 千克，期末余料为 110 千克。则原材料实际消耗量为 9 490 千克（100＋9 500－110），材料脱离定额差异为－510 千克（9 490－10 000）（节约）。

产品数量为 1 800 件，车间期初余料为 100 千克，期末余料为 110 千克，则原材料脱离定额差异为 490 千克（100＋9 500－110－1 800×5）（超支）。

由此可见，只有本期投入产品的数量的原材料消耗定额与限额领料单规定的数量相一致，且车间月初、本月均无余料或期初、期末余料数量相等时，领料差异才是用料脱离定额的差异。

2. 直接人工脱离定额差异的计算

1）计件工资制度下，直接人工脱离定额差异的计算

在计件工资制度下，直接人工脱离定额差异的计算与原材料脱离定额差异的计算类似。因为在计件单价不变的情况下，按计件单价计算的生产工人工资及提取的福利费属于直接计入费用，是符合定额的人工费用部分，即定额工资部分，应该反映在产量记录中；在计件单价以外支付的奖金、津贴、补贴等没有在产量记录中反映的工资部分，就是人工费用的脱离定额差异，通常单独反映在专设的工资补付单等差异凭证中，并说明差异原因，以便分析。

2）在计时工资制度下，直接人工脱离定额差异的计算

在计时工资制度下，直接人工费用属于间接计入费用，其脱离定额的差异不能在平

时按照产品直接计算，只有在月末确定了实际直接人工费用总额和实际生产工时总额之后才能计算。其计算公式为

$$计划小时工资率=\frac{计划产量的定额直接人工费用}{计划产量的定额生产工时}$$

$$实际小时工资率=\frac{实际直接人工费用总额}{实际生产总工时}$$

某产品定额直接人工费用＝该产品实际产量定额生产工时×计划小时工资率

某产品实际直接人工费用＝该产品实际产量实际生产工时×实际小时工资率

某产品直接人工脱离定额的差异＝该产品实际直接人工费用－某产品定额直接人工费用

在定额法下，不论采用哪种工资形式，都应根据上述核算资料，按照成本计算对象汇总编制定额生产工资和脱离定额差异汇总表（表 7-11）。在表中汇总反映产品的定额工资、实际工资、工资脱离定额的差异及其产生的原因（在计时工资形式下，还应汇总反映各种产品工时脱离定额的情况）等资料，以考核和分析各种产品工资定额的执行情况，据以计算产品的工资费用。

**表 7-11 直接人工费用定额和脱离定额差异汇总表**

2017 年 4 月　　单位：元

| 产品名称 | 直接人工定额费用 | | | 实际人工费用 | | | 脱离定额差异 |
|---|---|---|---|---|---|---|---|
| | 定额工时 | 计划小时工资率 | 定额工资 | 实际工时 | 实际小时工资率 | 实际工资 | |
| A 产品 | 17 000 | | 68 000 | 17 500 | | 78 750 | 10 750 |
| B 产品 | 11 000 | | 44 000 | 12 000 | | 54 000 | 10 000 |
| C 产品 | 12 000 | | 48 000 | 12 500 | | 56 250 | 8 250 |
| 合计 | 40 000 | 4 | 160 000 | 42 000 | 4.5 | 189 000 | 29 000 |

3. 制造费用脱离定额差异的计算

制造费用一般属于间接计入费用。在日常核算时，不能在费用发生的当时按照产品直接确定费用脱离定额的差异，而只能根据月份的费用预算，按照费用发生的车间、部门和费用项目脱离定额预算的差异，据以控制和监督费用的发生。对于制造费用中能够按照一定标准制定限额进行控制的一些项目，如辅助材料费用等，可以采用限额领料单、超额领料单等定额凭证和差异凭证来规定限额，比照材料的核算方法进行脱离定额差异的计算。对于其他不能采用日常核算方法来计算其差异的费用项目，应定期将费用预算和实际费用进行比较予以考虑。

各种产品应负担的制造费用脱离定额的差异，只有等到月末实际费用分配给各产品以后，才能以其实际费用与定额费用相比较加以确定。其计算确定方法，与计时工资脱离定额差异的计算确定方法类似，也是由工时差异和单位小时分配率差异两个因素组成的

（见表 7-12）。其计算公式为

$$计划小时制造费用率=\frac{计划制造费用总额}{计划产量的定额生产工时总数}$$

$$实际小时制造费用率=\frac{实际制造费用总额}{产品实际生产工时总数}$$

某产品的定额制造费用＝该产品实际产量定额生产工时×计划小时制造费用率

某产品的实际制造费用＝该产品实际产量实际生产工时×实际小时制造费用率

某产品制造费用脱离定额的差异＝该产品实际制造费用－该产品定额制造费用

**表 7-12　制造费用定额和脱离定额差异汇总表**

2017 年 4 月　　单位：元

| 产品名称 | 制造费用定额费用 | | | 制造费用实际费用 | | | 脱离定额差异 |
|---|---|---|---|---|---|---|---|
| | 定额工时 | 计划小时费用率 | 定额费用 | 实际工时 | 实际小时费用率 | 实际费用 | |
| A 产品 | 17 000 | | 34 000 | 17 500 | | 43 750 | 9 750 |
| B 产品 | 11 000 | | 22 000 | 12 000 | | 30 000 | 8 000 |
| C 产品 | 12 000 | | 24 000 | 12 500 | | 31 250 | 7 250 |
| 合计 | 40 000 | 2 | 80 000 | 42 000 | 2.5 | 105 000 | 25 000 |

（三）计算材料成本差异

采用定额法计算产品成本，企业的材料核算应当按照计划成本进行。因此，日常所发生的原材料费用，包括原材料的定额费用和定额差异，都是按照计划单位成本进行计算的。原材料定额成本是定额消耗量乘以计划单价计算的，原材料的定额差异是消耗量差异乘以计划单价计算的。也就是说，上述的原材料定额差异，是按照计划单位成本计算出的反映原材料消耗在数量上的一种差异，即量差。因此，月末要计算完工产品的实际直接材料成本，还必须对材料成本差异进行计算。其计算公式为

$$某产品应分配的直接材料成本差异=\left[该产品的直接材料定额成本\pm直接材料脱离定额差异\right]\times直接材料成本差异分配率$$

**【例 7-5】**　假定材料核算人员提供的原材料的成本差异率节约 3%，则

甲产品应分配的原材料成本差异＝（31 000＋1 300）×（－3%）＝－969（元）

（四）计算定额变动差异

定额变动差异是指因为修订消耗定额或生产耗费的计划单价而产生的新旧定额之间的差异额。它不同于定额差异，顾名思义，定额变动差异是定额本身发生变动而产生的差异额，其数额的大小与生产费用支出的多少无关，而定额差异却是由于生产费用支出的多少产生的，它的大小与生产费用的支出有着直接的关系。

随着生产技术的进步，劳动生产率的提高，为了保证各项定额的实际有效，企业的各项消耗定额和生产耗费的计划价格，即定额也应该随之进行修订。定额修订了，与之有关的定额成本也应该随之调整变化。

定额的修订一般在每个会计期间的初期进行，如月初、季初或年初修订定额。若在定额修订的月份，月初在产品的定额成本并未调整变化，那么，它的构成基础就只能还是原有的定额。因此，为了使月初和本月定额成本在定额计算的口径上保持一致，产品成本的计算更科学合理，采用定额法计算成本时，还需要计算月初在产品的定额变动差异。

月初在产品定额变动差异的计算，可以根据月初在产品实物盘存量或账面结存量以及修订调整前后的消耗定额进行。但若构成产品的零部件种类较多，计算定额变动差异的工作量会很大。因此，为了简化成本核算的工作量，定额变动差异的计算也可以采用求单位产品费用折算系数的方法进行。其计算公式为

$$定额变动系数=\frac{按新定额计算的单位产品定额费用}{按旧定额计算的单位产品定额费用}$$

$$月初在产品定额变动差异=按旧定额计算的月初在产品成本\times(1-定额变动系数)$$

**【例 7-6】** 某企业甲产品的部分零部件从本月 1 日起实行新的材料消耗定额，单位产品现行材料费用定额为 50 元，新的材料费用定额为 40 元。该产品月初在产品按现行定额计算的材料定额成本为 20 000 元。

月初在产品定额变动差异计算如下：

$$定额变动系数=\frac{40}{50}=0.80$$

$$月初在产品定额变动差异=20\,000\times(1-0.80)=4\,000(元)$$

对于计算出的定额变动差异，应分不同情况予以处理。在消耗定额降低的情况下产生的差异，一方面，应从月初在产品定额成本中扣除；另一方面，还应将属于月初在产品生产费用实际支出的该项差异，加入本月产品成本。相反，在消耗定额提高的情况下，月初在产品增值的差异应加入月初在产品定额成本之中，同时从本月生产成本中予以扣除。

（五）计算产品实际成本

通过上述产品的定额成本及各种差异的核算的介绍，如果企业生产的某种产品既有完工产品，又有期末在产品，就需要在完工产品与期末在产品之间对有关差异进行分配。这就必须先计算出完工产品和期末在产品的定额成本。其计算公式为

$$完工产品各项目定额成本=完工产品数量\times各项目定额成本$$

$$期末在产品各项目定额成本=本月生产费用各项目定额成本合计-完工产品定额成本$$

然后，根据完工产品和在产品定额成本比例分配各种差异。其计算公式为

$$某差异分配率=\frac{某差异月初数+某差异本月发生数}{完工产品定额成本+期末在产品定额成本}$$

完工产品应分配差异＝完工产品定额成本×某差异分配率

在分配差异时，应按脱离定额差异、材料成本差异及定额变动差异分别进行。当差异额较小或差异额虽大但各月在产品数量变动较小时，可以全部由完工产品负担；相反，当差异额比较大且各月在产品的数量变动也较大时，应在完工产品和月末在产品之间按照定额成本比例进行分配。其中的月初在产品定额变动差异，如果产品的生产周期较短，小于一个月，即使差异额较大且各月在产品数量变动也较大时，也应将定额变动差异全部由完工产品负担。最后，根据定额成本和分配的差异确定产品的实际成本。定额法计算产品实际成本的公式为

产品实际成本＝产品定额成本±脱离定额成本差异
±材料成本差异±定额变动差异

## 五、定额法的实际应用

【例 7-7】 某企业大量大批生产甲产品，该产品的各项消耗定额比较准确与稳定，为了加强定额管理和成本控制，采用定额法计算产品成本。材料在生产开始时一次投入。该产品的定额变动差异和材料成本差异由完工产品成本负担，脱离定额差异按定额成本比例，在完工产品与月末在产品之间进行分配。

1. 业务资料

（1）甲产品定额成本资料如表 7-13 所示。

**表 7-13 甲产品定额成本计算表**

产品名称：甲 2017 年 4 月 单位：元

| 成本项目 | 消耗量 | 计划单价 | 定额成本 |
|---|---|---|---|
| 直接材料 | 100 千克 | 4.55 | 455 |
| 直接人工 | 200 小时 | 0.40 | 80 |
| 制造费用 | 400 小时 | 0.25 | 100 |
| 合计 | | | 635 |

（2）月初在产品 100 件，定额成本和脱离定额差异如表 7-14 所示。

**表 7-14 月初在产品定额成本和脱离定额差异**

产品名称：甲 2017 年 7 月 单位：元

| 成本项目 | 定额成本 | 脱离定额差异 |
|---|---|---|
| 直接材料 | 45 500 | 2 000 |
| 直接人工 | 8 000 | 100 |
| 制造费用 | 10 000 | 100 |
| 合计 | 63 500 | 2 200 |

（3）由于工艺技术的改进，于 2017 年 7 月对材料消耗定额进行修订，直接材料费用定额由上月的 455 元降为 450 元。

（4）本月实际发生费用总额为 329 350 元，其中，直接材料 236 525 元，直接人工 41 660 元，制造费用 51 165 元。

（5）本月投入甲产品 500 件，当月甲产品完工 400 件。

要求：计算甲产品本月完工产品和月末在产品成本。

2. 计算过程

（1）编制本月定额成本和脱离定额差异汇总表，如表 7-15 所示。

表 7-15　定额成本和脱离定额差异汇总表

产品名称：甲　　2017 年 7 月　　单位：元

| 成本项目 | 定额成本 | 实际成本 | 脱离定额差异 |
|---|---|---|---|
| 直接材料 | 225 000 | 236 525 | 11 525 |
| 直接人工 | 40 000 | 41 660 | 1 660 |
| 制造费用 | 50 000 | 51 165 | 1 165 |
| 合计 | 315 000 | 329 350 | 14 350 |

（2）计算直接材料定额变动差异如下：

$$定额变动系数=\frac{450}{455}=0.99$$

$$月初在产品定额变动差异=45\,500\times(1-0.99)=500（元）$$

编制产品成本计算单，如表 7-16 所示。

表 7-16　产品成本计算单

产品名称：甲　　2017 年 7 月　　单位：元

| 项目 | | 直接材料 | 直接人工 | 制造费用 | 合计 |
|---|---|---|---|---|---|
| 月初在产品成本 | 定额成本 | 45 500 | 8 000 | 10 000 | 63 500 |
| | 脱离定额差异 | 2 000 | 100 | 100 | 2 200 |
| 月初在产品定额变动 | 定额成本调整 | -500 | | | -500 |
| | 定额变动差异 | 500 | | | 500 |
| 本月生产费用 | 定额成本 | 225 000 | 40 000 | 50 000 | 315 000 |
| | 脱离定额差异 | 11 525 | 1 660 | 1 165 | 14 350 |
| 生产费用合计 | 定额成本 | 270 000 | 48 000 | 60 000 | 378 000 |
| | 脱离定额差异 | 13 525 | 1 760 | 1 265 | 16 550 |
| | 定额变动差异 | 500 | | | 500 |
| 脱离定额差异分配率 | | 0.050 1 | 0.036 7 | 0.021 1 | |

续表

| 项目 | | 直接材料 | 直接人工 | 制造费用 | 合计 |
|---|---|---|---|---|---|
| 产成品成本 | 定额成本 | 180 000 | 32 000 | 40 000 | 252 000 |
| | 脱离定额差异 | 9 018 | 1 174.4 | 844 | 11 036.4 |
| | 定额变动差异 | 500 | | | 500 |
| | 实际成本 | 189 518 | 33 174.4 | 40 844 | 263 536.4 |
| 月末在产品成本 | 定额成本 | 90 000 | 16 000 | 20 000 | 126 000 |
| | 脱离定额差异 | 4 507 | 585.6 | 421 | 5 513.6 |

注：① 接材料定额成本＝45 500－500＋225 000＝270 000（元）；直接人工定额成本＝8 000＋40 000＝48 000（元）；制造费用定额成本＝10 000＋50 000＝60 000（元）。

② 直接材料脱离定额差异分配率＝13 525/270 000＝0.050 1；直接人工脱离定额差异分配率＝1 760/48 000＝0.036 7；制造费用脱离定额差异分配率＝1 265/60 000＝0.021 1。

③ 直接材料脱离定额差异＝180 000×0.050 1＝9 018（元）；直接人工脱离定额差异＝32 000×0.036 7＝1 174.40（元）；制造费用脱离定额差异＝40 000×0.021 1＝844（元）。

## 六、定额法的优缺点

### 1. 定额法的优点

（1）有利于加强日常的成本控制。定额法能够在耗费发生的当时，通过生产耗费脱离定额差异的日常核算，及时反映和监督各项耗费的节约或超支情况，以便采取措施加强成本控制，降低产品成本。

（2）便于进行产品成本的定期分析。由于产品实际成本是按照定额成本和各种成本差异分别反映的，这样在进行产品成本的定期分析时，便于准确确定脱离定额差异的程度大小及产生的原因。

（3）通过各项差异的核算，有利于提高成本的定额管理和计划管理工作的水平。

（4）有利于解决各项差异在完工产品和月末在产品之间分配的问题。

### 2. 定额法的缺点

（1）成本核算的工作量较大。因为在定额法下，实际成本是通过定额成本和各种差异的计算求得的，定额成本要制定，脱离定额差异要单独进行核算，在修订定额时还要计算定额变动差异，这些都增加了核算的工作量。

（2）各项差异主要是按产品计算确定的，难以分清各部门的经济责任。

**概念索引**

定额法　定额成本　脱离定额差异　材料成本差异　定额变动差异

## 闯关考验

（1）定额法的含义是什么？
（2）简述定额法的成本核算程序。

## 能力测验

某公司大量生产甲产品，该产品各项消耗定额比较准确、稳定，采用定额法计算产品成本。公司规定，该产品的定额变动差异和材料成本差异由完工产品成本负担，脱离定额差异按定额成本比例在完工产品成本和月末在产品之间分配。定额成本及脱离定额差异如表 7-17 所示。

**表 7-17　定额成本及脱离定额差异表**

金额单位：元

| 成本项目 | | 直接材料 | 直接人工 | 制造费用 | 合计 |
| --- | --- | --- | --- | --- | --- |
| 月初在产品成本 | 定额成本 | 10 000 | 2 000 | 6 000 | 18 000 |
| | 脱离定额差异 | −785 | +140 | −900 | −1 545 |
| 本月生产费用 | 定额成本 | 50 000 | 8 500 | 31 000 | 89 500 |
| | 脱离定额差异 | −1 000 | +700 | +1 640 | +1 340 |

已知该公司甲产品 2017 年 8 月份耗用 A 材料，材料成本差异率−2%；甲产品从 8 月 1 日起实行新的材料消耗定额，新的材料消耗定额为 38 元，该产品旧的材料消耗定额为 40 元，该产品月初在产品按旧的定额计算的材料定额费用为 10 000 元。

甲产品 2017 年 8 月完工 200 件，在产品 100 件，其产成品单位定额成本资料如表 7-18 所示。

**表 7-18　甲产品单位定额成本资料表**

金额单位：元

| 成本项目 | 直接材料 | 直接人工 | 制造费用 | 合计 |
| --- | --- | --- | --- | --- |
| 单位产品定额成本 | 275 | 47.25 | 171 | 493.25 |

要求：计算本月甲产品总成本和月末在产品成本。

# 思考与练习七

思考与练习七

## 一、单选题

1. 下列属于产品成本核算辅助方法的是（　　）。
A. 品种法　　B. 分批法　　C. 分步法　　D. 分类法

2. 原材料项目的脱离定额差异是指（　　）。
A. 价格差异　　B. 数量差异
C. 原材料成本差异　　D. 一种定额变动差异

3. 由于修订定额而产生的新旧定额之间的差异，叫作（　　）。
A. 材料成本差异　　B. 脱离定额差异
C. 定额变动差异　　D. 定额成本差异

4. 定额法的主要优点不包括（　　）。
A. 有利于加强成本控制，便于成本定期分析
B. 有利于提高成本的定额管理和计划管理水平
C. 能够较为合理、简便地解决完工产品和月末在产品之间的费用分配问题
D. 较其他成本计算方法核算工作量小

5. 采用分类法的目的，在于（　　）。
A. 分类计算产品成本　　B. 加强成本控制
C. 简化各类产品成本的核算工作　　D. 准确核算各种产品的成本

## 二、多选题

1. 采用分类法时，做到既简化成本核算工作，又使成本核算相对正确的关键是（　　）。
A. 产品的分类应适当　　B. 选择费用的分配标准要恰当
C. 产品分类的类距要适当　　D. 产品分类的类距越小越好

2. 分类法在选择分配标准时可采用的指标有（　　）。
A. 定额成本　　B. 计划成本
C. 售价　　D. 产品的重量、体积、长度

3. 定额法的成本核算程序包括（　　）。
A. 计算产品定额成本　　B. 计算脱离定额差异和材料成本差异
C. 计算定额变动差异　　D. 计算产品实际成本

4. 关于分类法的说法，正确的有（　　）。

A. 简化成本的计算工作　　　　　　B. 计算结果具有一定的假定性
C. 分类法是成本计算的基本方法　　D. 分类法成本计算对象为产品的类别

5. 系数分配法的计算步骤包括（　　）。

A. 确定标准产品　　　　　　　　　B. 计算其他产品系数和各种产品总系数
C. 计算某项费用分配率　　　　　　D. 计算类内各种产品应分配的费用

## 三、判断题

1. 如果期末在产品成本按定额成本核算，则实际成本脱离定额的差异完全由完工产品负担。（　　）

2. 对于分类法下某类别产品的总成本在类内各种产品之间的分配方法，是根据产品的生产特点确定的。（　　）

3. 分类法可以合理准确地计算类内各种产品的实际成本。（　　）

4. 定额法是在品种法、分步法、分批法的基础上，运用一种特殊汇集费用的技术计算产品成本的方法。（　　）

5. 产品的定额成本与企业的计划成本相同，两种成本的核算基础都是现行定额。（　　）

# 项目八　联产品、副产品和等级产品的成本核算

**项目引入**

B公司是青岛的一家水产品加工企业，主要加工罗非鱼产品：罗非鱼片和条冻罗非鱼。生产鱼片的同一流程会产出主产品鱼片成品和下脚料，而鱼片成品也会根据其产出规格大小划分为：1～2盎司（1盎司＝28.350克）、2～3盎司、3～5盎司、5～7盎司、7～9盎司、9盎司以上、次品7种规格。条冻鱼也基本与鱼片一样，同样会产出成品和下脚料，但成品规格现在只有一种。下脚料直接出售，具有一定的市场价值，但与主要产品鱼片、条冻鱼的价值相比要低许多。

我们发现，下脚料是伴随主要产品罗非鱼片和条冻罗非鱼的生产同时产生的，价值较低，称其为副产品。

那么，如何将原料成本分配至成品和在制品上，以及成品中的鱼片、条冻鱼、下脚料上？如何将分配至鱼片的成本金额分配到各个规格成品上？

## 任务一　学习联产品的分配方法

**任务导入**

王怡到燕西集团下属的一分厂参观，发现在同一生产过程中竟然生产出两种以上的产品，这些产品具有不同的使用价值，而且都是企业的主要产品，分厂财务科长告诉王怡这是联产品。

1. 任务资料

燕西集团下属的一分厂2017年10月生产甲、乙、丙3种联产品，本月实际产量为：甲产品40 000千克；乙产品20 000千克；丙产品15 000千克。各种产品的市场售价为：甲产品15元；乙产品24元；丙产品12元。联产品分离前的联合成本为1 008 000元（为了简化成本计算，不分成本项目计算）。

2. 工作任务

同一生产过程中投入的成本应该怎样在这两种或两种以上的联产品之间分配？各个联产品的成本到底是多少？

## 一、联产品的概念

联产品是指用同样的原材料，经过一道或一系列工序的加工同时生产出几种地位相同但用途不同的主要产品。例如，煤油厂以原油为原料，经过一定的生产工艺过程，加工成汽油、煤油、柴油等各种燃料油；奶制品企业加工牛奶时，可以同时生产出奶粉、奶油和奶酪等联产品。

## 二、联产品的生产特点

在生产开始时，各产品尚未分离，同一加工过程中对联产品进行联合加工。当生产过程进行到一定生产步骤，产品才会分离。在分离点以前发生的生产成本，称为联合成本。分离点是指在联产品生产中，投入相同原料，经过同一生产过程，分离为各种联产品的时点。分离后的联产品，有的可以直接销售，有的还需进一步加工才可供销售。

## 三、联产品成本核算的步骤

联产品从原材料投入到形成完工产品要经历 3 个阶段：分离前、分离点和分离后。因此，联产品成本核算主要步骤如下。

（1）将联产品作为成本核算对象，设置成本明细账。

（2）归集联产品成本，计算联合成本。

（3）分离点联合成本的分配。

（4）计算联产品分离后的加工成本。联产品分离后继续加工的，按各种产品分别设置明细账，归集其分离后所发生的加工成本。

## 四、联产品联合成本的分配方法

联产品成本核算的关键是将分离点前共同发生的联合成本在各联产品之间进行分配。常用联合成本的分配方法有系数分配法、实物量比例分配法（实物量分配法）和售价比例分配法（相对销售收入分配法）。

### （一）系数分配法

#### 1. 系数分配法的基本原理

系数分配法是将各种联产品的实际产量，按事先规定的系数折合成标准产量，然后按照各联产品的标准产量比例来分配联合成本。

确定系数的标准可以是联产品的技术特征，如重量、体积、质量性能等；也可以是经济指标，如定额成本、售价等。

采用系数分配法分配联合成本，其正确与否取决于系数确定的正确性。

#### 2. 采用系数分配法完成王怡的工作任务

根据相关资料编制联产品成本计算单，如表 8-1 所示。

**表 8-1　联产品成本计算单**（系数分配法）

2017 年 10 月　　金额单位：元

| 品名 | 实际产量/台 | 系数 | 标准产量/台 | 分配率 | 各产品总成本 | 各产品单位成本 |
|---|---|---|---|---|---|---|
| 甲产品 | 40 000 | 1 | 40 000 | | 480 000 | 12.00 |
| 乙产品 | 20 000 | 1.6 | 32 000 | | 384 000 | 19.20 |
| 丙产品 | 15 000 | 0.8 | 12 000 | | 144 000 | 9.60 |
| 合计 | 75 000 | | 84 000 | 12 | 1 008 000 | |

注：确定甲产品为标准产品，系数定为 1，按产品售价计算乙、丙产品的系数：乙产品系数＝24/15＝1.6；丙产品系数＝12/15＝0.8。

根据成本计算单和产品入库单，编制结转完工入库产品成本的会计分录如下：

借：库存商品——甲产品　　480 000

　　　　　　——乙产品　　384 000

　　　　　　——丙产品　　144 000

　贷：基本生产成本　　1 008 000

### （二）实物量比例分配法

#### 1. 实物量比例分配法的基本原理

实物量比例分配法是指按各联产品在分离点上的重量、体积、长度等实物量度比例，来分配联合成本。

（1）优点：计算简便易行，因为一般产品都可用实物单位计量，资料容易取得。

（2）缺点：并非所有成本都与实物量直接有关；没有考虑成本与收入之间的关系，

容易造成成本与收入不匹配。而售价的制定是会考虑产品成本的，这样会造成产品定价不合理。

（3）适用范围：产品成本与实物量关系密切，且各联产品售价较为均衡。

2. 采用实物量比例分配法完成王怡的工作任务

根据相关资料编制联产品成本计算单，如表 8-2 所示。

**表 8-2 联产品成本计算单**（实物量比例分配法）

2017 年 10 月　　　　金额单位：元

| 品名 | 实际产量/台 | 分配率 | 各产品总成本 | 各产品单位成本 |
|---|---|---|---|---|
| 甲产品 | 40 000 | | 537 600 | 13.44 |
| 乙产品 | 20 000 | | 268 800 | 13.44 |
| 丙产品 | 15 000 | | 201 600 | 13.44 |
| 合计 | 75 000 | 13.44 | 1 008 000 | |

根据成本计算单和产品入库单，编制结转完工入库产品成本的会计分录如下：

借：库存商品——甲产品　　537 600
　　　　　　——乙产品　　268 800
　　　　　　——丙产品　　201 600
　贷：基本生产成本　　1 008 000

（三）售价比例分配法

1. 售价比例分配法的基本原理

售价比例分配法是指按各联产品售价比例来分配联合成本。售价较高的联产品应负担较多的联合成本；反之，亦然。分配的结果会使各联产品的毛利率相同。该方法一般适用于分离后不再加工的联产品，即分离后即为完工产品。

2. 采用售价比例分配法完成王怡的工作任务

根据相关资料编制联产品成本计算单，如表 8-3 所示。

**表 8-3 联产品成本计算单**（售价比例分配法）

2017 年 10 月　　　　金额单位：元

| 品名 | 实际产量/台 | 单价 | 销售价值 | 分配率 | 各产品总成本 | 各产品单位成本 |
|---|---|---|---|---|---|---|
| 甲产品 | 40 000 | 15 | 600 000 | | 480 000 | 12.00 |

续表

| 品名 | 实际产量/台 | 单价 | 销售价值 | 分配率 | 各产品<br>总成本 | 各产品<br>单位成本 |
|---|---|---|---|---|---|---|
| 乙产品 | 20 000 | 24 | 480 000 | | 384 000 | 19.20 |
| 丙产品 | 15 000 | 12 | 180 000 | | 144 000 | 9.60 |
| 合计 | 75 000 | | 1 260 000 | 0.8 | 1 008 000 | |

根据成本计算单和产品入库单，编制结转完工入库产品成本的会计分录如下：

借：库存商品——甲产品　　480 000
　　　　　——乙产品　　384 000
　　　　　——丙产品　　144 000
　贷：基本生产成本　　1 008 000

**概念索引**

联产品　系数分配法　实物量比例分配法

**闯关考验**

简述联产品联合成本的分配方法。

## 任务二　学习副产品的成本计算

**任务导入**

王怡到燕西集团下属的二分厂参观，发现在生产主要产品的同时附带生产出一些非主要产品，财务科长告诉王怡这是副产品。

1. 任务资料

燕西集团下属二分厂在生产主要产品——丁产品的同时，附带生产A副产品，A副产品分离后需进一步加工后才能出售。2017年11月，共发生联合成本155 000元，其中：直接材料77 500元；直接人工31 000元；制造费用46 500元。A副产品进一步加工发生直接人工费2 000元，制造费用2 500元。本月生产丁产品1 000千克，A副产品200千克，A副产品的市场售价150元/千克，单位税金和利润50元。

2. 工作任务

副产品和联产品有什么区别呢？它的成本应该怎么核算？

## 一、副产品的概念

副产品是指使用同种原材料，在同一生产过程中，生产主要产品的同时，附带生产一些非主要产品或利用生产中废料加工而成的产品，如肥皂厂生产出来的甘油，炼油厂在炼油中产出的渣油、石油焦等。

## 二、副产品的特点

副产品是企业生产的次要产品，不是企业生产活动的主要目标；相对于主要产品而言，副产品的经济价值一般较小，销售价格往往较低。

**小贴士**

副产品与联产品都是联合生产过程中的产物，都是投入相同的原材料，经过同一生产过程而产生。但二者的划分并非一成不变而是可以相互转化的。随着生产技术的发展和综合利用，在一定条件下，副产品也能转为主要产品从而成为联产品。反之，原来的联产品也可能因为生产目标的改变而成为副产品。

## 三、副产品的成本核算

尽管副产品的价值相对于主要产品而言比较低，但仍具有一定的经济价值，能满足社会上某些方面的需要，而且客观上也发生耗费。因此，需要采取一定的成本核算方法来分配联合成本。

### （一）无须进一步加工的副产品的成本计算

1. 价值较低的副产品

价值较低的副产品可不负担分离前的联合成本，即联合成本全部由主要产品负担。

2. 价值相对较高的副产品

价值相对较高的副产品以销售价格扣除销售税金、销售费用和正常利润后的余额，作为副产品应负担的成本，从联合成本中扣除。

### （二）需要进一步加工的副产品的成本核算

1. 价值较低的副产品

价值较低的副产品只计算归属于该产品的再加工成本，即不负担分离前的联合成本。

2. 价值相对较高的副产品

价值相对较高的副产品需同时负担可归属成本和分离前联合成本，以保证主要产品成本核算的合理性。

（三）完成王怡的工作任务

根据任务资料，按A副产品既要负担专属成本，又要负担分离前联合成本的方法计算丁产品成本和A副产品成本，如表8-4和表8-5所示。

表8-4　主产品成本计算单

品名：丁产品　　2017年11月　　金额单位：元

| 品名 | 直接材料 | 直接人工 | 制造费用 | 合计 |
|---|---|---|---|---|
| 生产费用合计 | 77 500 | 31 000 | 46 500 | 155 000 |
| 结转副产品负担的联合成本 | 7 750 | 3 100 | 4 650 | 15 500 |
| 本月完工丁产品的生产成本 | 69 750 | 27 900 | 41 850 | 139 500 |
| 单位成本 | 69.75 | 27.90 | 41.85 | 139.50 |

表8-5　副产品成本计算单

品名：A副产品　　2017年11月　　金额单位：元

| 品名 | 直接材料 | 直接人工 | 制造费用 | 合计 |
|---|---|---|---|---|
| 分摊的联合成本 | 7 750 | 3 100 | 4 650 | 15 500 |
| 可归属的成本 | | 2 000 | 2 500 | 4 500 |
| A副产品总成本 | 7 750 | 5 100 | 7 150 | 20 000 |
| 单位成本 | 38.75 | 25.50 | 35.75 | 100 |

注：副产品应负担的联合总成本＝200×（150－50）－（2 000＋2 500）＝15 500（元）。本任务中对副产品应负担的联合总成本，按分离前的联合成本的成本项目构成比例分配给副产品的各成本项目，其中：分配率＝15 500/155 000＝0.1，则直接材料＝77 500×0.1＝7 750（元），直接人工＝31 000×0.1＝3 100（元），制造费用＝46 500×0.1＝4 650（元）。

根据成本计算单和产品入库单，编制结转完工入库产品成本的会计分录如下：

借：库存商品——丁产品　　139 500

　　　　　　——A副产品　　20 000

　贷：基本生产成本　　159 500

**概念索引**

副产品

闯关考验

简述副产品的成本核算要点。

## 任务三　学习等级产品的成本计算

任务导入

王怡到燕西集团下属的三分厂参观，发现在同一生产过程中，同一产品有不同的等级，财务科长告诉张宁这是等级产品。

1. 任务资料

燕西集团下属的三分厂 2017 年 11 月生产丙产品，在生产中出现不同等级质量的产品。本月生产的丙产品实际产量为 750 件，其中：一等品 200 件，二等品 400 件，三等品 150 件。各种等级的丙产品的市场售价：一等品售价 24 元，二等品售价 15 元，三等品售价 12 元。本月丙产品的总成本为 10 080 元。（为了简化成本计算，不分成本项目计算。）

2. 工作任务

等级产品与联产品、副产品有什么区别？它的成本又应该怎么核算？

### 一、等级产品的概念

等级产品是指使用同种原料，经过同一生产过程而生产出来的，品种相同但等级或质量不同的产品。

小贴士

等级产品与联产品、副产品都是使用同种原材料经过同一生产过程而产生的。联产品和副产品是不同的产品，但同一产品的质量较为一致，采用相同的售价；而等级产品是同种产品，但在质量上有差异，因而按不同等级确定不同的售价。

等级产品是合格品，而次品是非合格品。不同等级产品在质量上存在的差异，一般是设计范围所允许的，不影响产品的正常使用；而次品则是质量指标未达到设计要求的等外品。

## 二、等级产品的成本计算

企业应视造成等级产品质量差别的原因，来确定成本计算方法。

### （一）系数分配法

#### 1. 系数分配法的核算原理

系数分配法适用于等级产品是原料的质量、工艺技术的条件不同等客观原因造成的。由于上述客观原因，那么不同等级产品应该负担不同的成本，即不能确定相同的单位成本。

#### 2. 采用系数分配法完成王怡的工作任务

假设不同质量等级的丙产品是由目前生产技术水平、工艺技术条件和原材料质量等客观原因造成的，采用系数分配法计算各等级品成本。成本计算结果如表 8-6 所示。

**表 8-6 丙产品的等级产品成本计算单**（系数分配法）

2017 年 11 月　　　　金额单位：元

| 产品等级 | 实际产量/台 | 系数 | 标准产量/台 | 分配率 | 各等级产品总成本 | 各等级产品单位成本 |
|---|---|---|---|---|---|---|
| 一等品 | 200 | 1.6 | 320 | | 3 840 | 19.20 |
| 二等品 | 400 | 1 | 400 | | 4 800 | 12.00 |
| 三等品 | 150 | 0.8 | 120 | | 1 440 | 9.60 |
| 合计 | 750 | | 840 | 12 | 10 080 | |

注：确定一等品为标准产品，系数定为 1；按各等级产品的售价计算二等品、三等品的系数，二等品系数＝24/15＝1.6，三等品系数＝12/15＝0.8。

根据等级产品成本计算单和产品入库单，编制会计分录如下：

借：库存商品——丙产品（一等品）　　3 840
　　　　　　——丙产品（二等品）　　4 800
　　　　　　——丙产品（三等品）　　1 440
　贷：基本生产成本——丙产品　　10 080

### （二）实物量分配法

#### 1. 实物量分配法的核算原理

实物量分配法适用于等级产品是工人操作不当、技术不熟练等主观原因造成的。各等级产品，因使用了相同的原料，经过相同的生产过程，其成本应该是相同的，即等级低的产品应该和等级高的产品单位成本相同。

2. 采用实物量分配法完成王怡的工作任务

如果不同质量等级的产品，是违规操作或者技术不熟练等主观原因造成的，采用实物量分配法计算各等级品成本。成本计算结果如表 8-7 所示。

表 8-7 丙产品的等级产品成本计算单（实物量分配法）

2017 年 11 月　　金额单位：元

| 产品等级 | 实际产量/台 | 分配率 | 各等级产品总成本 | 各等级产品单位成本 |
|---|---|---|---|---|
| 一等品 | 200 | | 2 688 | 13.44 |
| 二等品 | 400 | | 5 376 | 13.44 |
| 三等品 | 150 | | 2 016 | 13.44 |
| 合计 | 750 | 13.44 | 10 080 | |

根据等级产品成本计算单和产品入库单，编制会计分录如下：

借：库存商品——丙产品（一等品）　　2 688
　　　　　　——丙产品（二等品）　　5 376
　　　　　　——丙产品（三等品）　　2 016
　贷：基本生产成本——丙产品　　10 080

**概念索引**

等级产品

**闯关考验**

（1）简述联产品、副产品和等级产品三者的关系。
（2）简述等级产品与次品的关系。
（3）简述等级产品的成本核算要点。

## 思考与练习八

思考与练习八

### 一、单选题

1. 在生产主要产品的同时，附带生产出来的非主要产品叫作（　　）。

A. 副次品　　B. 联产品　　C. 副产品　　D. 等级产品

2. 下列关于联产品和副产品的说法中，错误的是（　　）。

A. 联产品都是主产品

B. 副产品是非主要产品

C. 联产品成本分配的售价法分配时，采用的销售价格是各产品的最终销售价格

D. 在分配主产品和副产品的加工成本时，通常先确定副产品的加工成本，再确定主产品的加工成本

3. 常用联合成本的分配方法不包括（　　）。

A. 系数分配法　　B. 交互分配法

C. 实物量比例分配法　　D. 售价比例分配法

4. 下列关于联产品和副产品成本分配的说法中，不正确的是（　　）。

A. 在分离点以前发生的成本，称为联合成本

B. 分离点后的联产品，都是直接销售

C. 在分配主产品和副产品的加工成本时，通常先确定副产品的加工成本，然后确定主产品的加工成本

D. 实物数量法通常适用于所生产的产品的价格不稳定或无法直接确定的情况

5. 按各联产品在分离点上的重量、体积、长度等实物量度比例分配联合成本的方法叫作（　　）。

A. 实物量比例分配法　　B. 系数分配法

C. 交互分配法　　D. 售价比例分配法

## 二、多选题

1. 对于需要进一步加工的副产品，其成本核算的方式有（　　）。

A. 副产品只负担可归属成本

B. 副产品不负担任何成本

C. 副产品只负担联合成本

D. 副产品既负担可归属成本也负担联合成本

2. 下列各项中，属于联产品的联合成本分配法的有（　　）。

A. 实物量比例分配法　　B. 定额比例法

C. 售价比例分配法　　D. 生产工时比例法

3. 关于等级产品的说法，正确的是（　　）。

A. 使用同一种原材料

B. 使用不同的原材料

C. 经过同一生产过程生产出来的品种相同而等级或质量不同的产品

D. 采用不同的生产工艺技术生产出来的品种相同而质量不同的产品

4. 下列关于副产品及其成本核算的描述，正确的有（　　）。
   A. 副产品是指在主要产品生产过程中，附带生产出来的非主要产品
   B. 副产品不是企业生产活动的主要目的
   C. 副产品的价值比较低时，副产品可以不负担分离前的联合成本
   D. 可以按定额成本计算副产品成本

## 三、判断题

1. 联产品的成本核算，就是将分离点后共同发生的联合成本在各联产品之间进行分配。（　　）

2. 联产品是指用同样的原材料，经过一道或一系列工序的加工同时生产出几种地位相同但用途不同的主要产品。（　　）

3. 联产品和副产品没有本质上的区别，它们的成本计算只要将其按一定标准作价，从分离点前的联合成本中扣除就可以了。（　　）

4. 各等级产品的成本原则上来讲应该是相同的。（　　）

5. 等级产品和不合格品是两个不同的概念。等级产品的质量差别是在允许范围内的，而不合格品的质量则是未达到要求的。（　　）

# 模块五

# 成本报表的编制与分析

## 知识目标

了解成本报表的概念、特点、种类和编制要求；了解成本报表的结构、编制方法和编报要求；了解成本分析的概念和内容；了解比较分析法、比率分析法和因素分析法的含义。

## 技能目标

能够编制产品生产成本及销售成本表、产品生产成本表、主要产品单位成本表、制造费用明细表等成本报表；能熟练应用比较分析法、比率分析法和因素分析法；能够进行全部产品成本计划完成情况、主要产品成本降低任务完成情况、主要产品单位成本计划完成情况和技术经济指标变动对成本影响的分析。

## 重点及难点

产品生产成本表的结构与编制方法；连环替代法；可比产品成本分析；成本报表的种类、结构和特点；设置和编制成本报表的基本要求；比较分析法、比率分析法和因素分析法的基本原理；全部产品成本计划完成情况分析；可比产品成本分析及单位产品成本分析。

## 基本内容

项目九　编制成本报表

项目十　成本分析

# 项目九　编制成本报表

## 项目引入

×企业2017年生产甲、乙、丙3种产品，其中甲、乙两种产品为主要产品，丙产品为非主要产品。本年有关产品产量成本资料如表9-1所示。

表9-1　产品产量成本资料

2017年度

| 项目 | 甲产品 | 乙产品 | 丙产品 |
| --- | --- | --- | --- |
| 产品产量/件 | | | |
| 本年计划 | 2160 | 1008 | 960 |
| 本年实际 | 2500 | 1000 | 1000 |
| 产品单位成本/元 | | | |
| 上年实际平均 | 600 | 500 | |
| 本年计划 | 582 | 490 | 555 |
| 本年实际平均 | 579 | 491 | 530 |

那么，按照企业成本核算要求，按照产品类别反映产品生产成本表，如何完成成本报表的编制呢？

# 任务一　认识成本报表

## 任务导入

小王刚应聘到×企业，在×企业担任成本会计。一个月的成本核算工作结束了，小王还未结账就问带她的李师傅：“李师傅，我们需要编制哪些成本报表呢？”李师傅回答说：“不急，先把账簿登记完，平了账，再根据账簿和其他相关资料编制各类成本报表。”听了李师傅的话，小王的心安定下来，认认真真地登起账来。那么，月末究竟应该编制哪些成本报表呢？

## 一、成本报表的概念

成本报表是根据企业产品成本和期间费用的核算资料及其他有关资料编制的，用来反映企业一定时期内产品成本和期间费用水平及其构成情况的报告文件。

成本报表是企业编制的内部管理会计报表，主要用来反映生产费用的支出情况，编制和分析成本报表，可以考核企业成本计划和费用预算的执行情况，为正确进行成本决策提供资料。

## 二、成本报表的特点

成本报表主要服务于企业内部经营管理需要，不对外报送，与对外报送的资产负债表、利润表和现金流量表相比，具有以下几个特点。

### （一）成本会计报表是为企业内部经营管理的需要而编制的

成本报表按期编制，准确、及时，可以考核企业成本计划的完成情况，分析成本管理工作中的实际执行情况，以便企业确定下一阶段成本管理的重点，及时做出决策，保持成本领先的优势。

### （二）成本报表的种类格式、项目和内容等由企业自行决定

成本的核算方法，与企业的生产工艺过程、生产组织特点及其成本管理的要求密切相关，成本报表的种类、格式、项目、指标的设计和编制方法、编报日期，具体报送对象，都由企业自行决定，国家不做统一规定。这是区别于对外报送的财务会计报表的又一特点。

### （三）成本报表提供的成本信息反映企业各方面的工作质量

企业产品质量的多少，质量的高低，原材料、燃料的节约与浪费，工人劳动生产率的高低和工资水平的变动，固定资产的利用率，废品率的高低，各部门资源使用的节约与浪费，都会直接或间接地反映到成本费用指标上。因此，成本报表提供的成本信息反映企业各方面的工作质量。

## 三、成本报表的种类

成本报表的种类和格式由企业自行决定，企业根据自身特点设计不同的成本报表，就生产性企业来说，可以按照下列方法分类。

### （一）按成本报表反映的经济内容分类

成本报表按其反映的经济内容，可以分为反映企业费用水平及其构成情况的报表和反映企业成本水平及其构成情况的报表两类。反映企业生产经营过程中费用水平及其构

成情况的报表主要有制造费用明细表、管理费用明细表、销售费用明细表和财务费用明细表等。

反映企业产品成本水平及其构成情况的报表主要有产品生产成本及销售成本表、产品生产成本表、主要产品单位成本表等。

（二）按照报表编制的时间分类

按照成本报表编制的时间，可以分为年度报表、半年度报表、季度报表、月度报表、旬报、周报、日报和班报。为了及时向企业管理层提供成本信息，成本报表更应注重旬报、周报、日报和班报的形式。

### 四、成本报表的编制要求

为了提高成本信息的质量，充分发挥成本报表的作用，成本报表的编制应符合下列要求。

（1）真实性。成本报表的数字必须真实可靠，能如实反映企业实际发生的成本费用。

（2）重要性。对于重要的成本、费用项目，在成本报表中应单独列示，次要的项目可以合并反映。

（3）正确性。成本报表的数字要计算正确，各种成本报表之间存在钩稽关系的，应相互一致。

（4）完整性。成本报表的种类应当完整，能够全面反映企业各种费用成本水平和构成情况；同一报表的项目内容应当完整，必须填报齐全，能够满足企业的内部管理的需要。

（5）及时性。企业应当定期编制成本报表，按照规定的日期报送成本报表，充分发挥成本报表指导生产经营活动的作用。

**概念索引**

成本报表

**闯关考验**

简述成本报表的编制要求。

## 任务二　掌握成本报表的结构与编制方法

**任务导入**

经过几天紧张的工作，小王总算把账结了，和总账会计核对也准确无误，她感到很舒心，这下可以编制成本报表了。第一次编制成本报表，小王心里没底，还得跟李师傅好好学习。每家企业编制成本报表有所不同，她也不知以前学的知识能用上多少，她怀着忐忑不安的心情等待着完成下一项工作任务。

## 一、产品生产成本及销售成本表的结构与编制方法

### （一）产品生产成本及销售成本表的结构

产品生产成本及销售成本表是反映企业在一定会计期间内各种产品生产成本和销售成本及期末结存产品成本的报表，该表通常按月编制，格式如表 9-2 所示。

表 9-2　产品生产成本及销售成本表

编制单位：　　　　2017 年 12 月　　　　金额单位：元

| 产品名称 | 规格 | 计量单位 | 生产量 | | | 销售量 | | | 单位生产成本 | | | | 生产总成本 | | 销售总成本 | | 期末结存 | |
|---|---|---|---|---|---|---|---|---|---|---|---|---|---|---|---|---|---|---|
| | | | 本年计划 | 本月实际 | 本年累计实际 | 本年计划 | 本月实际 | 本年累计实际 | 上年实际平均 | 本年计划 | 本月实际 | 本年累计实际平均 | 本月实际 | 本年累计实际 | 本月实际 | 本年累计实际 | 结存产品数量/件 | 生产成本总额 |
| | | | ① | ② | ③ | ④ | ⑤ | ⑥ | ⑦ | ⑧ | ⑨=⑪/② | ⑩=⑫/③ | ⑪ | ⑫ | ⑬ | ⑭ | ⑮ | ⑯ |
| 主要产品 | | | | | | | | | | | | | | 969 250 | | | | |
| 甲产品 | | 件 | 540 | 55 | 625 | 550 | 60 | 600 | 1 200 | 1 164 | 1 175 | 1 158 | | 723 750 | | | | |
| 乙产品 | | 件 | 252 | 25 | 250 | 250 | 20 | 245 | 1 000 | 980 | 980 | 982 | | 245 500 | | | | |
| 非主要产品 | | | | | | | | | | | | | | | | | | |
| 丙产品 | | 件 | 240 | 25 | 250 | 240 | 20 | 240 | | | 1 065 | 1 060 | | 265 000 | | | | |
| 合计 | | | | | | | | | | | | | | 1 234 250 | | | | |

利用产品生产成本及销售成本表，可以反映企业在一定会计期间内全部产品的生产总成本和销售总成本；通过产品单位成本的比较，可以反映企业产品成本水平和变化情况，以确定成本分析的重点。

（二）产品生产成本及销售成本表的编制方法

1. 生产量

在“生产量”栏中，本月实际和本年累计实际产量根据企业产品产量统计表提供的资料填列。

2. 销售量

在“销售量”栏中，本月实际和本年累计实际销售量根据主营业务收入明细账填列；计划销售量根据企业产品形式计划资料填列。

3. 单位生产成本

在“单位生产成本”栏中，上年实际平均单位成本根据上年 12 月份表中“本年累计实际平均单位成本”栏的数字填列；本年计划单位成本根据企业本年产品成本计划资料填列；本年累计实际平均单位成本按下列计算公式计算填列：

$$\begin{matrix}\text{某种产品本年累计}\\\text{实际平均单位成本}\end{matrix}=\frac{\text{该产品本年累计实际总成本}}{\text{该产品本年累计实际总产量}}$$

4. 生产总成本

在“生产总成本”栏中，上年累计实际总成本根据上年 12 月份本表“本年累计实际总成本”栏的数字填列；本月实际生产总成本根据本月产品生产明细账提供的资料填列；本年累计实际生产总成本根据该产品本年各月产品生产明细账提供的资料汇总计算填列。

5. 销售总成本

在“销售总成本”栏中，本月实际销售总成本和本月累计实际销售总成本根据主营业务成本明细账填列；本月累计实际销售总成本也可以由本月实际销售总成本加上上月本表该栏目的数据计算填列。

6. 期末结存

在“期末结存”栏中，结存产品数量和生产成本总额根据库存商品明细账相应栏目的数字填列。

## 二、产品生产成本表的结构与编制方法

### （一）产品生产成本表的结构

产品生产成本表是反映企业在一定会计期间生产产品所发生的生产费用总额和全部产品生产总成本的报表。

该表由两种编制方法，一种是按成本项目反映，另一种是按产品种类反映。表 9-3 列示了按成本项目编制的产品生产成本表的一般格式；表 9-4 列示了按照产品品种和类别编制的产品生产成本表的一般格式。

**表 9-3　产品生产成本表**（按成本项目反映）

编制单位：　　　　　　　　2017 年 12 月　　　　　　　　金额单位：元

| 项目 | 行次 | 上年实际 | 本月实际 | 本年累计实际 |
|---|---|---|---|---|
| 生产费用 | | | | |
| 1. 直接材料 | 1 | | | |
| 其中：原材料 | 2 | | | |
| 燃料和动力 | 3 | | | |
| 2. 直接人工 | 4 | | | |
| 3. 制造费用 | 5 | | | |
| 4. 其他直接费用 | 6 | | | |
| 生产费用合计 | 7 | | | |
| 加：在产品、自制半成品期初余额 | 8 | | | |
| 减：在产品、自制半成品期末余额 | 9 | | | |
| 产品生产成本合计 | 10 | | | |

**表 9-4　产品生产成本表**（按产品品种和类别编制）

编制单位：　　　　　　　　2017 年 12 月　　　　　　　　金额单位：元

| 产品名称 | 计量单位 | 实际产量 | | 单位成本 | | | | 本月总成本 | | | 本年累计总成本 | | |
|---|---|---|---|---|---|---|---|---|---|---|---|---|---|
| | | 本月实际 | 本年累计 | 上年实际平均 | 本年计划 | 本年实际 | 本年累计实际平均 | 按上年实际平均单位成本计算 | 按本年计划单位成本计算 | 本月实际 | 按上年实际平均单位成本计算 | 按本年计划单位成本计算 | 本年实际 |
| 主要产品 | | | | | | | | | | | | | |
| 甲产品 | | | | | | | | | | | | | |
| 乙产品 | | | | | | | | | | | | | |
| 非主要产品 | | | | | | | | | | | | | |
| 丙产品 | | | | | | | | | | | | | |
| 合计 | | | | | | | | | | | | | |

### （二）产品生产成本表的编制方法

产品生产成本表一般按月编制。按产品品种和类别编制的产品生产成本表因与产品生产成本及销售成本表的部分项目相同，不再介绍。按成本项目编制的产品成本表各栏目的填列方法如下。

（1）生产费用总额。生产费用总额及各成本项目的金额中，“本月实际”栏根据本月生产成本二级账的资料分析计算填列；“本年累计实际”根据本表中“本月实际”栏的金额加上上月本表中“本年累计实际”填列，也可以根据生产成本二级账的资料分析计算填列。本表中各成本项目的金额之和应等于生产费用总额。

（2）在产品及自制半成品的期初余额。在产品及自制半成品期初余额中，本月实际根据“生产成本”和“自制半成品”两个账户的本月月初余额之和填列。本年累计实际指年初余额，应根据上年 12 月份本表中期末余额填列。

（3）在产品及自制半成品期末余额。该栏根据“生产成本”和“自制半成品”两个账户的本月月末余额之和填列。

（4）产品生产成本。该栏的本月实际金额和本年累计实际金额都可以由本表中本月生产费用总额，加上在产品及自制半成品期初余额，减去在产品及自制半成品期末余额计算求得。

## 三、主要产品单位成本表的结构与编制方法

### （一）主要产品单位成本表的结构

主要产品单位成本表是反映企业一定会计期间内生产的各种主要产品单位成本及其构成情况的报表。其格式如表 9-5 所示。

**表 9-5　主要产品单位成本表**

编制单位：　　　　　　　　　　　　　　　　本月实际产量：200 件

产品名称：甲产品　　　　　　　　　　　　　本年累计产量：2 340 件

金额单位：元　　　　　2017 年 12 月　　　　单位售价：1 230 元

| 成本项目 | 历史先进水平 20××年 | 上年实际平均 | 本年计划 | 本月实际 | 本年累计实际平均 |
|---|---|---|---|---|---|
| 单位产品生产成本 | 165 | 170 | 170 | 160 | 145 |
| 其中：直接材料 | 90 | 90 | 85 | 80 | 80 |
| 直接人工 | 40 | 50 | 40 | 46 | 35 |
| 制造费用 | 35 | 30 | 34 | 34 | 30 |

主要产品单位成本表应按企业主要产品分别编制，利用该表可以反映企业各种产品单位成本水平及其变动趋势，反映产品单位成本构成情况，为企业进一步分析产品成本

升降原因，寻找降低产品成本的途径指明方向。

（二）主要产品单位成本表的编制方法

在主要产品单位成本表中，产品单位成本的历史先进水平是指本企业生产该种产品在历史上单位生产成本最低年度的成本。上年实际平均单位成本、本年计划单位成本、本月实际单位成本和本年累计实际平均单位成本等指标的填列方法，与产品生产成本及销售成本表中单位生产成本的填列方法基本相同。

## 四、制造费用明细表的结构与编制方法

（一）制造费用明细表的结构

制造费用明细表是反映企业及其生产单位在一定会计期间内发生的制造费用总额及其构成情况的报表。制造费用的构成，除了按照费用明细项目反映外，还应按照生产单位反映。

根据制造费用明细表，可以了解制造费用的实际支出水平；考核制造费用的计划执行情况；判断制造费用的变化趋势，以便加强对制造费用的控制和管理。

制造费用明细表按照制造费用各项目列示本年计划数、上年实际数和本年实际数 3 项资料，如表 9-6 所示。

**表 9-6　制造费用明细表**

编制单位：　　　　2017 年 12 月　　　　金额单位：元

| 项目 | 行次 | 本年计划数 | 上年实际数 | 本年实际数 |
|---|---|---|---|---|
| 职工薪酬 | 1 | 35 000 | 40 000 | 38 000 |
| 折旧费 | 2 | 1 750 | 1 700 | 1 700 |
| 租赁费 | 3 | 600 | 600 | 600 |
| 机物料消耗 | 4 | 5 300 | 5 000 | 5 800 |
| 低值易耗品摊销 | 5 | 780 | 780 | 850 |
| 水电费 | 6 | 11 000 | 12 000 | 12 000 |
| 办公费 | 7 | 6 000 | 5 800 | 6 000 |
| 差旅费 | 8 | 1 700 | 1 500 | 2 000 |
| 运输费 | 9 | 3 400 | 3 100 | 3 200 |
| 保险费 | 10 | 1 500 | 1 450 | 1 500 |
| 停工损失 | 11 | 600 | | 458 |
| 劳动保护费 | 12 | 800 | 750 | 820 |
| 其他 | 13 | 600 | 600 | 450 |
| 合计 | | 69 030 | 73 280 | 73 378 |

（二）制造费用明细表的编制方法

“本年计划数”栏根据本年制造费用预算填列；“上年实际数”栏根据上年度本表的“本栏实际数”栏的数字填列；“本年实际数”栏根据本年制造费用明细账中各项目累计数填列。

## 五、期间费用明细表的结构与编制方法

（一）期间费用明细表的结构

期间费用明细表是反映企业在报告期内发生的各种期间费用情况的报表，包括管理费用明细表、销售费用明细表和财务费用明细表。

期间费用明细表一般按照费用项目分别列示“本年计划数”、“上年实际数”和“本年实际数”3栏。报表格式如表9-7～表9-9所示。

**表9-7　管理费用明细表**

编制单位：　　　　2017年12月　　　　单位：元

| 项目 | 行次 | 本年计划数 | 上年实际数 | 本年实际数 |
|---|---|---|---|---|
| 职工薪酬 | 1 | 97 500 | 97 000 | 98 000 |
| 修理费 | 2 | 4 500 | 4 000 | 3 500 |
| 折旧费 | 3 | 6 000 | 6 000 | 6 000 |
| 租赁费 | 4 | 3 600 | 3 600 | 3 600 |
| 机物料消耗 | 5 | 9 500 | 8 500 | 9 000 |
| 低值易耗品摊销 | 6 | 9 000 | 8 500 | 9 500 |
| 工会经费 | 7 | 3 500 | 2 500 | 3 000 |
| 职工教育经费 | 8 | 2 000 | 1 600 | 1 500 |
| 水电费 | 9 | 1 800 | 1 600 | 1 700 |
| 办公费 | 10 | 75 000 | 72 000 | 70 000 |
| 差旅费 | 11 | 50 000 | 45 000 | 48 000 |
| 董事会费 | 12 | | | |
| 咨询费 | 13 | | | |
| 诉讼费 | 14 | | | |
| 排污费 | 15 | 18 000 | 10 000 | |
| 保险费 | 16 | 15 000 | 14 000 | 14 500 |
| 税金 | 17 | 70 000 | 70 000 | 68 000 |

续表

| 项目 | 行次 | 本年计划数 | 上年实际数 | 本年实际数 |
|---|---|---|---|---|
| 技术转让费 | 18 | 150 000 | | 140 000 |
| 研究与开发费 | 19 | 150 000 | 76 000 | 120 000 |
| 无形资产摊销 | 20 | 12 000 | 11 000 | 12 000 |
| 业务招待费 | 21 | 50 000 | 48 000 | 45 000 |
| 其他 | 22 | 20 000 | 15 000 | 17 000 |
| 合计 | | 747 400 | 494 300 | 670 300 |

## 表 9-8　销售费用明细表

编制单位：　　　　2017 年 12 月　　　　单位：元

| 项目 | 行次 | 本年计划数 | 上年实际数 | 本年实际数 |
|---|---|---|---|---|
| 职工薪酬 | 1 | 23 000 | 22 000 | 24 000 |
| 修理费 | 2 | 300 | 260 | 300 |
| 折旧费 | 3 | 500 | 500 | 500 |
| 租赁费 | 4 | | | |
| 包装费 | 5 | 22 000 | 21 000 | 20 000 |
| 低值易耗品摊销 | 6 | 200 | 140 | 150 |
| 运输费 | 7 | 18 000 | 15 000 | 17 000 |
| 展览费 | 8 | 7 000 | | 6 000 |
| 装卸费 | 9 | 5 000 | 4 800 | 4 500 |
| 广告费 | 10 | 15 000 | 12 000 | 14 000 |
| 办公费 | 11 | 8 000 | 7 800 | 7 600 |
| 差旅费 | 12 | 6 000 | 5 700 | 5 600 |
| 业务招待费 | 13 | 5 800 | 5 600 | 5 700 |
| 其他 | 14 | 37 000 | 35 000 | 34 000 |
| 合计 | | 147 800 | 129 800 | 139 350 |

## 表 9-9　财务费用明细表

编制单位：　　　　2017 年 12 月　　　　单位：元

| 项目 | 行次 | 本年计划数 | 上年实际数 | 本年实际数 |
|---|---|---|---|---|
| 利息支出（减利息收入） | 1 | 15 000 | 14 500 | 14 800 |
| 汇兑损失（减汇兑收益） | 2 | | | |
| 金融机构手续费 | 3 | 1 500 | 2 000 | 500 |
| 其他 | 4 | | | |
| 合计 | | 16 500 | 16 500 | 15 300 |

（二）期间费用明细表的编制方法

管理费用明细表、销售费用明细表和财务费用明细表的编制方法：“本年计划数”栏根据本年度各项费用预算填列；“上年实际数”栏根据上年度本表的“本年实际数”栏相应数字填列；“本年实际数”栏根据本年度管理费用明细账、销售费用明细账及财务费用明细账中各项费用的累计数填列。

**概念索引**

产品生产成本及销售成本表　产品生产成本表　主要产品单位成本表　制造费用明细表　期间费用明细表

**闯关考验**

（1）简述产品生产成本及销售成本表的编制方法。
（2）简述产品生产成本表的编制方法。
（3）简述主要产品单位成本表的编制方法。
（4）简述制造费用明细表的编制方法。
（5）简述期间费用明细表的编制方法。

## 思考与练习九

思考与练习九

### 一、单选题

1. 关于企业成本报表的说法，正确的是（　　）。
   A. 企业成本报表是对外报送的报表
   B. 企业成本报表是对内编报的报表
   C. 有关部门规定成本报表中哪些指标对外公布，哪些指标不对外公布
   D. 根据债权人和投资人的要求，确定成本报表中哪些指标对外公布，哪些指标不对外公布
2. 企业成本报表的种类、格式、项目、指标的设计和编制方法等由（　　）制定。
   A. 国家统一　　B. 企业自行
   C. 企业主管部门统一　　D. 企业主管部门与企业共同
3. 进行成本分析的主要依据是（　　）。
   A. 成本制度　　B. 成本预测
   C. 成本报表　　D. 企业会计准则

4. 下列关于主要产品单位成本表的说法，错误的是（　　）。
   A. 主要产品单位成本表是反映企业在报告期内生产的各种主要产品单位成本及其构成情况的报表
   B. 主要产品单位成本表应按主要产品分别编制
   C. 主要产品单位成本表是对产品生产成本表的补充说明
   D. 主要产品单位成本表是反映企业在报告期内全部产品单位成本构成情况的报表

## 二、多选题

1. 企业成本报表一般包括（　　）。
   A. 产品生产成本表　　B. 主要产品单位成本表
   C. 制造费用明细表　　D. 各种期间费用明细表
2. 反映企业产品成本水平及其构成情况的报表主要有（　　）。
   A. 产品生产成本及销售成本表
   B. 产品生产成本表
   C. 主要产品单位成本表
   D. 年度报表
3. 期间费用明细表一般包括（　　）。
   A. 管理费用明细表　　B. 销售费用明细表
   C. 财务费用明细表　　D. 工资明细表
4. 制造费用明细表的作用包括（　　）。
   A. 了解制造费用的实际支出水平
   B. 考核制造费用的计划执行情况
   C. 判断制造费用的变化趋势
   D. 加强对制造费用的控制和管理

## 三、判断题

1. 成本报表是一种内部管理会计报表，一般不对外报送和公开。（　　）
2. 成本报表的格式和内容应当具有统一性，以便统计、汇总和社会公众理解。（　　）
3. 产品生产成本表只能按成本项目编制。（　　）
4. 成本报表不包括期间费用明细表和制造费用明细表。（　　）
5. 不同企业的成本报表可以存在差异。（　　）

# 项目十 成本分析

**项目引入**

×企业2017年生产甲、乙、丙3种产品，企业领导十分关心这3种产品的成本完成情况，是否完成年初制订的成本计划？与上年度相比成本是降低了还是升高了？财务经理要求成本会计对本企业2017年度的成本费用情况进行系统分析，以便于领导决策。

## 任务一 认知成本分析

**任务导入**

小王作为新手，在李师傅的精心指导下，圆满完成了成本报表的编制。她看着编制好的产品生产成本表、主要产品单位成本表、制造费用明细表及期间费用明细表，心里美滋滋的。正在这时，李师傅走过来告诉她，准备进行成本分析。

### 一、成本分析的概念

成本分析是根据成本核算资料和成本计划资料及其他有关资料，运用一系列专门方法，揭示企业费用预算和成本计划的完成情况，查明影响费用预算和成本计划完成的原因，计算各种因素变动对费用预算和成本计划完成的影响程度，寻找降低成本、节约费用的途径，挖掘企业内部增产节约潜力的一项专门工作。成本分析是成本核算工作的继续，是成本会计的重要组成部分。

### 二、成本分析的意义

通过成本分析，企业可查明费用预算和成本计划的完成情况，找出成本费用管理工作中的成绩和问题，明确成本管理的责任，挖掘企业降低成本、节约费用的潜力，同时为编制成本计划、进行成本预算和决策等提供资料。

（1）查明成本计划和费用预算的完成情况。通过成本分析，可以查明企业费用预算和成本计划的完成情况，找出影响预算或计划完成的原因，分析影响成本计划和费用预算完成的各种因素的影响程度，总结成本管理中的经营教训，发现成本管理中的问题。

（2）落实成本管理的责任制。通过成本分析，可以明确企业内部各个部门和单位以及责任人在成本管理方面的责任，有利于考核和评估成本管理工作的业绩，落实成本管理责任制。

（3）挖掘内部增产节约的潜力。通过成本分析，可以挖掘企业内部增加生产、节约费用、降低成本的潜力，促使企业改进生产经营和成本管理，提高经济效益。

## 三、成本分析的方法

成本分析的方法很多，具体选用哪种方法，取决于企业成本分析的目的，以及费用与成本形成的特点和所依据资料的性质。常用的成本分析方法有对比分析法和因素分析法。

### （一）对比分析法

对比分析法又称比较分析法，是通过实际数与基数的对比来揭示实际数与基数之间的差异，借以了解经济活动的成绩和问题的一种分析方法。

对比基数由于分析的目的不同而有所不同，一般有计划数、定额数、前期实际数及企业的历史先进水平和国内外同行业的先进水平等。将本期实际数与前期实际数比较，可以考查经济活动的发展变化情况。将本企业实际数与国内外同行业的先进水平对比，可以发现与先进水平之间的差距，从而促进学习先进、赶超先进。

对比分析法只适用于同质指标的数量对比，如产品实际成本与计划成本对比，原材料实际成本与原材料定额成本对比等。

在成本分析中应用对比分析法，主要有以下几种对比方式。

#### 1. 分析期实际数据与预算数据比较

分析期实际数据与预算数据或计划数据比较，是基本的比较方法。这种方法可以找出分析期实际成本费用，与预算数或计划数之间的差异，查明成本计划和费用预算的执行情况。在具体比较时，可以计算出下列指标。

（1）实际脱离计划的差异额。计算公式为

实际较计划增减的数额＝分析期指标的实际数据－分析期指标的计划数据

在费用总额和产品单位成本的分析中，经常要用到上述公式。分析期实际费用总额大于预算中费用总额或产品实际单位成本大于计划单位成本时，称为费用或成本的超支；反之，为费用的节约或成本的降低。

（2）实际脱离计划的差异率。计算公式为

$$实际较计划增减的百分比=\frac{分析期指标的实际数-分析期指标的计划数}{分析期指标的计划数}\times 100\%$$

将分析期实际数据与计划（预算）数据比较，如果实际数据与计划数据的差异额较大，必须对计划（预算）的编制情况进行检查。

2. 分析期实际数据与前期实际数据比较

将分析期实际成本、费用，与前期实际成本、费用比较，可以反映企业成本、费用的变动趋势。

在成本分析中，将分析期实际数据与前期实际数据对比，除了可以计算出分析期实际数据较前期增加或减少的数额以及增加或减少的百分比外，主要产品成本降低额和降低率也是这种方法的另一种表现形式。无论是计划降低额还是实际降低额，都是与上年实际进行比较来计算的。计算公式为

$$\begin{aligned}&可比产品实际成本降低额\\&=实际产量按上年实际平均单位成本计算的总成本-实际总成本\end{aligned}$$

$$可比产品实际成本降低率=\frac{可比产品实际成本降低额}{实际产量按上年实际平均单位成本计算的总成本}\times 100\%$$

$$可比产品计划成本降低额=\begin{matrix}计划产量按上年实际平均\\单位成本计算的总成本\end{matrix}-计划总成本$$

$$可比产品计划成本降低率=\frac{可比产品计划成本降低额}{计划产量按上年实际平均单位成本计算的总成本}\times 100\%$$

在成本分析中，分析期实际数据还应当与本企业历史先进水平的成本、费用指标比较。历史先进水平是指本企业生产的该种产品，成本水平最低年度的实际成本；或在生产规模、生产条件大致相同的情况下，某种费用总额最低年度的费用额。

若分析期实际数据与本行业实际平均数据和本企业先进企业数据进行内部的纵向比较，还不能充分说明企业成本管理工作的成绩和成本、费用水平，只有将企业实际数据与行业实际平均数据和同行业先进企业的实际数据进行横向对比，才能找出本企业的差距，才能确定企业成本管理水平在同行业同类企业中的位置。因为企业对于成本数据通常是保密的，所以成本数据在企业之间的这种横向比较，只有在行业内各企业之间达成了某种协议，同行业同类企业之间有成本数据交换的情况下才有可能。

（二）因素分析法

因素分析法是依据分析指标与其影响因素之间的关系，确定各因素对各分析指标影响程度的一种技术方法。它是经济活动分析中最重要的方法之一，也是成本分析中常用的一种方法。连环替代法是因素分析法的一种主要形式。为正确理解连环替代法，首先应明确连环替代法的步骤。

1. 连环替代法的步骤

（1）确定分析指标与其影响因素之间的关系。确定分析指标与其影响因素之间的关系，通常采用指标分解法，即将各经济指标在计算公式的基础上进行分解或扩展，得出各影响因素与分析指标之间的关系式。例如，对于材料费用指标，要确定它与影响因素之间的关系，可分解为

材料费用＝产品产量×单位产品产量费用

＝产品产量×单位产品材料消耗量×材料单价

分析指标与影响因素之间的关系式，既说明哪些因素影响分析指标，又说明这些因素与分析指标之间的关系及顺序。如上式中影响材料费用的有产品产量、材料单耗和材料单价 3 个因素。它们都与材料费用成正比关系。它们的排列顺序是产品产量在先，其次是材料单耗，最后是材料单价。

（2）根据分析指标的报告期数值与基期数值列出关系式或指标关系，确定分析对象。例如，材料费用的指标体系为

基期材料费用＝基期产品产量×基期材料单耗×基期材料单价

实际材料费用＝实际产品产量×实际材料单耗×实际材料单价

分析对象（材料费用差异额）＝实际材料费用－基期材料费用

（3）连环顺序替代，计算替代结果。连环顺序替代，就是以基期指标体系为计算基础，用实际指标体系中的每一因素的实际数额顺序替代其相应的基期数。每进行一次替代，替代的实际数就保留下来。有几个因素就替代几次，并相应确定计算结果。

（4）比较各因素的替代结果，确定各因素对分析指标的影响程度。比较替代结果是连环进行的，即将每次替代所计算的结果与这一因素被替代前的结果进行对比，两者的差额就是替代因素对分析对象的影响程度。

（5）经验分析结果。将各因素对分析指标的影响额相加，其代数和应等于分析对象。如果两者相等，说明分析结果可能是正确的；如果两者不相等，则说明分析结果一定是错误的。

连环替代法的步骤是紧密相连、缺一不可的，尤其是前 4 个步骤，任何一个步骤出现错误，都会出现错误的结果。

连环替代法的程序和原理也可以用简单的数学公式表示。

设某一经济指标 $N$ 由相互联系的 $a$、$b$、$c$ 等因素组成（假定该经济指标是以组成因素的乘积的形态出现），其计划指标 $N_0$ 是 $a_0$、$b_0$、$c_0$ 等因素综合影响的结果，其实际指标 $N_1$ 是 $a_1$、$b_1$、$c_1$ 综合影响的结果，即

$$N_0 = a_0 \times b_0 \times c_0 \tag{1}$$

$$N_1 = a_1 \times b_1 \times c_1 \tag{2}$$

该指标实际脱离计划差异 $d=(N_1-N_0)$ 同时受 $a$、$b$、$c$ 变动的影响。现在要测定

各因素变动对 $N$ 的影响，必须补充两个中间环节。

假定变动 $a$ 因素，有

$$N_2=a_1\times b_0\times c_0 \tag{3}$$

在 $a$ 因素变动基础上再变动 $b$ 因素，有

$$N_3=a_1\times b_1\times c_0 \tag{4}$$

这样，就可以计算各个因素的影响程度，计算结果如下：

式（3）－式（1）＝$N_2-N_0$，是由 $a_0-a_1$ 产生的影响；

式（4）－式（3）＝$N_3-N_2$，是由 $b_0-b_1$ 产生的影响；

式（2）－式（4）＝$N_1-N_3$，是由 $c_0-c_1$ 产生的影响。

把各个因素加以综合，有

$$(N_2-N_0)+(N_3-N_2)+(N_1-N_3)=N_1-N_0=d$$

下面举例说明连环替代法的步骤和应用。

**【例 10-1】** W 企业 2017 年 5 月和 6 月有关材料费用、产品产量、材料单耗和材料单价的资料如表 10-1 所示。

**表 10-1　材料成本资料**

| 指标 | 2017 年 5 月 | 2017 年 6 月 |
|---|---|---|
| 材料费用/元 | 9 000 | 8 415 |
| 产品产量/件 | 100 | 110 |
| 产量单耗/千克 | 10 | 9 |
| 材料单价/元 | 9 | 8.5 |

要求：分析各因素变动对材料费用的影响程度。

根据连环替代法的程序和上述对材料费用的因素分解式，可得

$$实际指标体系=110\times9\times8.5=8\,415（元）$$

$$基期指标体系=100\times10\times9=9\,000（元）$$

分析对象：

$$8\,415-9\,000=-585（元）$$

在此基础上，进行连环顺序替代，并计算每次替代后的结果：

$$基期指标体系=100\times10\times9=9\,000（元）$$

$$替代第一因素=110\times10\times9=9\,900（元）$$

$$替代第二因素=110\times9\times9=8\,910（元）$$

$$替代第三因素=110\times9\times8.5=8\,415（元）$$

确定各因素对材料费用的影响程度：

$$产品产量的影响=9\,900-9\,000=900（元）$$

材料单耗的影响＝8 910－9 900＝－990（元）

材料单价的影响＝8 415－8 910＝－495（元）

最后检验分析结果＝900－990－495＝－585（元）

采用实际数与计划数进行因素分析，可以了解各因素脱离计划的变动对分析指标的影响程度。

2. 应用连环替代法应注意的问题

连环替代法作为因素分析法的主要形式，在实践中应用比较广泛。应用连环替代法必须注意以下几个问题。

（1）因素分解的相关性。所谓因素分解的相关性，是指分析指标与其影响因素之间必须真正相关，即有实际经济意义，各影响因素的变动确实能说明分析指标差异产生的原因。这就是说，经济意义上的因素分解与数学上的因素分解不同，不是在数学算式上相等就行，而要看经济意义。例如，将影响材料费用的因素分解为下面两个等式，从数学上是成立的，即

材料费用＝产品产量×单位产品材料费用

材料费用＝工人人数×每人消耗材料费用

但是从经济意义上说，只有前一个因素分解式是正确的，后一个因素分解式在经济上没有任何意义。因为工人人数和每人消耗材料费用到底是增加有利还是减少有利，无法通过上述计算公式解释清楚。当然，有经济意义的因素分解式并不是唯一的，经济指标从不同角度看，可分为不同的有经济意义的因素分解式。这就需要我们在因素分解时，根据分析的目的和要求，确定合适的因素分解式，以找出分析指标变动的真正原因。

（2）分析前提的假定性。所谓分析前提的假定性，是指分析某一因素对经济指标差异的影响时，必须假定其他因素不变，否则就不能分清各单一因素对分析对象的影响程度。实际工作中，有些因素对经济指标的影响是共同作用的结果，共同影响的因素越多，各种假定的准确性就越差，分析结果的准确性也就会越低。因此，在因素分解时，并非分解的因素越多越好，而应根据实际情况，具体问题具体分析，尽量减少相互影响较大的因素再分解。否则因素分解过细，从表面看有利于分清原因和责任，但在共同影响因素较多时，反而影响了分析结果的准确性。

（3）因素替代的顺序性。因素分解不仅要因素确定准确，而且因素排列顺序不能交换，这里特别强调的是不存在乘法交换率问题。因为分析前提假定性的原因，按不同顺序计算结果是不同的。那么，如何确定正确的替代顺序呢？这是一个理论上和实践中都没有很好解决的问题。传统方法是依据数量指标在前、质量指标在后的原则进行排列。

（4）顺序替代的连环性。连环性在确定各因素变动对分析对象的影响时，都是将某因素替代后的结果与该因素替代前的结果对比，一环套一环，这样才能保证各因素对分析对象影响结果的可行性，又便于检验分析结果的准确性。因为只有连环替代并确定各

因素影响额，才能保证各因素对经济指标的影响之和与分析对象相等。

**概念索引**

对比分析法　因素分析法　连环替代法

**闯关考验**

（1）简述对比分析法应用过程中的对比方式。
（2）简述连环替代法的步骤。

# 任务二　分析成本计划完成情况

**任务导入**

小王是一个勤奋好学的青年，对于领导安排的任务并不发怵。但是作为新手，她对×企业的情况不是十分了解，还得多请教李师傅，争取能根据成本核算资料采用各种成本分析方法将企业的成本执行情况分析到位。

小王采取对比分析法和因素分析法，分析了×企业2017年甲、乙、丙3种产品的实际情况，与2016年相比，甲、乙两种产品成本均有不同程度的降低，丙产品是2017年才投产的，属于不可比产品，只能用连环替代法对其成本构成进行分析。小王根据分析结果起草了一份2017年成本分析报告交给李师傅。李师傅看完后说少了与成本计划的比较情况。小王连忙查找2017年成本计划，做进一步完善。

## 一、全部产品成本计划完成情况的分析

全部产品成本表是按照产品类别和成本项目分别编制的，全部产品成本计划完成情况的分析，也应当按照产品类别和成本项目分别进行。通过分析，查明全部商品和各种产品成本计划完成情况，查明全部产品总成本中，各个成本项目的成本计划完成情况，同时还应找出成本超支或降低额较大的产品和成本项目，为进一步分析指明方向。

1. 按产品品种总括分析成本计划的完成情况

全部产品按品种进行成本计划完成情况分析，依据是分析期产品生产成本及销售成本表和按产品类别编制的产品成本计划表。下面举例说明分析方法。

**【例10-2】**　W企业2017年12月产品实际生产成本资料如表10-2所示，产品计划成本资料如表10-3所示。

表 10-2 全部产品成本表

编制单位：W 企业　　2017 年 12 月　　单位：元

| 产品 | 计量单位 | 实际产量 | 单位成本 | | | 本年累计总成本 | | |
|---|---|---|---|---|---|---|---|---|
| | | | 上年实际 | 本年计划 | 本年实际 | 按上年实际单位成本计算 | 按本年计划单位成本计算 | 本年实际 |
| 主要产品 | | | | | | 1 000 000 | 972 500 | 969 250 |
| 甲产品 | 件 | 625 | 1 200 | 1 164 | 1 158 | 750 000 | 727 500 | 723 750 |
| 乙产品 | 件 | 250 | 1 000 | 980 | 982 | 250 000 | 245 000 | 245 500 |
| 非主要产品 | | | | | | | 277 500 | 265 000 |
| 丙产品 | 件 | 250 | | 1 110 | 1 060 | | 277 500 | 265 000 |
| 合计 | | | | | | | 1 250 000 | 1 234 250 |

表 10-3 产品成本计划表

编制单位：W 企业　　2017 年 12 月　　单位：元

| 产品 | 计量单位 | 计划产量 | 单位成本 | | 计划产量的总成本 | | 成本降低任务 | |
|---|---|---|---|---|---|---|---|---|
| | | | 上年实际 | 本年计划 | 按上年实际单位成本计算 | 本年计划 | 成本降低额 | 成本降低率/% |
| 主要产品 | | | | | 900 000 | 875 520 | 24 480 | 2.72 |
| 甲产品 | 件 | 540 | 1 200 | 1 164 | 648 000 | 628 560 | 19 440 | 3.00 |
| 乙产品 | 件 | 252 | 1 000 | 980 | 252 000 | 246 960 | 5 040 | 2.00 |
| 非主要产品 | | | | | | 266 400 | | |
| 丙产品 | 件 | 240 | | 1 110 | | 266 400 | | — |
| 合计 | | | | | | 1 141 920 | | — |

在全部产品成本计划完成情况分析表（表 10-4）中，总成本都是按实际产量来计算的。因为只有同一实物量的总成本，才可以比较。在企业全部产品中，有的产品以前年度没有正式生产过，没有上年成本资料。因此，企业全部产品成本计划完成情况的分析，是与计划比较，计算出全部产品的成本降低额和降低率，查明成本计划的完成情况。在本例中，该企业本年全部产品总成本完成了计划。实际成本与计划成本比较，成本降低额为 15 750 元，成本降低率为 1.26%。在全部产品中，非主要产品成本计划完成较好，实际成本较计划降低了 4.505%，成本降低额 12 500 元；而主要产品虽然完成了成本计划，但仅降低了 0.334 2%，成本降低额为 3 250 元；在主要产品中，乙产品成本较计划超支 500 元，超支 0.204 1%，应进一步查明原因。

表 10-4　产品成本计划完成情况分析表

编制单位：W 企业　　2017 年 12 月　　单位：元

| 产品 | 计量单位 | 实际产量 | 单位成本 | | | 实际产量的总成本 | | | 与计划成本相比 | | |
|---|---|---|---|---|---|---|---|---|---|---|---|
| | | | 上年实际 | 本年计划 | 本年实际 | 按上年实际单位成本计算 | 按本年计划单位成本计算 | 本年实际 | 成本降低额 | 成本降低率/% | 降低成本的构成/% |
| 主要产品 | | | | | | 1 000 000 | 972 500 | 969 250 | 3 250 | 0.334 2 | 0.26 |
| 甲产品 | 件 | 625 | 1 200 | 1 164 | 1 158 | 750 000 | 727 500 | 723 750 | 3 750 | 0.515 5 | 0.3 |
| 乙产品 | 件 | 250 | 1 000 | 980 | 982 | 250 000 | 245 000 | 245 500 | −500 | −0.204 1 | −0.04 |
| 非主要产品 | | | | | | | 277 500 | 265 000 | 12 500 | 4.504 5 | |
| 丙产品 | 件 | 250 | | 1 110 | 1 060 | | 277 500 | 265 000 | 12 500 | 4.504 5 | 1 |
| 合计 | | | | | | | 1 250 000 | 1 234 250 | 15 750 | 1.260 0 | 1.26 |

2. 全部产品按成本项目分析

全部产品总成本按成本项目进行的分析，其依据是企业编制的按成本项目反映的产品生产成本表和产品成本计划表。

**【例 10-3】**　W 企业根据成本计划和成本报表的有关资料，编制截至 2017 年 12 月按成本项目反映的全部产品总成本计划完成情况分析表（表 10-5）。

表 10-5　全部产品总成本计划完成情况分析表

编制单位：W 企业　　2017 年 12 月　　单位：元

| 成本项目 | 实际产量的总成本 | | 与计划相比 | | |
|---|---|---|---|---|---|
| | 按本年计划单位成本计算 | 本年实际 | 成本降低额 | 成本降低率 | 降低率的构成/% |
| 直接材料 | 500 000 | 485 825 | 14 175 | 2.835 | 1.13 |
| 直接人工 | 362 500 | 363 625 | −1 125 | −0.310 3 | −0.09 |
| 制造费用 | 387 500 | 384 750 | 2 750 | 0.709 7 | 0.22 |
| 合计 | 1 250 000 | 1 234 200 | 15 800 | 1.26 | 1.26 |

从表 10-5 中可以看到，W 企业按成本项目反映的全部产品成本计划完成情况，与计划比较的成本降低额为 15 800 元，成本降低率为 1.26%。进一步分析可以发现，构成产品总成本的 3 个成本项目，直接材料和制造费用两个项目完成了计划，与计划比较的降低率分别为 2.835%和 0.709 7%；但直接人工超支 1 125 元，超支 3.103%，对此，需要做进一步的分析。

## 二、可比产品成本分析

### 1. 可比产品成本降低情况的总括分析

企业在制订成本计划时，规定了可比产品成本比上年成本降低的任务，即计划降低额和计划降低率。因此，可比产品成本的分析，首先要计算出实际降低额和降低率，以便与计划降低额和降低率比较，从而了解可比产品降低任务的完成情况。计划降低额、计划降低率、实际降低额和实际降低率的计算公式为

计划降低额＝∑可比产品计划产量（上年实际平均单位成本－计划单位成本）

＝可比产品计划产量按上年平均单位成本计算的总成本－可比产品计划总成本

$$计划降低率=\frac{\sum(某产品上年预计平均单位成本-计划单位成本)\times 计划产量}{\sum(上年预计平均单位成本\times 计划产量)}\times 100\%$$

实际降低额＝∑可比产品实际数量（上年实际平均单位成本

－本年实际平均单位成本）×100%

$$实际降低率=\frac{\sum(某产品上年预计平均单位成本-实际单位成本)\times 实际产量}{\sum(上年预计平均单位成本\times 实际产量)}\times 100\%$$

根据上述公式及表 10-2 和表 10-3 的相关数据，可比产品成本降低任务完成情况如下：

计划降低额＝540×1 200＋252×1 000－（540×1 164＋252×980）＝24 480（元）

计划降低率＝24 480/900 000×100%＝2.72%

实际降低额＝625×1 200＋250×1 000－（625×1 158＋250×982）＝30 750（元）

实际降低率＝30 750/1 000 000×100%＝3.075%

实际与计划比较：

| | 计划 | 实际 | 差异 |
|---|---|---|---|
| 降低额 | 24 480 元 | 30 750 元 | ＋6 270 元 |
| 降低率 | 2.72% | 3.075% | ＋0.355% |

由此可知，企业可比产品成本实际降低额和实际降低率都超额完成了计划。其中，实际降低额比计划多降低 6 270 元，实际降低率比计划多降低 0.355%。

### 2. 影响可比产品的成本降低情况的因素分析

可比产品的实际降低额和实际降低率都超额完成了计划，那么，影响可比产品成本各主要因素的变动情况怎样？它们各自对产品成本的影响程度又怎样呢？这需要做进一步的分析。影响可比产品成本的因素有 3 个，产品产量、产品品种结构和产品单位成本。由于可比产品的计划降低额是根据各种产品的计划产量确定的，可比产品的实际降低额是根据各种产品实际产量确定的，在产品品种结构和产品单位成本不变的情况下，

产量变动将会使成本降低额发生同比例变动，因而产量变动将不会影响成本降低率的变动。此外，由于各种产品的成本降低程度不同，因而产品品种比重变动，将会使成本降低额与成本降低率同时发生变动。成本降低程度大的产品比重增加会使成本降低额和降低率增加；反之，则减少。因此，影响成本降低额的因素有3个，即产品产量变动、产品品种结构变动和产品单位成本变动；影响成本降低率的因素有产品品种结构变动和产品单位成本变动。

（1）产品产量变动的影响。产品产量变动是指从计划产量变为实际产量的增加数或减少数。产量变动只影响降低额，而不影响降低率。产量变动影响程度可按下列公式计算：

产量变动后计划降低额＝成本计划降低率×∑（全部可比产品实际产量×上年平均单位成本）

或

产量变动后计划降低额＝成本计划降低率×可比产品实际产量按上年平均单位成本计算的总成本

产量变动对成本降低额的影响＝产量变动后计划降低额－产量变动前计划降低额

以表10-2和表10-3的相关数据为例：

产量变动后计划降低额＝2.72%×1 000 000＝27 200（元）

产量变动对成本降低额的影响＝27 200－24 480＝2 720（元）

（2）产品品种结构变动的影响。产品品种结构变动是指产品各品种在总产量中所占比重的变动。这种变动不仅影响降低额，也会影响降低率。产品品种结构变动的影响程度可用下列公式计算：

产品品种结构变动后的计划降低额＝∑（全部可比产品实际产量×上年平均单位成本）－∑（全部可比产品实际产量×本年计划单位成本）

或

产品品种结构变动后的计划降低额＝可比产品实际产量按上年平均单位成本计算的总成本－可比产品实际产量按本年计划单位成本计算的总成本

产品品种结构变动成本降低额的影响＝产品品种结构变动后的计划降低额－产量变动后的计划降低额

$$\text{产品品种结构变动对成本降低率的影响}=\frac{\text{产品品种结构变动对成本降低额的影响}}{\sum(\text{全部可比产品实际产量}\times\text{上年平均单位成本})}\times 100\%$$

或

$$\text{产品品种结构变动对成本降低率的影响}=\frac{\text{产品品种结构变动对成本降低额的影响}}{\text{可比产品实际产量按上年平均单位成本计算的总成本}}\times 100\%$$

根据表10-2和表10-3的相关数据计算如下：

产品品种结构变动后的计划降低额＝1 000 000－972 500＝27 500（元）

产品品种结构变动对成本降低额的影响＝27 500－27 200＝300（元）

产品品种结构变动对成本降低率的影响＝300/1 000 000×100%＝0.03%

（3）产品单位成本变动的影响。单位成本变动就是实际成本高于或低于计划单位成本的数额。单位成本的变动既会影响到成本降低额，也会影响到计划成本降低率。单位成本变动的影响程度可用下列公式计算：

单位成本变动后计划降低额＝∑可比产品实际产量×（上年实际平均单位成本－本年实际单位成本）

或

单位成本变动后的计划降低额＝可比产品实际产量按上年平均单位成本计算的总成本－可比产品实际总成本

单位成本变动对成本降低额的影响＝单位成本变动后的计划降低额－产品品种结构变动后的计划降低额

$$\text{单位成本变动对成本降低率的影响}=\frac{\text{产品成本变动对成本降低额的影响}}{\sum(\text{全部可比产品实际产量}\times\text{本年平均单位成本})}\times 100\%$$

或

$$\text{单位成本变动对成本降低率的影响}=\frac{\text{产品成本变动对成本降低额的影响}}{\text{可比产品实际总成本}}\times 100\%$$

根据表 10-2 和表 10-3 的相关数据计算如下：

单位成本变动后的计划降低额＝1 000 000－969 250＝30 750（元）

单位成本变动对成本降低额的影响＝30 750－27 500＝3 250（元）

单位成本变动对成本降低率的影响＝3 250/1 000 000×100%＝0.325%

经上述计算和分析，可以得出成本超计划降低 6 270 元的原因：

| | |
|---|---|
| 产量变动影响降低额 | ＋2 720 |
| 产品品种结构变动影响降低额 | ＋300 |
| 单位成本变动影响降低额 | ＋3 250 |
| 合计 | ＋6 270 |

成本降低率超计划降低 0.355%的原因：

| | |
|---|---|
| 产品品种结构变动对成本降低率的影响 | ＋0.030% |
| 单位成本变动对成本降低率的影响 | ＋0.325% |
| 合计 | ＋0.355% |

从以上分析可以看出，W 企业成本降低额与成本降低率都超额完成了计划，成本降低额比计划增加 6 270 元，成本降低率比计划增加 0.355%。W 企业成本降低任务超额完成，是产量、产品品种结构和产品单位成本 3 个因素变动共同影响的结果。在 3 个因素中，主要是产品单位成本和产品产量较好地完成计划的结果。但在两种主要产品中，仅是甲产品的单位成本和产量完成了计划，乙产品单位成本较计划超支 2 元，产量少完成

2 件，应做进一步的分析。

### 三、单位产品成本分析

一定时期产品成本的高低，是与企业生产技术、生产组织状况和经营管理水平等情况密切相关的，因此结合企业的各种经济资料，对产品单位成本进行分析，可以查明成本升降的具体原因，以便采取措施降低产品成本。

对产品单位成本计划完成情况，重点分析两类产品：一是单位成本升降幅度较大的产品；二是在企业全部产品中所占比重较大的产品。在这两类产品中，又应重点分析升降幅度较大的和所占比重较大的成本项目。产品单位成本计划完成情况的分析，依据的是有关成本报表资料和成本计划资料，分析的方法是先运用比较分析法，查明产品单位成本计划的完成情况，即进行一般分析；再运用因素分析法，查明各个成本项目成本升降的具体原因，即进行因素分析。

**【例 10-4】** W 企业根据本年主要产品单位成本表编制的产品单位成本计划完成情况分析表如表 10-6 所示。

**表 10-6　产品单位成本计划完成情况分析表**

| 成本项目 | 单位成本 | | | 与上年实际相比 | | 与本年计划相比 | |
|---|---|---|---|---|---|---|---|
| | 上年实际/元 | 本年计划/元 | 本年实际/元 | 成本降低额/元 | 降低率/% | 成本降低额/元 | 降低率/% |
| 甲产品 | 1 200 | 1 164 | 1 158 | 42 | 3.500 | 6 | 0.515 |
| 其中：直接材料 | 470 | 439 | 445 | 25 | 5.319 | −6 | −1.367 |
| 直接人工 | 370 | 375 | 372 | −2 | −0.541 | 3 | 0.800 |
| 制造费用 | 360 | 350 | 341 | 19 | 5.278 | 9 | 2.571 |
| 乙产品 | 1 000 | 980 | 982 | 18 | 1.800 | −2 | −0.204 |
| 其中：直接材料 | 400 | 385 | 371.4 | 28.6 | 7.150 | 13.6 | 3.532 |
| 直接人工 | 250 | 255 | 258 | −8 | −3.200 | −3 | −1.176 |
| 制造费用 | 350 | 340 | 352.6 | −2.6 | −0.743 | −12.6 | −3.706 |

表 10-6 的分析计算结果表明，与上年实际比较，W 企业甲、乙两种主要产品的单位成本都有所降低，降低额分别为 42 元和 18 元，降低率分别为 3.5%和 1.8%；但与上年实际比较，两种产品的直接人工费都有所增加，影响了产品单位成本的降低幅度。与本年计划比较，甲产品单位成本降低额为 6 元，降低率为 0.515%；乙产品单位成本超支 2 元，超支 0.204%。甲产品单位成本超额完成计划，主要是直接人工和制造费用完成计划较好，成本降低额分别为 3 元和 9 元；但直接材料项目较计划超支 6 元，超支 1.367%，应当进一步分析原因。乙产品虽然直接材料项目超额完成了计划，比计划降低 13.6 元，降低 3.532%；但直接人工和制造费用分别超支 3 元和 12.6 元，超支 1.176%和

3.706%，乙产品没有完成单位成本计划，对于乙产品直接人工和制造费用超支计划的原因，应重点分析。

1. 直接材料项目的分析

降低材料成本是降低产品成本的重要途径，特别是直接材料占产品成本比重较大的产品，直接材料项目更应作为产品单位成本分析的重点。影响产品单位成本中直接材料费用变动的因素，主要是单位产品材料消耗量和单位材料价格两个因素。分析这两个因素变动对材料成本的影响程度，根据连环替代法的原理，可以按下列公式计算：

用量变动对材料成本的影响＝（单位产品材料实际用量－单位产品材料计划用量）×材料计划价格

价格变动对材料成本的影响＝（材料实际价格－材料计划价格）×单位产品材料实际用量

**【例 10-5】** 根据表 10-7 提供的资料，W 企业截至 2017 年 12 月生产的甲产品实际与计划比较，直接材料费用超支 6 元，超支 1.367%。甲产品消耗 A、B、C、D 共 4 种材料，根据各种材料耗用量和价格资料，编制直接材料费用分析表如表 10-7 所示。

**表 10-7 直接材料费用分析表**

编制单位：W 企业

产品：甲产品　　　　2017 年 12 月　　　　单位：元

| 材料名称 | 计量单位 | 材料消耗量 | | 材料价格 | | 材料成本 | | 成本差异 | | 差异额分析 | |
|---|---|---|---|---|---|---|---|---|---|---|---|
| | | 计划 | 实际 | 计划 | 实际 | 计划 | 实际 | 差异额 | 差异率/% | 用量影响 | 价格影响 |
| A 材料 | 千克 | 40 | 42 | 5 | 4.9 | 200 | 205.8 | 5.8 | 2.9 | 10 | -4.2 |
| B 材料 | 千克 | 33 | 35 | 3 | 3 | 99 | 105 | 6 | 6.06 | 6 | 0 |
| C 材料 | 千克 | 20 | 18 | 4 | 4.2 | 80 | 75.6 | -4.4 | -5.5 | -8 | 3.6 |
| D 材料 | 千克 | 10 | 10 | 6 | 5.86 | 60 | 58.6 | -1.4 | -2.33 | 0 | -1.4 |
| 合计 | | | | | | 439 | 445 | 6 | 1.367 | 8 | -2 |

表 10-7 的分析计算结果表明，W 企业甲产品单位成本中，直接材料费用实际比计划超支 6 元，超支 1.367%，主要是 A、B 两种材料的实际成本比计划成本分别超支 5.8 元和 6 元，合计为 11.8 元。超支的主要原因是单位产品的材料消耗量没有完成计划。两种材料的消耗量增加使直接材料费用增加 16 元，应当进一步查明原因。C、D 两种材料的实际成本比计划成本降低了 5.8 元，但由于 C 材料价格超计划，C 材料成本增加 3.6 元，需要进一步分析价格上升的原因。C 材料耗用量减少，使产品单位成本降低了 8 元，也需要分析原因。

2. 直接人工项目的分析

产品单位成本中的直接人工费用，受工人劳动生产率和工人平均工资两个因素影响。这两个因素也可以用单位产品生产工时消耗和小时平均工资来表示。根据连环替代法的原理，分析单位产品工时消耗和小时工资率变动对成本的影响，计算公式为

单位产品工时消耗变动对成本的影响＝（单位产品实际工时－单位产品计划工时）×计划小时工资率

小时工资率变动对成本的影响＝（实际小时工资率－计划小时工资率）×单位产品实际工时

**【例 10-6】** 根据表 10-7 提供的资料，W 企业截至 2017 年 12 月生产的乙产品单位产品成本中的直接人工费用实际比计划超支 3 元，超支 1.176%。为了分析成本超支的原因，收集整理有关乙产品的产量、工时、工资资料如表 10-8 所示。

**表 10-8 产品产量、工时、工资资料表**

编制单位：W 公司　　　　2017 年 12 月　　　　产品：乙产品

| 项目 | 本年计划数 | 本年实际数 | 差异额 |
|---|---|---|---|
| 产品产量/件 | 252 | 250 | −2 |
| 产品生产总工时/小时 | 22 176 | 21 500 | −676 |
| 产品生产工人工资及福利费/元 | 64 260 | 64 500 | 240 |
| 单位产品直接人工成本/元 | 255 | 258 | 3 |
| 单位产品工时消耗/小时 | 88 | 86 | −2 |
| 小时工资率/（元/小时） | 2.898 | 3 | 0.102 |

根据表 10-8 提供的资料，分析企业乙产品单位成本中直接人工费用超计划的原因。分析计算过程如下：

乙产品单位成本中人工费用实际脱离计划的差异额＝258－255＝3（元）

乙产品单位产品工时消耗降低的影响＝（86－88）×2.898＝5.8（元）

小时工资率提高对成本的影响＝（3－2.898）×86＝8.8（元）

两个因素共同影响的数额＝－5.8＋8.8＝3（元）

上述计算结果表明，企业乙产品单位成本中直接人工费用实际比计划超支 3 元，主要是小时工资率超计划所造成的。由于小时工资率实际比计划提高 0.102 元，乙产品单位成本增加 8.8 元；而乙产品单位产品工时消耗实际比计划减少 2 小时，使产品单位成本降低 5.8 元。这说明 W 企业公司工人劳动率比计划有所提高，但由于工人平均工资的增长幅度超过了工人劳动生产率的增长幅度，单位成本中直接人工费用仍超支 3 元。

3. 制造费用项目的分析

制造费用是生产单位为生产产品和提供劳务所发生的各项间接费用，通常应当按照一定标准分配到该生产单位所生产的各种产品成本之中。根据制造费用计入产品成本的方式，在分析各因素变动对单位产品成本中制造费用的影响时，既可以分析产品产量和

制造费用总额两个因素，也可以分析单位产品工时消耗和小时费用率两个因素。按照连环替代法的原理，分析单位产品工时消耗和小时费用率两个因素变动对单位产品成本中制造费用的影响，计算公式为

单位产品工时变动成本的影响＝（单位产品实际工时－单位产品计划工时）×计划小时费用率

小时费用率变动对成本的影响＝（实际小时费用率－计划小时费用率）×单位产品实际工时

【例 10-7】 根据表 10-7 提供的资料，W 企业到 2017 年 12 月生产的乙产品，单位成本中的制造费用实际比计划超支 12.6 元，超支 3.706%，表 10-4 提供的乙产品单位产品工时消耗本年实际为 86 小时，本年计划为 88 小时；根据制造费用总额资料，乙产品小时制造费用分配率本年实际为 4.1 元，本年计划为 3.864 元。分析乙产品单位成本中制造费用超支 12.6 元的原因。计算过程如下：

乙产品单位成本中制造费用实际脱离计划的差异＝352.6－340＝12.6（元）

单位产品工时消耗降低对成本的影响＝（86－88）×3.864＝－7.7（元）

小时制造费用分配率提高对成本的影响＝（4.1－3.864）×86＝20.3（元）

两个因素共同影响数额＝－7.7＋20.3＝12.6（元）

上述计算结果表明，W 企业乙产品单位成本中制造费用实际比计划超支 12.6 元，主要是小时制造费用分配率超计划所造成的。由于小时制造费用分配率实际比计划超支 0.236 元，乙产品单位成本超支 20.3 元。这说明 W 企业在控制制造费用总额和增加产品产量方面还大有潜力可挖。对制造费用总额增加和乙产品为完成产量计划的原因，还应进一步分析。

**概念索引**

全部产品成本表

**闯关考验**

简述全部产品成本计划完成情况的分析过程。

思考与练习十

# 思考与练习十

## 一、单选题

1. 影响成本降低额的因素不包括（　　）。

A. 产品产量变动　　B. 产品品种结构变动

C. 产品价格变动　　　　D. 产品单位成本变动

2. 依据分析指标与其影响因素之间的关系，确定各因素对各分析指标影响程度的技术方法，叫作（　　）。

A. 因素分析法　　B. 对比分析法　　C. 比较分析法　　D. 比率分析法

3. 在进行成本报表分析时，分析各因素对某一指标的影响程度时，可以采用（　　）。

A. 因素分析法　　B. 对比分析法　　C. 结构比例法　　D. 比率分析法

## 二、多选题

1. 常用的成本分析方法有（　　）。

A. 对比分析法　　B. 因素分析法　　C. 差额分析法　　D. 比例分析法

2. 连环替代的步骤包括（　　）。

A. 根据分析指标的报告期数值与基期数值列出关系式或指标关系，确定分析对象

B. 确定分析指标与其影响因素之间的关系

C. 比较各因素的替代结果，确定各因素对分析指标的影响程度，经验分析结果

D. 连环顺序替代，计算替代结果

3. 运用连环替代法时应注意的问题包括（　　）。

A. 因素分解的相关性　　　　B. 分析前提的假定性

C. 因素替代的顺序性　　　　D. 顺序替代的连环性

4. 影响可比产品成本的因素包括（　　）。

A. 产品价格　　　　B. 产品产量

C. 产品品种结构　　　　D. 产品单位成本

5. 影响产品单位成本中直接人工费用变动的因素有（　　）。

A. 产品生产工人数量

B. 产品生产工人工资总额

C. 产品生产工人劳动生产率（单位产品工时消耗）

D. 产品生产工人平均工资（小时工资率）

## 三、判断题

1. 成本分析只需要根据成本核算资料进行分析。（　　）

2. 主要产品成本降低额和降低率的计算，依据的是比较分析法的原理。（　　）

3. 采用连环替代法，改变因素的排列顺序，计算的结果会有所不同。（　　）

4. 在全部产品成本分析中，通常要计算与计划比较的全部产品成本降低额和降低率。（　　）

5. 由于各种产品的计划成本降低率不同，产品结构变动会影响主要产品成本降低任务的完成程度。（　　）

# 模块六

# 成本管理制度

## 知识目标

在了解标准成本法、作业成本法和质量成本法的基础上，掌握这 3 种方法的成本核算程序。

## 技能目标

能够正确进行标准成本法、作业成本法和质量成本法的成本核算。

## 重点及难点

标准成本法、作业成本法和质量成本法的核算程序。

## 基本内容

项目十一　标准成本法、作业成本法和质量成本法

# 项目十一　标准成本法、作业成本法和质量成本法

**项目引入**

张宁同学通过这一段时间的实习，深刻体会到新经济时代信息技术的广泛应用使会计的环境、理论发生着变化。所以要时刻关注成本会计工作环境、前沿发展；洞悉成本会计职能转变和发展趋势；能够用成本会计的新理念为生产环节发生的各项耗费进行核算和控制，为将来就业打下坚实的基础。

## 任务一　认知标准成本法

**任务导入**

标准成本法作为一种与企业管理结合得比较紧密的成本核算方法，已经在很多行业得到了广泛的应用。M企业标准成本制度的实施概况如下：成立了“标准成本管理委员会”，由主管副总经理任主任，各生产厂厂长和有关职能部门领导担任委员。委员会的工作职责是检查标准成本制度的推进情况，协调解决有关成本的重大问题。M企业的成本标准是以成本中心及其所生产的产品为载体制定的，它分为基本标准和价格标准两个部分。用于控制原料、人工、燃动力、劳务等的数量与金额。

### 一、标准成本法概述

标准成本是早期管理会计的主要支柱之一，最初的标准成本是独立于会计系统之外的一种计算方法。1920～1930年，经过长期的争论，标准成本才纳入了会计系统，至此才真正出现了标准成本会计制度。除了定额法和分类法，标准成本法也是成本核算的一种辅助方法。

（一）标准成本法的含义

标准成本法是指以事先制定的标准成本为基础，将标准成本与实际成本进行比较，核算和分析成本差异。它是把生产过程开始之前的事前计划、生产过程进行中的事中控制和生产过程完成之后的事后计算和分析结合起来的一种产品成本核算方法。

（二）标准成本法的种类

企业可以按照制定标准成本所依据的生产技术和经营水平将标准成本法分为3种。

（1）理想标准成本是指企业在目前生产条件下，以现有生产技术和管理水平处于最佳状态为基准制定的成本。此方法没有考虑企业实际，在实际工作中很少采用。

（2）正常标准成本是指企业在正常的工作效率、经营能力利用程度、生产工人技术熟练程度等生产状态下应实现的成本。此标准成本在实际工作中得到广泛应用。

（3）现实标准成本是指企业在现有生产技术条件和管理水平下，依据有效地利用生产经营条件为基础所确定的标准成本。这种标准成本在实际工作中是最为适用的。

（三）标准成本法的特点

标准成本法是成本计划、控制、计算与分析的结合，它不是一种单纯计算企业产品成本的方法，而是一整套成本会计核算与控制系统。它主要有以下特点。

（1）依据企业的生产经营特点、管理水平等制定弹性预算下产品成本项目的标准成本，作为成本的事前控制。

（2）及时将生产经营过程中发生的实际生产成本和事先制定的标准成本进行比较，从而分析产生的成本差异，并加以改进，作为成本的事中控制。

（3）期末将生产经营过程中发生的实际生产成本和事先制定的标准成本进行比较，对产生的成本差异进行有效分析，采取有效措施，作为成本的事后控制。

可见，标准成本法的关键是每一种产品事先制定标准成本，这样就对企业管理水平有了更高层次的要求，所以标准成本法适用于管理水平较高并且产品品种较少的大批量生产的企业。

## 二、标准成本差异分析

1. 直接材料成本的差异分析

直接材料实际成本与标准成本之间的差额，是直接材料成本差异。该项差异形成的基本原因有两个：一是材料价格脱离标准（价差），二是材料用量脱离标准（量差）。有关计算公式为

材料价格差异＝实际数量×（实际价格－标准价格）

材料数量差异＝（实际数量－标准数量）×标准价格

直接材料成本差异＝价格差异＋数量差异

其中，材料价格差异是在采购过程中形成的，采购部门未能按标准价格进货的原因主要有供应厂家价格变动、未按经济采购批量进货、未能及时订货造成的紧急订货、采购时舍近求远使运费和途耗增加、不必要的快速运输方式、违反合同被罚款、承接紧急订货造成额外采购等。

材料数量差异是在材料耗用过程中形成的，具体原因有操作疏忽造成废品和废料增加、工人用料不精心、操作技术改进而节省材料、新工人上岗造成多用料、机器或工具不适用造成用料增加等。有时多用料并非生产部门责任，如购入材料质量低劣、规格不符也会使用料超过标准；又如，加工工艺变更、检验过严也会使数量差异加大。

2. 直接人工成本的差异分析

直接人工成本差异是指直接人工实际成本与标准成本之间的差额。它也被区分为价差和量差两个部分。价差是指实际工资率脱离标准工资率，其差额按实际工时计算确定的金额，又称为工资率差异。量差是指实际工时脱离标准工时，其差额按标准工资率计算确定的金额，又称人工效率差异。相关计算公式为

工资率差异＝实际工时×（实际工资率－标准工资率）

人工效率差异＝（实际工时－标准工时）×标准工资率

直接人工成本差异＝工资率差异＋人工效率差异

工资率差异形成的原因，包括直接生产工人升级或降级使用、奖励制度未产生实效、工资率调整、加班或使用临时工、出勤率变化等。直接人工效率差异形成的原因，包括工作环境不良、工人经验不足、劳动情绪不佳、新工人上岗太多、机器或工具选用不当、设备故障较多、作业计划安排不当、产量太少无法发挥批量节约优势等。

3. 变动制造费用的差异分析

变动制造费用的差异是指实际变动制造费用与标准变动制造费用之间的差额。它也可以分解为价差和量差两个部分。价差是指变动制造费用的实际小时分配率脱离标准，按实际工时计算的金额，称为耗费差异。量差是指实际工时脱离标准工时，按标准的小时费用率计算确定的金额，称为变动费用效率差异。相关计算公式为

变动费用耗费差异＝实际工时×（变动费用实际分配率－变动费用标准分配率）

变动费用效率差异＝（实际工时－标准工时）×变动费用标准分配率

变动费用成本差异＝变动费用耗费差异＋变动费用效率差异

变动制造费用的耗费差异是部门经理的责任，他们有责任将变动费用控制在弹性预算限额之内。

变动制造费用效率差异形成原因与人工效率差异相同。

4. 固定制造费用的差异分析

（1）二因素分析法。二因素分析法是将固定制造费用差异分为耗费差异和能量差异。相关计算公式为

固定制造费用耗费差异＝固定制造费用实际数－固定制造费用预算数

固定制造费用能量差异＝固定制造费用预算数－固定制造费用标准成本

＝（生产能量－实际产量标准工时）

×固定制造费用标准分配率

（2）三因素分析法。三因素分析法是将固定制造费用的成本差异分为耗费差异、效率差异和闲置能量差异 3 个部分。耗费差异的计算与二因素分析法相同。不同的是将二因素分析法中的能量差异进一步分解为两部分：一部分是实际工时未达到标准能量而形成的闲置能量差异；另一部分是实际工时脱离标准工时而形成的效率差异。相关计算公式为

耗费差异＝固定制造费用实际数－固定制造费用预算数

＝固定制造费用实际数－固定制造费用标准分配率×生产能量

闲置能量差异＝固定制造费用预算－实际工时×固定制造费用标准分配率

＝（生产能量－实际工时）×固定制造费用标准分配率

效率差异＝（实际工时－实际产量标准工时）×固定制造费用标准分配率

## 三、标准成本法的账务处理

为了同时提供标准成本、成本差异和实际成本 3 项成本资料，标准成本系统的账务处理具有以下特点。

### （一）“原材料”“生产成本”“产成品”账户登记标准成本

“原材料”“生产成本”“产成品”账户，无论是借方和贷方均登记实际数量的标准成本，其余额亦反映这些资产的标准成本。

### （二）设置相关成本差异账户分别记录各种成本差异

在需要登记“原材料”“生产成本”“产成品”账户时，应将实际成本分离为标准成本和有关的成本差异，标准成本数据记入“原材料”“生产成本”“产成品”账户，而有关的差异分别记入各成本差异账户。各成本差异账户借方登记超支差异，贷方登记节约差异。

### （三）各会计期末对成本差异进行处理

各成本差异账户的累计发生额，反映了本期成本控制的业绩。在月末（或年末）对成本差异的处理方法有以下两种。

1. 结转本期损益法

按照这种方法，在会计期末将所有差异转入“利润”账户，或者先将差异转入“主营业务成本”账户，再随同已销产品的标准成本一起转至“利润”账户。采用这种方法的依据是确信标准成本是真正的正常成本，成本差异是不正常的低效率和浪费造成的，应当直接体现在本期损益之中，使利润能体现本期工作成绩的好坏。此外，这种方法的账务处理比较简便。但是，如果差异数额较大或者标准成本制订得不符合实际的正常水平，则不仅使存货成本严重脱离实际成本，而且会歪曲本期经营成果，因此，在成本差异数额不大时宜采用此种方法。

2. 调整销货成本与存货法

按照这种方法，在会计期末将成本差异按比例分配至已销产品成本和存货成本。

采用这种方法的依据是税法和会计制度均要求以实际成本反映存货成本和销货成本。本期发生的成本差异，应由存货和销货成本共同负担。当然，这种做法会增加一些计算分配的工作量。此外，有些费用计入存货成本不一定合理，如闲置能量差异是一种损失，并不能在未来换取收益，作为资产计入存货成本明显不合理，不如作为期间费用在当期参加损益汇总。

成本差异的处理方法选择要考虑许多因素，包括差异的类型（材料、人工或制造费用）、差异的大小、差异的原因、差异的时间（如季节性变动引起的非常性差异）等。因此，可以对各种成本差异采用不同的处理方法，如材料价格差异多采用调整销货成本与存货法，闲置能量差异多采用结转本期损益法，其他差异则可因企业具体情况而定。值得强调的是，差异处理的方法要保持历史的一致性，以便使成本数据保持可比性，并防止信息使用人发生误解。

## 四、标准成本法核算示例

**【例 11-1】** 新兴工厂是一家生产 Q 汽车零件企业，采用标准成本法计算产品成本。相关业务资料如下：

（1）成本差异账户包括“材料价格差异”“材料数量差异”“直接人工工资率差异”“直接人工效率差异”“变动制造费用效率差异”“变动制造费用耗费差异”“固定制造费用能量差异”“固定制造费用耗费差异”等账户。

（2）原材料在生产开始时一次投入，除直接材料外的其他费用陆续发生，其在产品约当产成品的系数：月初在产品 0.6，月末在产品 0.4。

（3）成本差异采用结转本期损益法，在每月末结转“主营业务成本”账户。

（4）单位产品标准成本为 56 元，其中，直接材料 30 元（10 千克×3 元/千克），直接人工 16 元（4 小时×4 元/小时），变动制造费用 6 元（4 小时×1.5 元/小时），固定制造费用 4 元（4 小时×1 元/小时）。

（5）本月生产能量 11 000 小时，月初在产品数量 600 件，本月投产数量 2 500 件，月末在产品数量 700 件，月初产品数量 100 件，月末产品数量 120 件。

（6）期初库存原材料 1 000 千克，本月购入原材料 30 000 千克，实际成本 88 500 元（已用支票支付）；本月生产领用原材料 25 500 千克。

（7）实际耗用工时 9 750 小时；应付生产工人工资 40 000 元；实际发生变动制造费用 15 000 元；实际发生固定制造费用 10 000 元。

具体核算过程如下：

（1）购入原材料时：

实际成本＝88 500（元）

标准成本＝3×30 000＝90 000（元）

价格差异＝－1 500（元）

编制会计分录如下：

借：原材料　　90 000

　　贷：银行存款　　88 500

　　　　材料价格差异　　1 500

（2）领用原材料时：

实际领料标准成本＝25 500×3＝76 500（元）

应耗材料标准成本＝30×2 500＝75 000（元）

数量差异＝1 500（元）

编制会计分录如下：

借：生产成本　　75 000

　　材料数量差异　　1 500

　　贷：原材料　　76 500

（3）将生产工人工资记入有关成本计算账户时：

本月完工入库产品数量＝月初在产品数量＋本月投产数量－月末在产品数量

＝600＋2 500－700＝2 400（件）

本月实际完成约当产量＝月末在产品约当产量＋本月完工入库产品数量－月初在产品约当产量

＝700×0.4＋2 400－600×0.6＝2 320（件）

实际成本＝40 000（元）

标准成本＝16×2 320＝37 120（元）

总差异＝2 880（元）

其中：

直接人工效率差异＝（9 750－2 320×4）×4＝1 880（元）

直接人工工资率差异＝（40 000/9 750－4）×9 750＝1 000（元）

编制会计分录如下：

| | | |
|---|---|---|
| 借：生产成本 | 37 120 | |
| 直接人工效率差异 | 1 880 | |
| 直接人工工资率差异 | 1 000 | |
| 贷：应付工资 | | 40 000 |

（4）结转本期变动制造费用时：

实际成本＝15 000（元）

标准成本＝2 320×6＝13 920（元）

总差异＝1 080（元）

其中：

变动制造费用效率差异＝（9 750－2 320×4）×1.5＝705（元）

变动制造费用耗费差异＝15 000－9 750×1.5＝375（元）

编制会计分录如下：

| | | |
|---|---|---|
| 借：生产成本 | 13 920 | |
| 变动制造费用效率差异 | 705 | |
| 变动制造费用耗费差异 | 375 | |
| 贷：变动制造费用 | | 15 000 |

（5）结转本期固定制造费用时：

实际成本＝10 000（元）

标准成本＝2 320×4＝9 280（元）

总差异＝720（元）

其中：

固定制造费用耗费差异＝10 000－1×11 000＝－1 000（元）

固定制造费用能量差异＝1×11 000－1×2 320×4＝1 720（元）

编制会计分录如下：

| | | |
|---|---|---|
| 借：生产成本 | 9 280 | |
| 固定制造费用能量差异 | 1 720 | |
| 贷：固定制造费用 | | 10 000 |
| 固定制造费用耗费差异 | | 1 000 |

（6）完工产品入库时：

标准成本＝2 400×56＝134 400（元）

会计分录：

| | | |
|---|---|---|
| 借：产成品（或库存商品） | 134 400 | |
| 　　贷：生产成本 | | 134 400 |

（7）期末结转本期成本差异时：

| | | |
|---|---|---|
| 借：主营业务成本差异 | 4 680 | |
| 　　材料价格差异 | 1 500 | |
| 　　固定制造费用耗费差异 | 1 000 | |
| 　　贷：材料数量差异 | | 1 500 |
| 　　　　直接人工效率差异 | | 1 880 |
| 　　　　直接人工工资率差异 | | 1 000 |
| 　　　　变动制造费用效率差异 | | 705 |
| 　　　　变动制造费用耗费差异 | | 375 |
| 　　　　固定制造费用能量差异 | | 1 720 |

（8）计算本月的主营业务成本时：

本月销售产品数量＝月初产品数量＋本月完工入库产品数量－月末产品数量

＝100＋2 400－120＝2 380（件）

已销产品标准成本＝2 380×56＝133 280（元）

本月主营业务成本＝133 280＋4 680＝137 960（元）

（9）计算期末存货成本时：

原材料期末成本＝（1 000＋30 000－25 500）×3＝16 500（元）

在产品期末成本＝期末在产品原材料成本

＋期末在产品直接人工、变动制造费用和固定制造费用

其中：

期末在产品原材料成本＝700×30＝21 000（元）

期末在产品包括直接人工、变动制造费用和固定制造费用＝700×0.4×（16＋6＋4）

＝7 280（元）

在产品期末成本＝21 000＋7 280＝28 280（元）

产成品期末成本＝120×56＝6 720（元）

企业期末存货成本＝16 500＋28 280＋6 720＝51 500（元）

**概念索引**

标准成本法

**闯关考验**

简述标准成本法的成本核算程序。

**能力测验**

已知大明公司 2018 年 1 月上旬铁铸件产品的实际产量为 500 件，实际耗用某直接材料 4 500 千克，该材料的实际单价为 110 元/千克。单位产品耗用该材料的标准成本为 1 000 元/件，材料消耗定额为 10 千克/件。

要求：

（1）计算该材料的标准价格。

（2）计算直接材料成本差异，并注明各项差异是有利差异还是不利差异。

# 任务二　认知作业成本法

**任务导入**

在作业成本法下，作业被认为是由生产引起的，生产导致作业的发生，产品消耗作业，作业消耗资源，并导致间接成本和间接费用的发生。产品成本就是制造和运送产品所需要的全部作业的成本之总和。作业成本法的实质就是在资源耗费与产品耗费之间借助作业这一桥梁来分离、归纳、组合，最后形成产品成本。

## 一、作业成本法的相关概念

对作业成本计算法的认识，应从以下几个基本概念入手。

1. 作业与作业中心

广义的作业是指产品制造过程中的一切经济活动。这些经济活动事项，有的会发生成本，有的不会发生成本；有的能创造附加价值，即增值作业，有的不能创造附加价值，即非增值作业。因为我们的目的是计算产品成本，因此只考虑会发生成本的作业；而从管理角度出发，无附加价值的作业要尽量剔除。所以，作业成本法的作业是指能产生附加价值，并会发生成本的经济活动，即狭义的作业。

作业具有以下几个基本经济特征。

（1）作业是“投入－产出”因果联动的实体，其本质是一种交易。

（2）作业贯穿于动态经营的全过程，构成联系企业内部与外部的作业链。

（3）作业是可以量化的基准。

2. 作业价值链

作业价值链，简称价值链，是指企业为了满足顾客需要而建立的一系列有序的作业及其价值的集合体。这样，作业成本法就在计算产品成本的同时，确定了产品与成本之间具有因果联系的结构体系，它是由诸多作业构成的链条，即作业链和各种作业所创造的价值相应形成价值链的一个集合，表示为：产品的研究与开发→产品设计→产品生产→营销配送→售后服务。通过作业价值链的分析，能够明确各项作业，并计算最终产品增值的程度。按照作业成本法的原理，“产品消耗作业，作业消耗资源”，一项作业转移为另一项作业的过程，同时也伴随着价值量的转移，由此形成作业价值链。

3. 成本动因

作业是由组织内消耗资源的某种活动或事项。作业是由产品引起的，而作业又引起资源的消耗；成本是由隐藏其后的某种推动力引起的。这种隐藏在成本之后的推动力就是成本动因。或者说，成本动因就是引起成本发生的因素。成本动因有两种形式：①资源动因，是指决定一项作业所耗费资源的因素，反映作业量与资源耗费间的因果关系。②作业动因，是将作业中心的成本分配到产品或劳务、顾客等成本目标中的标准，它也是将资源消耗与最终产出相沟通的中介。

4. 成本库

成本库是指作业所发生的成本的归集。在传统的成本会计中以部门进行各类制造费用的归集，而在作业成本法中，将每一个作业中心所发生的成本或消耗的资源归集起来作为一个成本库。一个成本库由同质的成本动因组成，它对库内同质费用的耗费水平负有责任。

## 二、作业成本法的产生及应用

传统成本会计对成本信息反映失真的局限性被人们认识后，会计理论界和实务界开始寻求一种新的更为准确的成本计算体系。1971 年，美国的乔治·斯托布斯教授（George Staubus）出版了《作业成本计算和投入产出会计》（*Activity Costing and Input Output Accounting*）一书，提出了“作业”“作业会计”“作业投入产出系统”等概念。他指出：成本计算的对象应该是作业，而不是完工产品；作业是与各类组织决策相关的一系列活动；作业成本计算就是要建立一套作业账户，以此来计算作业成本。但由于当时人们已习惯于传统成本会计系统，难以接受新的概念与方法，作业成本法没有得到进一步的发展。

进入 20 世纪 80 年代，高新制造技术蓬勃发展并广泛应用于各类制造企业，使传统成本会计的缺陷暴露无遗。传统成本会计所反映的信息只能用于对外的财务报表，而难以作为企业管理层做决策的可靠依据。这时实务界大力呼吁建立一种新的能够正确地反映产品成本信息的成本会计系统。1984 年，美国的罗宾·库珀和罗伯特·卡普兰两位教授在前人的基础上，对 ABC 分类法的现实意义、运作程序、成本动因选择、成本库的建立等重要问题进行了全面、深入的分析，系统地提出了作业成本法。从此，作业成本法得到了理论界大力推崇，实务上的应用也日益广泛，从而使作业成本法日趋完善。

作业成本法的产生，标志着成本管理告别了传统的成本管理模式，向现代成本管理模式迈出了关键性的一步。作业成本法创立之后，得到了企业的大力推广，不仅用于成本核算，还应用于企业管理中的其他领域。许多企业应用作业成本法进行库存估价、产品定价、制造或采购决策、预算、产品设计、业绩评价及客户盈利性分析等。

## 三、作业成本法的计算

作业成本法在计算产品成本时，将着眼点从传统的产品上转移到作业上，以作业为核算对象，首先根据作业对资源的消耗情况将资源的成本分配到作业，再由作业依据成本动因追踪到产品成本的形成和积累过程，由此得出最终产品成本。

根据作业成本计算的基本思想，作业成本法的计算过程可归纳为以下几个步骤。

### 1. 直接成本费用的归集

直接成本包括直接材料、直接人工及其他直接费用，其计算方法与传统的成本计算方法一样。直接材料易于追溯到成本对象上，通常在生产成本中占有较大的比重，它计算的正确与否，对于产品成本的高低和成本的正确性有很大影响。为了加强控制、促进节约、保证费用归集的正确性，直接材料从数量到价格等各个方面，都必须按成本核算的原则和要求，认真对待。直接人工是直接用于产品生产而发生的人工费用。

### 2. 作业的鉴定

在企业采用作业成本核算系统之前，首先要分析确定构成企业作业链的具体作业，这些作业受业务量而不是产出量的影响。作业的确定是作业成本信息系统成功运行的前提条件。作业的鉴定与划分是设计作业成本核算系统的难点与重点，作业划分得当，能确保作业成本信息系统的正确度与可操作性。

### 3. 成本库费用的归集

在确定了企业的作业划分之后，就需要以作业为对象，根据作业消耗资源的情况，归集各作业发生的各种费用，并把每个作业发生的费用集合分别列作一个成本库。作业成本法可以大大提高制造费用分配的准确度，但并不是可以完全准确地分配制造费用。

4. 成本动因的确定

成本动因即引起成本发生的因素。为各成本库确定合适的成本动因，是作业成本法成本库费用分配的关键。在通常情况下，一个成本库有几个成本动因，有的成本动因与成本库费用之间存在弱线性相关性，有的成本动因与成本库费用之间存在着强线性关系。这一步的关键就在于为每一成本库选择一个与成本库费用存在强线性关系的成本动因。

5. 成本动因费率的计算

成本动因费率是指单位成本动因所引起的制造费用的数量。成本动因费率的计算公式为

$$成本动因费率（R）＝成本库费用（C）/成本库成本动因总量（D）$$

6. 成本库费用的分配

计算出成本动因费率后，根据各产品消耗各成本库的成本动因数量进行成本库费用的分配，每种产品从各成本库中分配所得的费用之和，即为每种产品的费用分配额。

7. 产品成本的计算

生产产品的总成本，即生产产品所发生的直接成本与制造费用之和。其计算公式为

$$总成本＝直接材料＋直接人工＋制造费用$$

## 四、作业成本法核算示例

**【例 11-2】**　甲服装制造企业采用作业基础成本法核算产品成本。该企业某月发生直接材料成本 32 000 元，其中甲产品耗用 18 000 元，乙产品耗用 14 000 元；直接人工成本 19 000 元，其中甲产品应负担 11 000 元，乙产品应负担 8 000 元；制造费用 56 000 元，假定该企业的当月产量为甲产品 500 件，乙产品 400 件，期初期末在产品为零。经分析该企业的作业情况如表 11-1 所示。

**表 11-1　甲企业作业情况**

金额单位：元

| 作业中心 | 资源分配 | 成本动因 | 动因量 | |
|---|---|---|---|---|
| | | | 甲产品 | 乙产品 |
| 材料整理 | 14 000 | 处理材料批数 | 10 | 30 |
| 质量检验 | 10 000 | 检验次数 | 10 | 15 |
| 机器调试 | 20 000 | 调试次数 | 80 | 120 |
| 使用机器 | 12 000 | 机器小时数 | 20 | 80 |

（1）计算成本动因费率，如表 11-2 所示。

**表 11-2　成本动因费率计算表**

金额单位：元

| 作业中心 | 资源分配 | 成本动因 | 动因量 | | | 动因费率 |
|---|---|---|---|---|---|---|
| | | | 甲产品 | 乙产品 | 合计 | |
| 材料整理 | 14 000 | 处理材料批数 | 10 | 30 | 40 | 350 |
| 质量检验 | 10 000 | 检验次数 | 10 | 15 | 25 | 400 |
| 机器调试 | 20 000 | 调试次数 | 80 | 120 | 200 | 100 |
| 使用机器 | 12 000 | 机器小时数 | 20 | 80 | 100 | 120 |

（2）分别作业中心将资源成本分配到各产品，如表 11-3 所示。

**表 11-3　资源成本分配**

金额单位：元

| 作业中心 | 动因量 | | 动因费率 | 资源成本分配 | |
|---|---|---|---|---|---|
| | 甲产品 | 乙产品 | | 甲产品 | 乙产品 |
| 材料整理 | 10 | 30 | 350 | 3 500 | 10 500 |
| 质量检验 | 10 | 15 | 400 | 4 000 | 6 000 |
| 机器调试 | 80 | 120 | 100 | 8 000 | 12 000 |
| 使用机器 | 20 | 80 | 120 | 2 400 | 9 600 |
| 合计 | | | | 17 900 | 38 100 |

（3）计算完工产品总成本和单位成本，如表 11-4 所示。

**表 11-4　完工产品总成本和单位成本**

金额单位：元

| 项目 | 甲产品 | 乙产品 |
|---|---|---|
| 直接材料 | 18 000 | 14 000 |
| 直接人工 | 11 000 | 8 000 |
| 制造费用 | 17 900 | 38 100 |
| 完工产品总成本 | 46 900 | 60 100 |
| 完工产品产量 | 500 | 400 |
| 完工产品单位成本 | 93.8 | 150.25 |

（4）编制有关费用归集、分配和完工产品入库的分录如下：

① 借：基本生产成本——甲产品　　18 000

| | | |
|---|---|---|
| 　　基本生产成本——乙产品 | 14 000 | |
| 　　贷：原材料 | | 32 000 |
| ② 借：基本生产成本——甲产品 | 11 000 | |
| 　　基本生产成本——乙产品 | 8 000 | |
| 　　贷：应付职工薪酬 | | 19 000 |
| ③ 借：制造费用——材料整理 | 14 000 | |
| 　　贷：原材料、应付职工薪酬、银行存款等 | | 14 000 |
| ④ 借：制造费用——质量检验 | 10 000 | |
| 　　贷：原材料、应付职工薪酬、银行存款等 | | 10 000 |
| ⑤ 借：制造费用——机器调试 | 20 000 | |
| 　　贷：原材料、应付职工薪酬、银行存款等 | | 20 000 |
| ⑥ 借：制造费用——使用机器 | 12 000 | |
| 　　贷：原材料、应付职工薪酬、银行存款等 | | 12 000 |
| ⑦ 借：基本生产成本——甲产品 | 17 900 | |
| 　　贷：制造费用——材料整理 | | 3 500 |
| 　　　　制造费用——质量检验 | | 4 000 |
| 　　　　制造费用——机器调试 | | 8 000 |
| 　　　　制造费用——使用机器 | | 2 400 |
| ⑧ 借：基本生产成本——乙产品 | 38 100 | |
| 　　贷：制造费用——材料整理 | | 10 500 |
| 　　　　制造费用——质量检验 | | 6 000 |
| 　　　　制造费用——机器调试 | | 12 000 |
| 　　　　制造费用——使用机器 | | 9 600 |
| ⑨ 借：库存商品 | 107 000 | |
| 　　贷：基本生产成本——甲产品 | | 46 900 |
| 　　　　基本生产成本——乙产品 | | 60 100 |

## 概念索引

作业成本法

## 闯关考验

简述作业成本法的成本核算程序。

# 任务三　认知质量成本法

任务导入

改革开放40多年来，在激烈的市场竞争中，质量已成为服务业、制造业及加工业等行业共同关注的焦点。质量成本会计是在全面质量管理运动基础上产生和发展的。当今社会是一个客户导向的管理思想年代，推行全面质量管理观念是企业提高竞争优势的重要途径之一。质量成本的核算可以采用两种方式：一是采用统计方法；二是借助财务会计账簿系统。

## 一、质量成本概述

质量成本法是以产品质量成本为核算对象，将一定时期内所发生的产品质量费用按其使用目的和性质加以确认，并归入适当科目进行核算，为质量成本的分析和控制提供依据。

当今社会是一个"客户导向"的管理年代，推行全面质量管理观念是企业提高竞争优势的重要途径之一。质量成本是指企业为了确保产品质量和实施全面质量管理而支出的费用，以及因未达到既定产品质量标准而发生损失的总和。

## 二、质量成本法的意义

### （一）有利于保证质量成本核算的及时性、连续性

把质量成本核算纳入成本会计核算体系，设置独立的账户专门反映质量成本支出的情况，使质量成本核算成为其他成本费用项目核算的基础。企业为了确定当期的成本费用，从而计算出当期的损益，必须及时、连续地记录反映质量成本的发生、分配的情况，把质量成本核算纳入成本会计核算的日常工作，从而保证质量成本核算的及时性和连续性。

### （二）有利于调动企业加强质量管理的积极性

把质量成本核算纳入成本会计体系并根据权责发生制的原则，把由于当期质量管理造成的、将在以后发生的厂外损失，计入当期的质量成本之中，就会使企业清楚地看到，由于质量管理的加强或削弱而引起的质量成本的降低或增加，为企业加强质量管理提供真实的会计信息，提高企业加强质量管理的积极性。另外，把质量成本纳入成本会计核

算体系，质量成本核算成了价值补偿的依据，企业要增加当期利润，就必须加强质量管理，降低质量成本。

（三）使厂外损失的补偿有必要的资金来源

把质量成本核算纳入成本会计核算体系同时按照权责发生制的原则，把厂外损失提前计入当期的成本费用，相应提取厂外损失准备金，使企业积累起一部分资金，待到厂外损失发生时有足够的资金给予补偿，从而提高企业质量管理的能力，为企业实行全过程的质量管理提供必要的物质条件。

（四）有利于提高企业的经济效益

从质量成本的构成及降低质量成本对提高经济效益的作用上看，20 世纪 50 年代美国曾有学者把它们形象地比喻为“水面冰山和矿中黄金”，意思是当期发生的能够看得见的成本，犹如露出水面的冰山，但是不在当期支付、将在以后发生的支出或损失，犹如沉没在海水下面的冰山的底部，更为庞大。降低质量成本对于提高经济效益的潜力，犹如一座金矿，亟待发掘。同时，这句话也形象说明了通过加强质量管理来降低质量成本的重要意义。

## 三、质量成本法的核算步骤

1. 明确质量成本会计的核算对象

根据企业的实际，可将质量费用划分为质量鉴定费、质量管理费和质量损失费 3 类。质量鉴定费核算内容为质量检查中心发生的各项费用、采购部门的原料入库前的化检验费、内部各单位之间产品转移发生的化检验费等。质量管理费核算内容为各单位发生的质量培训费，以及质量管理部门发生的各项费用、质量奖励费等。质量损失费核算内容为各单位发生废次品损失、产品降价损失、产品售出后因质量问题而发生的相关费用等。

2. 建立质量成本会计核算体系

根据企业会计制度有关会计账户设置的规定，增设“质量成本”账户，该账户的借方反映企业发生的各项质量费用，贷方反映期末分配的质量成本费用，期末无余额。每期可根据“质量成本”账户的借方发生额明细对质量成本费用进行分析。在该账户下设置二级账户：质量鉴定费、质量管理费、质量损失费。会计期末将“质量成本”账户结转到相关账户。其中，质量鉴定费中的质量检查中心费用结转到“管理费用——质量成本结转”账户，生产部门费用结转到“制造费用——质量成本结转”账户，采购部门费用结转到“原材料——质量成本结转”等相关账户。质量管理费中的生产部门费用结转到“制造费用——质量成本结转”账户，质量管理部门费用结转到“管理费用——质量成本结转”账户。质量损失费中公司内部产品转移发生的废次品降价损失结转到“主营业务（内销/代销）收入——质量成本结转”账户，外部降价损失结转到“主营业务收入——质量成本结转”账户，发生的其他损失费用结转到相关会计账户。

3. 定期进行质量成本分析

会计期末，由各单位财务部门会同质量管理部门对当期质量成本费用进行分析，找出变化趋势和原因，并提交公司财务部门，由公司财务部门及相关部门对公司质量成本的总体变化进行综合分析，寻求一个质量成本最佳区域，使产品质量既能满足客户使用要求，同时质量成本又能达到最佳状态。产品质量分析可采用ABC分类法，把各质量成本明细项目，根据核算结果，按成本高低顺序进行排列，计算各项目成本占质量总成本的百分比和累积百分比，将所有项目分为A、B、C三类，A类项目占项目总数的10%～20%，其成本累计百分比占总成本的60%～80%，A类项目就是要重点研究的项目，把A类项目费用降下来，总成本和产品质量就可能趋向最佳区域。

**概念索引**

质量成本法

**闯关考验**

简述质量成本法的成本核算程序。

## 思考与练习十一

思考与练习十一

### 一、单选题

1. 标准成本控制系统的重点是（　　）。

A. 标准成本的制定　　B. 成本差异的计算分析

C. 成本差异的账务处理　　D. 成本控制

2. 在标准成本制度下，分析计算各成本项目价格差异的数量基础是（　　）。

A. 标准产量下的标准用量　　B. 实际产量下的标准用量

C. 标准产量下的实际用量　　D. 实际产量下的实际用量

3. 在成本差异计算中，如果已知直接人工成本差异总额为－2 000元，工资率差异为－500元，则人工效率差异为（　　）元。

A. －2 000　　B. －1 500

C. －2 500　　D. －1 500

4. 本月生产甲产品 8 000 件，实际耗用 A 材料 32 000 千克，其实际价格为每千克 40 元。该产品 A 材料的用量标准为 3 千克，标准价格为 45 元，其直接材料用量差异为（　　）元。

A. 360 000　　B. 320 000

C. 200 000　　D. －160 000

5. 作业成本法适用的企业应具有的特征是（　　）。

A. 间接生产费用比重较小　　B. 作业环节较少

C. 生产准备成本较高　　D. 产品品种较少

6. 成本动因是指（　　）。

A．资源被各种作业消耗的方式和原因

B．引起成本发生的因素

C．一系列先后有序、相互连接的作业的集合

D．为生产产品或提供劳务而发生的一系列价值生产作业

7. 成本动因的形式包括资源动因和（　　）。

A. 积极性成本动因　　B. 消极性成本动因

C. 作业动因　　D. 业务动因

8. 作业成本法在核算产品成本时，以（　　）为核算对象。

A. 产品　　B. 作业

C. 费用　　D. 资源

9. 质量成本法的核算对象是（　　）。

A. 预防成本　　B. 鉴定成本

C. 产品等级　　D. 产品质量成本

10. 下列有关质量业绩财务指标的表述中，不正确的是（　　）。

A. 权衡预防成本和缺陷成本的通用标准

B. 反映企业质量状况的简要的指标

C. 反映企业质量状况总括性的指标

D. 有助于将注意力集中在需要改进的问题领域

## 二、多选题

1. 企业可以按照制定标准成本所依据的生产技术和经营水平分类将标准成本法分为（　　）。

A. 基本标准成本　　B. 理想标准成本

C. 正常标准成本　　D. 现实标准成本

2. 直接成本包括（　　）。

A. 直接材料　　B. 直接人工

C. 其他直接费用　　　　D. 固定资产折旧费

3. 成本差异的处理方法选择要考虑许多因素，包括（　　）。

A. 差异的类型　　　　B. 差异的大小

C. 差异的原因　　　　D. 差异的时间

4. 作业成本法的核算步骤包括（　　）。

A. 归集直接成本费用、鉴定作业

B. 归集成本库费用、确定成本动因

C. 计算成本动因费率、分配成本库费用

D. 计算产品成本

5. 采用质量成本法的意义在于（　　）。

A. 有利于保证质量成本核算的及时性、连续性

B. 有利于调动企业加强质量管理的积极性

C. 使厂外损失的补偿有必要的资金来源

D. 有利于提高企业的经济效益

6. 质量成本法的核算步骤包括（　　）。

A. 明确质量成本会计的核算对象　　　　B. 建立质量成本会计核算体系

C. 鉴定成本　　　　D. 定期进行质量成本分析

7. 工资率差异形成的原因包括（　　）。

A. 直接生产工人升级或降级使用　　　　B. 工资率调整

C. 奖励制度未产生实效　　　　D. 出勤率变化

## 三、判断题

1. 标准成本都是面向未来的成本，不应计入账簿。（　　）

2. 在标准成本系统中，直接材料的价格标准是指预计下年度实际需要支付的材料市价。（　　）

3. 在成本差异分析中，数量差异的大小是由用量脱离标准的程度及实际价格高低决定的。（　　）

4. 作为直接人工标准成本的用量标准必须是直接人工生产工时。（　　）

5. 作业动因是将作业中心的成本分配到产品或劳务的标准，它反映了作业中心对资源的耗用情况。（　　）

6. 质量成本是指企业为了确保产品质量和实施全面质量管理而支出的费用，以及因未达到既定产品质量标准而发生损失的总和。

（　　）

# 参 考 文 献


李道刚，2002. 成本会计[M]. 北京：中国财政经济出版社.

林志宏，2013. 成本会计[M]. 成都：西南财经大学出版社.

刘晓玉，马英华，2006. 成本会计[M]. 北京：中国财政经济出版社.

鲁亮升，2010. 成本会计[M]. 大连：东北财经大学出版社.

秦红霞，2011. 成本会计[M]. 武汉：武汉大学出版社.

张伟，代勤，2013. 成本会计[M]. 长沙：湖南师范大学出版社.

张艳，2009. 成本会计[M]. 北京：机械工业出版社.